Anneliese Fuchs, Alexander Kaiser (Hg.)

Der Ausbruch aus dem Hamsterrad

Werkzeuge zur
harmonischen und befriedigenden Verbindung
von Leben und Arbeit

BÖHLAU VERLAG WIEN · KÖLN · WEIMAR

Umschlagabbildung: © ARTUR BODENSTEIN/carolineseidler.com

Bibliografische Information Der Deutschen Bibliothek:
Die Deutsche Bibliothek verzeichnet diese Publikation in der Deutschen Nationalbibliografie; detaillierte bibliografische Daten sind im Internet über http://dnb.ddb.de abrufbar.

ISBN 978-3-205-78611-5

Wien · Köln · Weimar
http://www.boehlau.at
http://www.boehlau.de
Druck: CPI Moravia, CZ-Pohořelice

Inhalt

Einleitung

Das Hamsterrad

Alexander Kaiser

Bevor wir uns in diesem Buch dem *Ausbruch* aus dem Hamsterrad ganz ausführlich widmen, erscheint es sinnvoll, einmal kurz zu überlegen, was jede und jeder von uns eigentlich mit dem Begriff des Hamsterrades assoziiert.

Das Hamsterrad: Welche Bilder tauchen bei uns auf, wenn wir an die Metapher des Menschen im Hamsterrad denken?

Einigen von Ihnen, liebe Leserinnen und Leser, kommt jetzt vielleicht das Bild eines Menschen in den Sinn, der gehetzt von einem Termin zum nächsten eilt, eine Aufgabe nach der anderen übernimmt oder zugeteilt bekommt und permanent von den Ansprüchen in seinem Job und vom Ergebnisdruck des Unternehmens überfordert ist. Das Hamsterrad der Überforderung also, das wir meist versuchen zu bewältigen, indem wir mehr arbeiten, schneller arbeiten, mehr Überstunden machen, weniger Freizeit haben. Irgendwann ist dann der Zusammenbruch – das Burnout – vorprogrammiert; oder aber wir steigen aus, wir finden den Weg aus dem **Hamsterrad der Überforderung**.

Wenn Sie an die Metapher des Hamsterrades denken, taucht bei einigen von Ihnen vielleicht das Bild eines Menschen auf, der zerrissen ist: zerrissen zwischen den Anforderungen in der Arbeit und in der Familie – zerrissen zwischen den Bedürfnissen, Zeit mit Partner/in und Kindern zu verbringen, den Prozess des Erwachsenwerdens der eigenen Kinder zu begleiten, bei der Entwicklung der Kinder dabei zu sein und gleichzeitig die Anforderungen, eine berufliche

Karriere zu machen, oder anstehende Herausforderungen im Job zu bewältigen. Das Hamsterrad der Zerrissenheit also, das wir oft versuchen zu bewältigen, indem wir uns vorgaukeln und einreden, dass die Zeit für Partnerschaft, Familie und Kinder auch „geblockt“ und alles am Abend zwischen 20 und 22 Uhr sowie am Wochenende erfüllt werden kann. Große Hoffnungen und Erwartungen setzen Menschen im Hamsterrad der Zerrissenheit oftmals in den Urlaub – und werden bitter enttäuscht. Frust, Enttäuschung, Krise sind vorprogrammiert; oder aber wir steigen aus, wir finden den Weg aus dem **Hamsterrad der Zerrissenheit**.

Vielleicht denken einige von Ihnen aber auch an das Bild eines Menschen, der tagaus, tagein ziel- und orientierungslos einfach „so vor sich hin lebt“. Menschen, die ihre Arbeit als langweilig und nicht herausfordernd empfinden, die – im schlechtesten Sinn des Wortes – Zeit „totschlagen“, warten, dass der Tag irgendwie vergeht, um sich dann, wenn der Feierabend oder das Wochenende gekommen sind, von den Medien in Radio und Fernsehen jede Woche aufs Neue erzählen zu lassen, dass das „wirkliche Leben“, der „wahre Genuss“ nur stattfinden, wenn wir nicht arbeiten. Das Hamsterrad der Langeweile und Eintönigkeit hat ganz ähnliche Tücken wie jenes der Überforderung. Überforderung dort, Unterforderung hier: Der Sinnbezug der Arbeit ist bei solchen Menschen mehr und mehr verloren gegangen, wesentliche Bedürfnisse bleiben unerfüllt – die Krise ist vorprogrammiert; oder aber wir steigen aus, wir finden den Weg aus dem **Hamsterrad der Sinnleere und Langeweile**.

Wenn Sie an die Metapher des Hamsterrades denken, sehen Sie vielleicht aber auch einen Menschen vor sich, der nur die Arbeit – nämlich die Erwerbsarbeit – kennt, für den nur Geld zählt, der sich immer wieder aufs Neue in seine Arbeit vertieft, nicht mehr weiß, was Freizeit ist, und mit Freizeit auch gar nichts mehr anfangen kann, weil alle Interessen und alle Energie in die Arbeit fließen.

Oftmals sind solche Menschen auch in hohen beruflichen Positionen angesiedelt, haben prestigeträchtige und angesehene Rollen inne. Das Hamsterrad der Einseitigkeit also, dessen Tücke darin liegt, zu übersehen, dass jeder Job einmal zu Ende ist, beinahe jede Position wieder abgegeben werden muss, viele Rollen wieder „ausgezogen" werden müssen. Spätestens zum Zeitpunkt der Pensionierung erfolgt der große Schock, dass die Umwelt oftmals nur die Rolle, die Position angesehen und respektiert hat, der Mensch hinter dieser Rolle aber unbedeutend war. Ohne Rolle, ohne angesehene Position ist der Mensch im Hamsterrad der Einseitigkeit jedoch plötzlich ein Niemand. Krise, Chaos sind auch hier unausweichlich; oder wir steigen aus, wir finden den Weg aus dem **Hamsterrad der Einseitigkeit**.

Noch eine weitere Art des Hamsterrades breitet sich dramatisch aus: Nennen wir es das Hamsterrad der Uniformität. Darin sind Menschen gefangen, die eine übertrieben große Aufmerksamkeit darauf richten, was „man" tut. Menschen, die mehr und mehr verlernt haben, auf ihre eigenen Bedürfnisse zu achten und sich vielmehr fast ausschließlich daran orientieren, was „man" erwartet, wie „man" sich kleidet (das schreckliche Wort „dresscode" sei hier in Erinnerung gerufen), was „man" zu tun hat usw. Die Frage, die sich diese Menschen leider kaum mehr stellen, ist: Wer ist dieser „Mann mit einem n", dieser „man", der alles beeinflusst, lenkt und steuert? Menschen im Hamsterrad der Uniformität haben verlernt, ihre Individualität und Einzigartigkeit zu beachten und auch wertzuschätzen. Im Extremfall werden sie Opfer von Zwängen – gezwungen, so zu sein, wie „man" zu sein hat. Die Konsequenz ist dramatisch, denn solche Menschen laufen bald nur mehr als Kopien des „man" herum statt als einzigartige Originale. Und wie wir alle wissen, ist eine Kopie immer schwächer als das Original. Die Krise und oftmals der Zusammenbruch sind auch hier unabwendbar; oder wir steigen aus, wir finden den Weg aus dem **Hamsterrad der Uniformität**.

Gehen wir einen Schritt weiter: von der Ebene des Individuums auf die Ebene von Systemen, Unternehmen, Gemeinschaften, auf die Ebene der Gesellschaft. Hier können wir ebenfalls unterschiedliche Hamsterräder beobachten. Greifen wir eines heraus, das – vielleicht gerade in dieser Zeit der überwunden geglaubten Wirtschaftskrise – eine besondere Bedeutung hat: das Hamsterrad des einseitigen Wachstums. Der Druck und die Erwartung, das jeweilige Ergebnis in der nächsten Periode zu übertreffen, sind groß. Der Umsatz muss um x % steigen, der Gewinn muss sich um y % erhöhen, die Wirtschaft muss um z % wachsen – diese Liste lässt sich noch lange fortsetzen. Wenn man genau hinschaut, sieht man schnell, dass es immer nur um quantitatives Wachstum geht. Dieses Hamsterrad verhindert den Blick auf wirklich nachhaltiges, qualitatives Wachstum und stellt sich dadurch einer Weiterentwicklung und einem „Über-sich-selbst-Hinauswachsen" mittelfristig entgegen. Damit Hand in Hand gehen alle Themen des verantwortlichen Umgangs mit Ressourcen, des Generationen übergreifenden Wirtschaftens usw. Die Krisen, die dieses Hamsterrad verursacht, werden uns Tag für Tag vor Augen geführt; aber auch hier heißt es, den Weg aus dem **Hamsterrad des einseitigen Wachstums** zu finden.

In den folgenden Kapiteln dieses Buches stellen die Autorinnen und Autoren ganz unterschiedliche Möglichkeiten und Ideen vor, um aus den verschiedenen Hamsterrädern auszubrechen.

Kapitel 1

Der eigenen Berufung folgen

Alexander Kaiser

1. Einleitung und grundlegende Gedanken

Wir leben in einer Zeit der Vielfalt. Viele Menschen haben zahlreiche unterschiedliche Möglichkeiten, ihr Leben zu gestalten, Ausbildungen zu beginnen, Berufe zu ergreifen, Weiterbildungen zu starten, Berufsfelder zu wechseln und andere mehr. Diese Vielfalt ist eine große Chance und für viele Menschen ein Segen, für gar nicht so wenige aber auch eine Belastung, denn Vielfalt hat auch immer eine Entscheidung für etwas – und damit auch eine Entscheidung gegen etwas – zur Folge. Aus der Vielfalt der Möglichkeiten, die Lebensform, die Lebensorientierung und den Beruf zu wählen, die einen dann auch glücklich machen und erfüllen, ist wahrscheinlich ein ganz wesentlicher Schlüssel zu einem glücklichen Leben.

Wenn ein Mensch seiner Berufung, seiner „inneren Stimme" – seinem Gewissen – folgt, wird er nicht nur glücklich und erfüllt, sondern auch erfolgreich sein. Diese Hypothese hat sich in unserer Arbeit der Begleitung von Menschen, die in einer Phase der (existenziellen) Neuorientierung stehen, fast immer bewahrheitet. Wenn Menschen mit einem Glänzen und Leuchten in den Augen ihrer grundlegenden Lebensorientierung, ihrer Berufung auf die Spur kommen und einen ersten Schritt bei der Umsetzung dieser Berufung in ihrem Leben definieren können, haben sie einen Weg eingeschlagen, der **ihr Weg** ist und die Umwelt, in der diese Menschen leben und arbeiten, sehr positiv beeinflusst.

Dabei geht es auch immer um Kommunikation. Erst wenn ich „mir selbst" kommunizieren kann, was ich will, was mich zieht und was ich kann, erst dann kann ich diese oft lebensnotwendigen Informationen und Erkenntnisse auch anderen Menschen mitteilen, sozusagen die Welt darüber informieren. Erst dann kann ich davon ausgehen, dass Menschen, Systeme, „die Welt an sich" mir behilflich sein werden, das, was ich – aus tiefstem Herzen und mit großer Überzeugung – will, auch zu erreichen und umzusetzen. Wir können also – etwas vereinfacht und salopp – von einem Kommunikationstraining zwischen „mir selbst" und „meiner inneren Stimme" sprechen oder zwischen dem Ich und dem Selbst. Das Verständnis von Ich und Selbst lehnt sich an die Definition von Fuchs an, die in ihrem Ich-Modell tiefenpsychologische Aspekte mit spirituellen vereint (Fuchs 2009). Das Ich hat demnach einen bewussten und einen unbewussten Teil, wobei es im unbewussten Ich-Bereich Teile gibt, die erlauben, dass Aspekte des Selbst in den Ich-Bereich einströmen. Mit dem Selbst ist nach der Definition von Fuchs ein Bereich gemeint, der das Göttliche in uns repräsentiert. Eine ähnliche Sicht nimmt übrigens auch Sebastian Painadath (Painadath 2002) ein. (Nähere Informationen folgen in diesem Beitrag.)

Im Begriff „Berufung" steckt das Wort „Ruf": Wenn ich gerufen werde, werde ich – das gebietet mir die Höflichkeit – in aller Regel auf diesen Ruf antworten. Es sei denn, ich habe den Ruf überhört oder möchte mich diesem Ruf derzeit nicht stellen (z.B., weil er für mich scheinbar unangenehm ist). Wenn wir bei diesem Bild bleiben, stellen sich die Fragen: „Wer ruft mich?" „Wer ist der Rufer oder die Ruferin?"

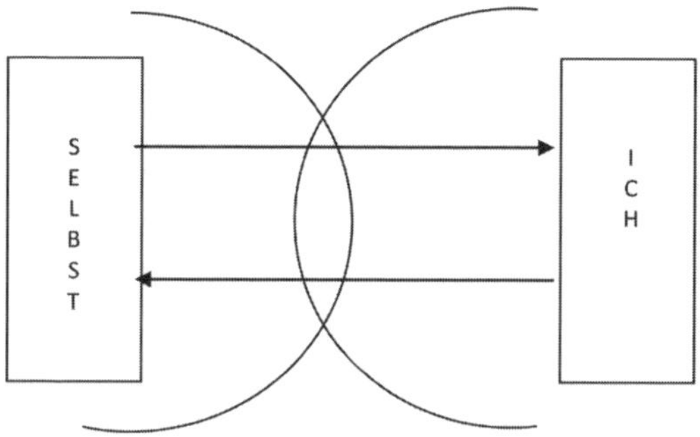

Abbildung 1: Kommunikation zwischen Selbst und Ich

Auf diese Fragen sollen zwei Antworten gegeben werden, die zum selben Ergebnis kommen, jedoch unterschiedlich motiviert beziehungsweise aufgebaut sind.

1.1. Wer ruft? – Eine Antwort aus christlich-spiritueller Sicht:

1. Der Mensch ist nicht zu irgendeinem x-beliebigen Leben, sondern vielmehr zu einem Leben in Fülle berufen (Joh. 10,10: „Ich bin gekommen, damit sie das Leben haben und es in Fülle haben."). Folglich sind das Entdecken der eigenen Berufung und die Möglichkeit, diese Berufung auch zu leben, eng mit einem Leben in Fülle verbunden.
2. Diese Berufung ist jedem Menschen bereits zugrunde gelegt, sie wird dem Menschen vom Mutterleib an geschenkt (vgl. auch Jes. 49,1: „Der Herr hat mich schon im Mutterleib berufen; als ich noch im Schoß meiner Mutter war, hat er meinen Namen genannt."). Die persönliche Berufung entspricht daher auch meinem wahrsten und tiefsten Selbst, der gottgegebenen Einmaligkeit meiner Person.

3. Jeder Mensch ist ein Ebenbild Gottes, berufen dazu, durch sein Leben diese Gottesebenbildlichkeit auch in die Welt zu bringen und umzusetzen. Wir Menschen sind also – aus der christlich-spirituellen Sicht – vergöttlicht (so nennt es etwa der Jesuit Sebastian Painadath [Painadath 2002]). Gott ist in jedem und jeder von uns.

→ Wenn also Gott mich ruft, wenn Gott der Rufer im Kontext der Berufung ist, kommt der Ruf aus meinem Inneren, aus meinem Selbst und ruft mich dazu auf, meiner Einzigartigkeit im Sinn eines Lebens in Fülle zu folgen. Der Grundgedanke ist also: Ich bin zu einem Leben in Fülle berufen. Gott will, dass es mir gutgeht und ich der- oder diejenige werde, der oder die ich bin.

1.2. Wer ruft? – Eine Antwort aus psychologischer Sicht:

1. Menschen sind am glücklichsten, wenn sie in ihrem Leben gefordert sind – und zwar weder über- noch unterfordert. Menschen können nur zufrieden und erfüllt leben, wenn ihr Leben eine Grundspannung hat. Ein Mensch ohne Grundspannung wird über kurz oder lang spannungslos, ideenlos, motivationslos und schließlich leblos werden. Diese positive Grundspannung entsteht aus dem Unterschied zwischen dem, was ich derzeit habe, was ich bin und was ich kann auf der einen Seite und dem, was mich zieht, was mich anzieht, was ich erreichen will, worauf meine Orientierung und mein Fokus gerichtet sind auf der anderen Seite. Man kann diesen Gedanken der Spannung anhand eines Gummirings sehr anschaulich darstellen, indem man mit diesem so ein Dreieck bildet, dass zwei Finger einer Hand die Basis und ein Finger der anderen Hand die Spitze des Dreiecks sind. Nun lässt sich der Unterschied zwischen Spannung und Nicht-Spannung, zwischen

Wohlspannung und „zum Zerreißen gespannt sein“ sehr gut auch körperlich nachvollziehen.

2. Meine innere Stimme – mein „Bauchgefühl“ – ist ein verlässlicher Indikator dafür, ob etwas passt oder nicht, ob die Spannung zu stark oder zu schwach ist. Meine innere Stimme – mein „Bauchgefühl“ – ist das „Sprachrohr“ meiner Sehnsucht. Die Sehnsucht wiederum ist ein integraler Bestandteil von Berufung. Nelly Sachs hat einmal gesagt: „Mit der Sehnsucht beginnt alles.“ Und von Antoine de Saint-Exupéry stammt das Zitat: „Wenn du ein Schiff bauen willst, so trommle nicht Menschen zusammen, um Holz zu beschaffen, Werkzeuge vorzubereiten, Aufgaben zu vergeben und die Arbeit einzuteilen, sondern lehre die Menschen die Sehnsucht nach dem weiten endlosen Meer.“

→ Wiederum lautet also die Antwort: Der Ruf kommt aus meinem Inneren, der Rufer/die Ruferin ist mein Selbst.

Um der eigenen Berufung zu folgen, muss ich meine Berufung entdecken. Ich entdecke sie, indem ich die Kommunikation zwischen meinem Ich und meinem Selbst schule – oder einfacher ausgedrückt, indem ich für das, was mir mein Inneres sagen will, auf Empfang gehe.

Im Wissensmanagement unterscheiden wir unter anderem zwischen explizitem und implizitem Wissen. Das explizite Wissen ist das, was ich leicht weitergeben kann, was ausgedrückt, dargestellt und kommuniziert werden kann. Das implizite Wissen ist jener Teil des Wissens, der zwar da ist, aber nicht oder nicht leicht weitergegeben und kommuniziert werden kann. Oftmals wird dazu das Bild des Eisbergs verwendet.

Abbildung 2: Implizites und explizites Wissen

Eine wesentliche Aufgabe im Wissensmanagement ist es, das implizite Wissen explizit und nutzbar zu machen. Umgelegt auf unser Thema der Berufung können wir ebenfalls sagen, dass das Wissen um die jeweilige Berufung schon da ist. Oftmals „schlummert" dieses Wissen gleichsam im Untergrund, ist „nur" implizit da. Alles, was wir machen müssen, ist, dieses Wissen explizit und damit für uns selbst kommunizierbar zu machen.

1.3. Berufung: eine Definition

Dem entsprechend stehen drei Fragen im Zentrum: Was will ich? Was kann ich? Was ist in der Realität, in der ich lebe und in die ich hineingestellt bin, möglich? Die Berufung eines Menschen kann gleichsam als ein „Gesamtkunstwerk", bestehend aus verschiedenen „Mosaiksteinen", die sich aus Bedürfnissen, Stärken und Möglichkeiten ergeben, verstanden werden.

Wir greifen dabei auf eine Berufungsdefinition von Aristoteles zurück, der Berufung wie folgt definiert: „Wo sich deine Talente mit den Bedürfnissen der Welt kreuzen, dort liegt deine Berufung." Wir erweitern diese Definition und definieren neu:

> *„Wo sich deine Träume, Sehnsüchte, Talente und Fähigkeiten mit den Bedürfnissen der Welt kreuzen, dort liegt deine Berufung."*

An dieser Definition sind zwei Aspekte wesentlich:

1. Im Mittelpunkt und in der Definition ganz bewusst an erster Stelle steht das Individuum, der einzigartige Mensch als Original. Wir gehen von den ganz persönlichen und individuellen Träumen, Sehnsüchten und Talenten aus und verknüpfen diese, nachdem sie erkennbar und kommunizierbar gemacht wurden, mit den Bedürfnissen in der Welt beziehungsweise den Bedürfnissen der Welt – und nicht umgekehrt (also zuerst die Welt und dann – quasi reagierend darauf – das Individuum).
2. Der Begriff *Bedürfnisse* meint in diesem Kontext, dass die Möglichkeit der Umsetzung und Realisierung in der jeweiligen Realität ein wesentlicher Bestandteil von Berufung ist. Dementsprechend ist damit eine Ermutigung für den einzelnen Menschen verbunden. „Die Welt freut sich", sie zieht einen Nutzen daraus,

wenn Menschen ihre Berufungen entdecken und leben. Für jede persönliche Berufung gibt es einen „Anwendungsbereich", eben ein Bedürfnis, das damit gut abgedeckt wird. Kurz gesagt: Die vorhin angeführte Berufungsdefinition trägt den Hauptgedanken in sich, dass die Welt mit jedem Menschen, der seine Berufung nicht lebt, um ein Stück ärmer wird – oder positiv formuliert: die Welt eben mit jedem Menschen, der seiner Berufung nachgeht, um ein Stück reicher, bunter und schöner wird.

Berufung wird also als ein Bündel von mehreren Faktoren – Träumen, Sehnsüchten, Talenten, Fähigkeiten und Stärken – verstanden.

Im folgenden Abschnitt dieses Beitrags wird mit der Methode des Berufungscoaching$_{WaVe}$® ein Begleitungsmodell vorgestellt, das in den letzten Jahren viele Frauen und Männer dabei unterstützt hat, ihre eigenen Wege zu gehen und ihren Berufungen auf die Spur zu kommen.

2. Berufungscoaching$_{WaVe}$® als Begleitungsmethode

2.1. Beschreibung des Prozessmodells

Das Berufungscoaching$_{WaVe}$® wurde als durchgängiges Prozessmodell 2003 entwickelt und 2004 vorgestellt (Kaiser 2004; Kaiser 2005) und seither – basierend auf den Erfahrungen aus mehr als 700 Coachingsitzungen mit über 200 Kunden sowie den aktuellen theoretischen und praktischen Entwicklungen im Bereich der systemischen Beratung – konsequent weiterentwickelt und verfeinert (Kaiser 2007; Kaiser 2008; Kaiser 2009; Kaiser und Fordinal 2010).

Methodisch baut das Berufungscoaching$_{WaVe}$® auf dem systemisch-konstruktivistischen Coachingansatz auf und ergänzt ihn um eine Reihe von Techniken und Werkzeugen aus den Bereichen Spiritualität, Ganzheitlichkeit sowie Ziel-, Zeit- und Wissensmanagement.

Vorhin haben wir in diesem Beitrag festgestellt, dass das Finden der eigenen Berufung stark mit der „Ent-Deckung“ und damit auch „Ent-Faltung“ dessen verbunden ist, was jede und jeden von uns einmalig macht. Gerade deshalb ist es sinnvoll, als Begleitung zur Entdeckung der Berufung Coaching einzusetzen und das Berufungscoaching$_{WaVe}$® zu nutzen.

Der systemische Coachingansatz geht davon aus, dass alle Ressourcen bereits im Klienten (Kunden) angelegt und vorhanden sind und durch das Coaching sowie eine neue Sichtweise quasi nur aktiviert werden müssen. Die ursprüngliche Aufgabe von Coaching ist die Unterstützung eines bestmöglichen Zugriffs auf vorhandene Potenziale und Ressourcen, um diese verwenden zu können.

Das Modell des Berufungscoaching$_{WaVe}$® legt einen klaren Schwerpunkt auf das Explizitmachen der **wesentlichen und substanziellen Bedürfnisse** eines Menschen. Damit wird den in Abschnitt 1 dieses Beitrags kurz dargestellten Grundgedanken gefolgt. Den Begriff der „wesentlichen und substanziellen Bedürfnisse“ verwenden wir hier als Über- oder Sammelbegriff für all das, was ein Mensch in seinem Leben braucht, um ein gelungenes und erfülltes Leben zu führen. Es ist selbstverständlich, aber trotzdem wichtig zu betonen, dass „wesentliche und substanzielle Bedürfnisse“ nach unserem Verständnis weit über die grundlegenden Bedürfnisse eines Menschen, wie etwa Schlaf, Ernährung etc., hinausgehen. Grundlegende Bedürfnisse gewährleisten das Überleben eines Menschen. Wesentliche und substanzielle Bedürfnisse gewährleisten ein erfülltes Leben. Diese Gedanken entsprechen auch der Idee der bekannten Bedürfnispyramide von Maslow, die das Bedürfnis nach Selbstverwirklichung (Wachstumsbedürfnis, Selbstaktualisierung) an die Spitze der Bedürfnispyramide stellt, während grundlegende physiologische Bedürfnisse an der Basis der Pyramide zu finden sind (vgl. Maslow 1981). (Zum Thema „Bedürfnisse“ vergleiche auch Kapitel 15 in diesem Buch: „Strategien mit Mehrwert – Bedürfnisse als Schlüssel zu einer nachhaltigen Lebensqualität“)

Das Berufungscoaching$_{WaVe}$® besteht aus sieben Schritten, die in drei Phasen eingeteilt werden können:

- „Ent-decken“
- Stärken
- Umsetzen und Senden

Weiterhin kann man, von diesen drei Phasen umrandet, nochmals drei Schritte unterscheiden:

- Berufung
- Vision(en)
- Ziele

„Ent-decken“

In der ersten Phase des Berufungscoaching$_{WaVe}$® steht das „Ent-Decken“ der eigenen Berufung im Zentrum. Wenn wir von der Annahme ausgehen, dass die Berufung jedem Menschen zugrunde gelegt, also in ihm bereits vorhanden ist, muss dementsprechend nichts von „außen hereingeholt“, sondern vielmehr im Vorhandenen gefunden werden. Der Coach unterstützt demnach in dieser Phase die Kommunikation des Unbewussten des Kunden mit dem Bewussten. Die wesentliche Aufgabe des Coachs in der ersten Phase des Berufungscoaching$_{WaVe}$® ist es, den Kunden zu unterstützen, verstärkt auf

Intuition, Gefühle und Körperwahrnehmung zu vertrauen und den Kopf – und damit auch das rationale Nachdenken und Analysieren – eine Weile lang „möglichst abzuschalten“. Dabei geht es auch darum, Situationen aus der (näheren) Vergangenheit, in denen der Kunde erfahren und gefühlt hat, „stimmig“, authentisch und aus der eigenen Mitte heraus gehandelt zu haben, wieder ins Bewusstsein zu rufen, um dieses erfahrene, gute Gefühl abrufbar zu machen.

Neben klassischen Coachingwerkzeugen wird in dieser Phase beispielsweise unter anderem auch mit einem erweiterten Ansatz der Methode der sinnstiftenden Hintergrundbilder nach Bernd Schmid (Schmid 2004) und dem Mission-Statement-Ansatz nach Laurie Beth Jones (Jones 1998) gearbeitet.

Eine zentrale Rolle in der Phase des „Ent-Deckens“ spielt das Explizitmachen der wesentlichen und substanziellen Bedürfnisse. Mithilfe unterschiedlicher methodischer Zugänge kann sich der Kunde im gesamten Prozess des Berufungscoaching$_{WaVe}$® jener wesentlichen und substanziellen Bedürfnisse bewusst werden, die in der Zukunft erfüllt werden sollten. Leben in Fülle – wie schon erwähnt – hat wohl auch viel damit zu tun, dass wesentliche Bedürfnisse erkannt und im Rahmen der Umsetzung in einem Beruf, einer Lebensform beziehungsweise in Schwerpunkten des Lebens erfüllt werden. Wir können in diesem Zusammenhang von Generierung des *Bedürfnis-Wissens* sprechen.

→ Das Ergebnis dieser Phase ist, die wesentlichen und substanziellen Bedürfnisse, die eigenen Sehnsüchte und Träume, das, bei dem man spürt, dass es anziehend, faszinierend und spannend ist, konkret benennen und auch kommunizieren zu können. Dem Ruf, der integraler Bestandteil der Berufung ist, wurden Aufmerksamkeit und Gehör geschenkt, der Kommunikation zwischen dem Bewussten und dem Unbewussten wurde ein breiter Raum geöffnet.

Stärken

In der zweiten Phase des Berufungscoaching$_{WaVe}$® steht das Stärken im Mittelpunkt. Der Schwerpunkt der Begleitungsarbeit liegt darin, dass der Kunde bereits vorhandene Ressourcen, Talente und Fähigkeiten erkennt, sich diese bewusst macht, konkret benennen kann und auch in Bezug auf die gefundenen Sehnsüchte und Träume beziehungsweise die allenfalls bereits konkrete Berufung betrachtet. Im Kontext zur vorhin angeführten Definition von Berufung fokussieren wir den Bereich der „Talente".

Ein wesentlicher Aspekt in dieser Phase des Berufungscoaching$_{WaVe}$® ist das Explizit-Machen von implizit vorhandenem Wissen, Fähigkeiten und Begabungen. Aus dem Wissensmanagement wissen wir, dass die Umwandlung von implizitem Wissen in explizites Wissen ein wichtiger Faktor einer funktionierenden und gleichzeitig sowohl effektiven als auch effizienten Weitergabe von Wissen in Systemen ist (Nonaka et al. 1997). Wir nutzen diese Erkenntnisse aus dem systemischen Wissensmanagement und übertragen sie im Berufungscoaching$_{WaVe}$® auf individueller Ebene auf die einzelnen Kunden, die in sich wiederum sehr komplexe Systeme darstellen. Explizit gemachtes, bereits vorhandenes implizites Wissen kann in vielen Fällen auch in anderen beziehungsweise neuen (beruflichen) Kontexten sinnvoll eingesetzt werden, ohne dass es unbedingt zu einem Neuerwerb von Wissen oder Fähigkeiten kommen muss.

Vielen Kunden wird im Rahmen dieser Phase des Berufungscoaching$_{WaVe}$® nach langer Zeit wieder einmal richtig bewusst, wie viele Ressourcen und Fähigkeiten bereits vorhanden sind und gleichsam nur zielgerichtet aktiviert werden müssen. Dieser Aspekt steigert im Allgemeinen das Selbstwertgefühl der Betroffenen, was gerade in Phasen der Neuorientierung äußerst hilfreich ist.

→ Ergebnis dieser Phase sind die explizit beschreibbaren Träume und Sehnsüchte beziehungsweise die Berufung aus Phase 1, ergänzt um eine (große) Menge an explizit gemachten Ressourcen, Stärken, Talenten und Fähigkeiten, die helfen, diese Berufung zur Entfaltung zu bringen.

Umsetzen und Senden

In der dritten Phase des Berufungscoaching$_{WaVe}$® geht es um die konkrete Umsetzung der Berufung im Leben des Kunden. Welche Möglichkeiten der Realisierung gibt es? Wie realistisch sind die einzelnen Varianten? Was sind konkrete erste Schritte auf diesem Weg? Welche Schritte bin ich schon gegangen? Das sind einige der wesentlichen Fragen, die im Rahmen der letzten Phase bearbeitet werden sollten. In dieser Phase des Berufungscoaching$_{WaVe}$® werden – in Anlehnung an unsere Definition von Berufung – die „Bedürfnisse der Welt" vermehrt in das Blickfeld geholt. Dabei ist es wesentlich, dass – basierend auf den in der ersten Phase erarbeiteten Sehnsüchten, Träumen und der persönlichen Berufung – mehrere, teilweise auch unterschiedliche Umsetzungsmöglichkeiten in der Realität erarbeitet werden. Wir machen im Coaching also gleichsam nochmals einen weiten Raum auf, um aus einer Vielzahl von denkbaren und guten Möglichkeiten eine auszuwählen und in einzelne Meilensteine, Schritte und Ziele zerlegen zu können.

Ein wichtiges methodisches Element ist die Begleitung des Kunden bei der Formulierung einer eigenen Vision. Von der konkreten Vision ausgehend, werden mit dem Kunden mehrere Teilziele formuliert. Als äußerst nützlich haben sich meiner Erfahrung nach – vor allem wegen ihres ganzheitlichen Ansatzes – unter anderem Methoden des Ziel- und Zeitmanagements der 4. Generation nach

Stephen R. Covey (Covey 2005), die Backcasting-Methode, Ansätze aus dem Bereich des inneren Teams nach Schulz von Thun (Schulz von Thun 1998 & 2004) sowie Aspekte der systemischen Strukturaufstellung (Sparrer 2006) – insbesondere die Timeline – erwiesen.

Von der Spiritualität her gesehen, ist die dritte Phase des Berufungscoaching$_{WaVe}$® gewissermaßen mit einer Sendung vergleichbar. Der Sendungscharakter kann sich durch das (gedankliche) Gehen und Nachspüren eines konkreten Weges und Zieles oder etwa in der konkreten und verbindlichen Formulierung des ersten Schritts auf diesem Weg ergeben.

→ Ergebnis der letzten Phase ist der Beginn der konkreten Umsetzung des ersten Schritts im Alltag.

Grafisch lässt sich das komplette Modell des Berufungscoaching$_{WaVe}$® wie in Abbildung 3 darstellen.

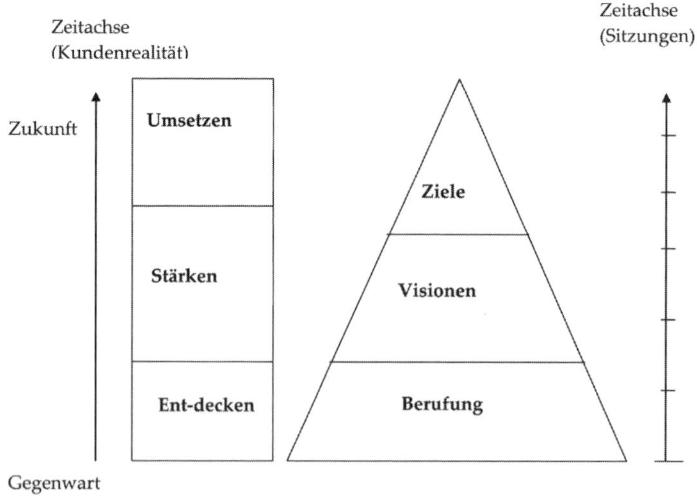

Abbildung 3: Prozessmodell Berufungscoaching$_{WaVe}$®

2.2. Allgemeine, gewonnene Erfahrungen aus dem Berufungscoaching*WaVe*®

- Als sehr hilfreich und positiv wird von den begleiteten Kunden oftmals die strukturierte Vorgehensweise des Berufungscoaching*WaVe*® genannt. Darüber hinaus haben viele Kunden nach Abschluss der Begleitung das Gefühl von „mehr Klarheit und Ordnung statt Chaos". Die erarbeitete Vision und Ausrichtung des weiteren (beruflichen) Weges werden vielfach wie folgt beschrieben: „Das zieht mich, richtet mich auf, verleiht neue Energie, gibt neue Orientierung."
- Weiters wurde bei vielen Kunden die Generierung von „neuem" Wissen beobachtet. Dieses neue Wissen liegt einerseits in der stärkeren Klarheit der Ausrichtung (Vision, Berufung) begründet und andererseits im Explizit-Machen von oftmals implizit vorhandenem Wissen (Fähigkeiten, Ressourcen, Stärken etc.).
- In der Umsetzungsphase des Begleitungsprozesses stehen die Benennung und Sequenzierung der einzelnen Schritte auf dem Weg zur Umsetzung der Berufung in der Gegenwart im Mittelpunkt sowie – daraus abgeleitet – die Definition des allerersten beziehungsweise nächsten Schritts auf diesem Weg. Übereinstimmend haben viele Kunden in der Rückmeldung zu diesem Abschnitt des Begleitungsprozesses davon gesprochen, dass die Definition der einzelnen Schritte nicht in dieser Konkretheit möglich gewesen wäre, wenn sie sich davor nicht der Frage ihrer Berufung gewidmet hätten. Daraus kann gefolgert werden, dass es einen wesentlichen Unterschied macht, ob man eine Vision lediglich „als Vision" und darauf aufbauend Ziele und Umsetzungsschritte für sich selbst definiert oder eine Vision als konkrete Umsetzung einer geklärten und kommunizierbaren Berufung erstellt.
- Zu beobachten ist eine verstärkte Bereitschaft, fast geradezu ein

Bedürfnis, sich auf die **spirituelle Dimension** von Berufung und die konkrete Umsetzung der Berufung im eigenen Leben einzulassen. Diese Bereitschaft ist vor allem bei Menschen beobachtbar, die mit „der Kirche an sich" schon lange nichts mehr zu tun haben.

- Zu einem hohen Prozentsatz kommen Kunden, die sich von der Methode des Berufungscoaching$_{WaVe}$® begleiten lassen, mit etwa 6 bis 8 Coachingsitzungen in einem Zeitraum von 2 bis 3 Monaten aus. Das Berufungscoaching$_{WaVe}$® ist damit, sowohl vom finanziellen als auch zeitlichen Einsatz betrachtet, für den Kunden gut kalkulier- und planbar.
- Die primäre Zielgruppe für das Berufungscoaching$_{WaVe}$® sind Menschen, die sich in der Phase einer Neuorientierung befinden. Prinzipiell kann man zwischen einer freiwilligen und einer erzwungenen Neuorientierung unterscheiden (ausführlicher dazu: Kaiser 2005). Anhand der Altersstruktur der bisherigen Kunden lässt sich beobachten, dass sowohl junge Menschen (ab 16 bis 17 Jahren) bei Fragen bezüglich der Wahl einer Ausbildung oder der ersten Berufswahl als auch ältere Personen bei Fragen in Zusammenhang mit Jobwechsel, aber auch Pensionierung etc. von der Begleitungsform des Berufungscoaching$_{WaVe}$® profitieren konnten.

3. Zusammenfassung und Bezug zum Ausbruch aus dem Hamsterrad

Berufungscoaching$_{WaVe}$® ist eine Begleitungsform, welche die Einzigartigkeit und Originalität des jeweiligen Menschen absolut in den Mittelpunkt stellt und die Menschen ermutigt und unterstützt, diese Einzigartigkeit auch anzunehmen und zu entfalten.

Aus gesellschaftlicher und systemischer Sicht werden Systeme (Gruppen, Teams, Unternehmen, Gemeinschaften etc.) umso erfolgreicher sein, je mehr Menschen in diesen Systemen ihrer Berufung folgen und diese in ihrem Leben auch umsetzen können. Wenn ein Mensch das tun kann, was ihn erfüllt, worin seine Träume, Sehnsüchte und wesentlichen sowie substanziellen Bedürfnisse berücksichtigt sind, er seine Talente und Stärken bestmöglich einsetzen kann, ist gar nichts anderes möglich, als dass dieser Mensch erfolgreich ist. Die jeweiligen Systeme, in denen er lebt und arbeitet, werden dementsprechend – im positiven Sinn – maximal von diesem Menschen profitieren.

Der eigenen Berufung zu folgen ermöglicht einen *Ausbruch aus dem Hamsterrad* in zweifacher Hinsicht:

- Auf individueller Ebene dahin gehend, dass Menschen gut auf sich selbst schauen, sich darüber im Klaren werden, welche ihre wesentlichen und substanziellen Bedürfnisse sind, und sich Visionen und Szenarien überlegen, diese erkannten Bedürfnisse in ihrem Leben zu erfüllen und zu befriedigen. Die handlungsleitende Frage ist: „Was brauche ich, damit es mir gutgeht?" Alleine die „sich selbst gegebene Erlaubnis", sich dieser Frage und ihrer Beantwortung zu stellen, ermöglicht einen Ausbruch aus dem Hamsterrad der Unzufriedenheit, des „08/15-Lebens" und des schalen Gefühls, nicht die- oder derjenige zu sein, der oder die man sein könnte.
- Auf gesellschaftlicher Ebene dahin gehend, dass Menschen, die ihrer Berufung folgen, in aller Regel „selbst-bewusste" (im wahrsten Sinne des Wortes) und „selbst-verantwortliche" Menschen sind. Diese Menschen bewegen, gestalten und verändern die Gesellschaft und die Systeme, in denen sie agieren, im positiven Sinn. Der Ausbruch aus dem Hamsterrad auf gesellschaftlicher und systemischer Ebene passiert durch einen Sichtwechsel, indem die handlungsleitende Frage lautet: „Wie ermöglichen die Gesellschaft beziehungsweise die Systeme innerhalb der Gesellschaft (Unternehmen, Gemeinschaften, Teams etc.) möglichst vielen

Menschen, ihre Berufungen zu entdecken und zu folgen – zum Wohl der einzelnen Menschen **und** zum Wohl der Gesellschaft und ihrer Systeme?“

Weitere Informationen zum Berufungscoaching*WaVe*®: www.wave.co.at

Literatur

COVEY, Stephen R. (2005): Der Weg zum Wesentlichen. Frankfurt: Campus Verlag

FUCHS, Anneliese (2009): Ein neues Ich-Modell – unterschiedliche Ebenen des Bewusstseins. Wien: Idee-Eigenverlag (http://www.idee.co.at)

JONES, Laurie Beth (1998): Mission Statement – vom Lebenstraum zum Traumleben. Wien: Signum Verlag

KAISER, Alexander (2004): Berufungscoaching als Methode einer zeitgemäßen Berufungspastoral – theologische, spirituelle und psychologische Grundlagen (Abschlussarbeit Wiener theologische Kurse) (http://www.berufungscoaching.at/berufungspastoral.pdf)

KAISER, Alexander (2005): Berufungscoaching: Systemisches Coaching in Phasen der (beruflichen) Neuorientierung. OSC – Organisationsberatung Supervision Coaching, S. 345–358

KAISER, Alexander (2007): Berufung Kommunikation und Coaching. LO – Lernende Organisation (38): S. 40–47

KAISER, Alexander (2008): Berufungscoaching und E-Coaching im Blickwinkel des Wissensmanagements. In: GEISSLER, Harald (Hrsg.): E-Coaching. Kaiserslautern: Schneider Verlag Hohengehren. S. 111–122

KAISER, Alexander (2009): Berufungscoaching*WaVe*® und Berufungspastoral. Ein bedürfnisorientierter Ansatz. Werkheft Zentrum für Berufungspastoral Freiburg

KAISER, Alexander und FORDINAL, Birgit (2010): Creating a *ba* for generating self-transcending knowledge. Accepted for publication in: Journal of knowledge management

MASLOW, Abraham H. (1981): Motivation und Persönlichkeit. Reinbek: rororo Verlag

NONAKA, Ikujiro / TAKEUCHI, Horotaka (1997): Die Organisation des Wissens. Frankfurt: Campus Verlag

PAINADATH, Sebastian (2002): Der Geist reißt Mauern nieder. München: Kösel Verlag

SCHMID, Bernd (2004): Sinnstiftende Hintergrundbilder professioneller Szenen. In Rauen, C. Coaching-Tools, Managerseminare Verlag

SCHULZ von THUN, Friedemann (1998): Miteinander reden. Band 3 – das innere Team. Reinbek: Rowohlt Verlag

SCHULZ von THUN, Friedemann, et al. (2004): Das innere Team in Aktion. Reinbek: Rowohlt Verlag

SPARRER, Insa (2006): Systemische Strukturaufstellungen. Theorie und Praxis. Heidelberg: Carl-Auer Systeme

Kapitel 2

Wie ich für mich sorge, so geht es mir schlussendlich auch

Michael Fleischmann

Wer ist der wichtigste Mensch in meinem Leben?

Wenn Sie als Antwort nicht sich selbst genannt haben, läuft bereits etwas schief und Sie sollten sich fragen, wie Sie für andere Menschen gut sorgen können, wenn Sie nicht ausreichend gut auf sich selbst achten. Ich höre Sie schon sagen: „Aber man kann doch nicht so selbstsüchtig sein! Man muss zuallererst auf alle anderen sehen und wenn dann noch Zeit und Energie vorhanden ist, auf sich selbst."

Aus meiner Sicht ist das der verkehrte Weg. Nur wenn ich auf mich schaue, wenn ich meine Bedürfnisse reflektiere und einen Weg zu Erfüllung und Zufriedenheit finde, bin ich mit all meinen Qualitäten und Ressourcen präsent – dann habe ich Kraft und Energie, für andere da zu sein und sie zu unterstützen, dann kann ich eine Quelle der Hilfe und Ressource für Menschen sein.

(Siehe auch Beitrag von Eugen Prehsler: „Die Selbstwertpflege").

Wie kann ich aber für mich sorgen?

Wenn wir uns unser Selbst als Verbindung der drei Teile Körper, Seele und Geist vorstellen, ist es einerseits wichtig, dass für jeden dieser Aspekte gut gesorgt ist, und andererseits ist es nötig, dass ein gutes Gleichgewicht zwischen den einzelnen Anteilen sichergestellt ist.

(Siehe auch Beitrag von Anneliese Fuchs: „Meditation – Hilfe für den Ausbruch aus dem Hamsterrad").

Für den Körper sollten wir sorgen, indem wir qualitätsvolle Speisen und Getränke zu uns nehmen, ausreichende Bewegung tätigen, Sport betreiben, frische Luft um uns haben *(siehe auch Kapitel von Dieter Zeisel: „Bewegung ist Balsam für Körper und Seele").* Den Geist können wir gut versorgen, wenn wir Anregung haben, lernen und uns weiterentwickeln, wenn unser geistiges Wachstum mit diesen Faktoren verbunden ist. Neue Herausforderungen, die Grenzen immer weiter hinauszuschieben, stimulieren unsere Gehirnzellen, aber auch unser spirituelles Wesen. Unsere Seele braucht die Beziehung zu anderen Menschen, braucht soziales Verhalten, braucht Liebe, damit sie sich wohlfühlt.

Das sind vielleicht banale Aussagen, aber das Bewusstsein, dass ich für mich verantwortlich bin und es in meiner Hand liegt, wie um mich gesorgt wird, welche Ziele ich mir setze, um zu wachsen und ganz zu werden, ist ein wichtiger Zwischenschritt auf dem Weg zur Sorge um sich selbst.

Wenn ich Sie jetzt ein wenig davon überzeugt habe, dass es gut ist, für sich selbst zu sorgen, werden Sie sich fragen: Mit welchen Werkzeugen kann ich arbeiten? Wie kann ich diese Werkzeuge dazu verwenden, damit es mir gutgehen kann? Was muss ich wann und in welcher Form tun, damit meine innersten, mir vielleicht noch gar nicht bewussten Bedürfnisse befriedigt werden?

Meine inneren Bilder

Welche Bilder begleiten mich durch den Tag? Sind es Bilder, in denen ich Erfolge habe und ein gutes Ergebnis erreichen kann, oder sind es Bilder von Misserfolg, die mich belasten und mich zur Verzweiflung bringen? Diese Bilder (oder Filme, Geschichten) sind nicht zufällig und unveränderbar in meinem Kopf gespeichert: Ich habe die Macht, sie zu verändern, anzupassen und kann dadurch beeinflussen, ob sie mir als Hindernisse im Weg liegen oder als Unterstützungen in meinem Leben helfen.

Achten wir einmal darauf, ob es eher schwere bedrückende Bilder sind, die es schwierig und schwieriger machen, oder ob es eher Bilder sind, die leichtere und angenehmere Zustände einleiten. Diese Bilder der Schwere lassen sich verändern, sodass sie aufsteigen wie Luftballons, leichter werden, sich ausdehnen, fast schwerelos werden und damit eine gute und leichte Unterstützung geben. Ich muss aber diese Bilder für mich so adaptieren, dass sie stimmig sind, damit sie mir in den Situationen, in denen ich Unterstützung brauche, auch wirklich zur Verfügung stehen.

Aus Bildern von Dürre und Wüste lassen sich Bilder von Fülle und Oasen des Überflusses entwickeln. Durch einen reichhaltigen Regen kann aus der Wüste ein blühendes Paradies entstehen. Sie haben es in der Hand, diesen Regen fallen zu lassen. Dieses Wasser und die Sonne können die Samen, die in der Erde schlafen, zum Blühen bringen, können vieles neu wachsen und sich entwickeln lassen. Die Bilder sind eine Konstruktion, viele sind im Laufe unserer Entwicklung entstanden und begleiten uns seitdem im Leben. Da wir sie aber selbst (unbewusst) konstruiert haben, können wir sie auch dekonstruieren und in neuer, unterstützender Form neu zusammensetzen.

Meine Erfolgs- und Misserfolgsgeschichten

Welche Geschichten erzähle ich über mein Leben? Welche Geschichten begleiten mich in meinem Leben? Sind es Geschichten, die von großen Erfolgen berichten, von vielleicht mühsamen, aber letztlich doch ergebnisreichen Situationen? Sind es Geschichten, welche die wesentlichen Anteile zum Gewinn beinhalten, oder sind es Geschichten, die von meinen Misserfolgen berichten, die erzählen, dass mir nichts zugetraut wird, weder von meiner Familie noch von mir selbst? Weil ich nicht erfolgreich bin und nicht erfolgreich sein darf? Weil das Leben schwer war, schwer ist und schwer sein wird, weil es nicht leicht sein darf?

Solche Geschichten machen es entsprechend schwierig – da ist keinerlei Leichtigkeit dabei! In einem derartigen Umfeld kann es nur schwierig werden. Es sind oft nur einzelne Worte, die eine Beschreibung schwer machen können. Es gibt Menschen, die ihren beruflichen Alltag als Bergwerk oder Steinbruch beschreiben. Können Sie sich vorstellen, dass mit diesen Worten der angenehmste Bürojob als leicht erlebt wird?

Wie Bilder mentale Konstrukte sind, sind es auch die Geschichten – selbst wenn sie mich bereits seit Jahren begleiten. Wenn es Konstruktionen sind, kann ich sie dekonstruieren, neu zusammensetzen, neu aufbauen, neue überraschende Wendungen einleiten und die Geschichten neu schreiben, mit neuen, positiveren Ergebnissen. Ich erzähle also meine eigene Entwicklung neu und baue in die neue Geschichte alles ein, was ich zur Unterstützung brauche.

Die hilfreichen, mich begleitenden Wörter und Sätze

Östliche Kulturen haben Mantras, die von den Menschen als unterstützende Sätze und Wortfolgen verwendet werden. Wir im

Westen kennen diese Form der Unterstützung nicht. Bei uns gibt es jedoch ebenfalls Sätze, die unser Leben begleiten: Sätze wie „Das geht nicht." oder „Das klappt nicht." berichten von unserer eigenen Vergangenheit. Manche Eltern haben es hervorragend geschafft, das kindliche Selbstbewusstsein zu nehmen und dafür das Gefühl, unvollkommen zu sein, sehr intensiv zu etablieren.

Dass das ein **Glaubenssatz** ist, der uns begleitet, ist einsichtig. Dass er sich auch verändern lässt, ist eine wichtige Voraussetzung für unser zukünftiges und erfolgreiches Leben.

Wie könnte ein Gegengewicht zu unseren bisherigen Sätzen aussehen? Es gibt viele Möglichkeiten, die sehr individuell sind. Besonders hilfreich kann der Gedanke sein, dass es leicht ist und leicht sein darf. Nehmen wir einfach die Aussage, die uns über Jahre begleitet: „Das Leben ist schwer." Dies hat schon etwas Bodenständiges und wenig Leichtigkeit. Wir können diesen Satz aber auch zu einem Dauerbrenner machen, indem wir ihn so formulieren: „Das Leben ist schwer und wird immer schwer sein." Wer da noch Leichtigkeit erfahren will, dem ist nicht zu helfen! Adaptieren wir den Satz nun ein wenig: „Bis jetzt war das Leben schwer." Hier schwingt bereits die Erwartung einer Veränderung mit, die es zukünftig leichter werden lässt – einer Veränderung, die mit einigen wenigen Worten bereits eingeleitet wird. Probieren wir noch die Aussage: „Bis jetzt war das Leben schwer, aber ab heute darf es leicht sein." Wie geht es Ihnen mit diesem Satz? Stellt er ein Gegengewicht zu bisher verankerten Glaubenssätzen dar?

Erlauben Sie sich einfach, diesen Satz wie ein Mantra mehrmals am Tag für sich selbst zu sagen. Vielleicht möchten Sie sich diesen Satz aber auch als Bildschirmschoner einrichten oder mit einem Post-it im Alltag sichtbar machen – dies ist besonders vor Situationen, die Ihnen bisher schwergefallen sind, hilfreich.

Michael Fleischmann

Meine Rituale

Rituale geben uns als wiederkehrende Tätigkeiten Sicherheit im Tagesablauf. Sie erleichtern uns in manchen Situationen den Alltag. Sehr häufig haben sich diese Rituale einfach ergeben. Beispiele sind die Rauch- oder Kaffeepause – wirksame Rituale, um kurz (für einige Minuten) aus dem Alltag auszusteigen und zu sich zu kommen. Die Formulierung „zu sich kommen" beinhaltet bereits den Anteil, dass wir manche Zeiten des Tages nicht bei uns sind – aber: Wo sind wir dann?

Wir können uns aber auch selbst ein Ritual gestalten, um das Leben leichter, genussreicher, freudiger, lebenswerter zu machen. Überlegen Sie einfach einmal, wann Sie ein stärkendes und unterstützendes Ritual benötigen: Ist es frühmorgens, um den Tag gut zu beginnen? Oder ist es gegen Mittag, um den bereits aufgetauchten Druck ableiten zu können und neue Energie zu sammeln? Wenn Sie für sich den richtigen Zeitpunkt gefunden haben, ist es erforderlich, einen passenden Rahmen zu definieren und die Elemente des Rituals zu bestimmen. Zeit ist übrigens dabei kein Thema, denn ein Ritual kann auch nur wenige Sekunden lang dauern und dennoch sehr kraftvoll und stärkend sein.

Überlegen Sie, welche Elemente Sie benötigen, um wieder in einen guten „Flow" zu kommen, sodass alles wieder rund läuft. Manche möchten vielleicht eine Kerze anzünden oder ein Blatt betrachten, anderen genügt es, einen Stein in der Hand zu halten. Es gibt kein Richtig oder Falsch, für Sie müssen der Ablauf und das Umfeld passen, dann wirkt es.

Meine Auszeit

Ich will Sie mit dieser letzten Unterstützung nicht auf den Jakobsweg schicken oder Ihnen andere lange Auszeiten anbieten, aber ich möchte Sie einladen herauszufinden, welche für Sie passende Auszeiten wären, in denen Sie sich zurücknehmen – weniger Hamsterrad und mehr Leben. Auszeiten können kurz sein, manche Auszeiten sind wie Rituale. Sie können aber auch längere Zeit dauern – das hängt von Ihnen ab. Es gibt Menschen, die auf drei Wochen in einem Ashram in Indien schwören, andere ziehen sich in ein Kloster zurück und leben einige Zeit kontemplativ mit den Klosterbrüdern. Vielleicht ist Ihre Auszeit ein Wochentag, den Sie für sich gestalten, der Ihnen gehört, den Sie beginnen, indem Sie ein Glas Wasser trinken, Tee zum Frühstück nehmen und auf den Kaffee verzichten. Vielleicht ist Ihre Auszeit eine innere Wanderung zu einer Quelle, zum Ursprung, um dort Energie zu schöpfen – zu einer nie versiegenden Quelle. Möglicherweise ist Ihre Auszeit aber auch ein Tag des Fastens – ganz bewusst kein Fleisch zu essen, keinen Alkohol zu trinken. Sie sehen, es gibt unendlich viele und ganz individuelle Formen, sich diese Auszeit zu gönnen. Wesentlich ist, sie muss zu Ihnen passen, Sie müssen sich dabei wohlfühlen und zu Ihrem Innersten finden.

Manche Leser und Leserinnen werden jetzt vielleicht sagen: „Das ist so einfach, fast schon zu einfach." Es ist wirklich einfach, wenn ich mir bewusst mache, dass ich für meine Mitmenschen nur dann eine Quelle der Unterstützung sein kann, wenn ich zuallererst für mich selbst sorge und mein Leben so gestalte, dass es für mich stimmig ist. Wer ist nun der wichtigste Mensch in Ihrem Leben?

Literatur

Gerald HÜTHER, Die Macht der inneren Bilder, Vandenhoeck & Ruprecht, 3-525-46213-1, Göttingen 2009.

Gerald HÜTHER, Bedienungsanleitung für ein menschliches Gehirn, Vandenhoeck & Ruprecht, 3-525-01464-3, Göttingen 2009

Jürgen HARGENS, Systemische Therapie ... und gut – Ein Lehrstück mit Hägar, Verlag modernes Lernen, 3-8080-0537-8, Dortmund 2003

Reinhold DIETRICH, Der Palast der Geschichten, Verlag Dietrich, 3-902172-00-2, Elixhausen 2002

Maja STORCH, Benita CANTIENI, Gerald HÜTHER, und Wolfgang TSCHACHER, Embodiment. Die Wechselwirkung von Körper und Psyche verstehen und nutzen, Verlag Huber Bern, 3456843232, Bern 2009

Mihaly CSIKSZENTMIHALY, Flow, Klett Cotta, 3-608-95783-9, Stuttgart 1992

Mihaly CSIKSZENTMIHALY, Das Flow-Erlebnis, Klett Cotta, 3-608-95338-8, Stuttgart 2000

Gunter FRANK und Maja STORCH, Die Mañana-Kompetenz: Entspannung als Schlüssel zum Erfolg, Piper, 3492053165, München 2010

Weblinks

www.zeitzuleben.de unter Artikel und Tipps – Geschichten

http://www.systemisch.net/satire.htm

Kapitel 3

Selbstwertpflege

Eugen Prehsler

1. Einleitung

Ich beschreibe einen ganz konkreten Ansatz oder eine konkrete Methode und stelle die Erfahrungen damit dar, um eine Chance zum Ausbruch aus dem Hamsterrad zu bieten.

Lassen Sie mich aber vorher ein bisschen über dieses Leben im Hamsterrad öffentlich nachdenken: Ich beginne mit einem Satz, der in meinem Leben einen der größten Nachdenkschübe ausgelöst hat: „Wir leben alle in jedem Moment unseres Lebens unser Leben bestmöglich!" Oder anders gesagt: „Es hat schon einen Sinn, was wir hier machen – und einen großen Nutzen!" („Und außerdem können wir es momentan eben nicht anders beziehungsweise besser.")

Dieses Buch unterstellt, dass der Mensch – und konkret Sie – gerne aus seinem/ihrem Hamsterrad ausbrechen will. Ich glaube, dass dies zum Teil eine psychoromantisch verfälschte Sicht ist – von Ihnen, den Herausgebern und mir. Eine Weltschmerz-Sehnsucht nach dem Strand in Griechenland, den die wenigsten von uns auf Dauer aushalten würden.

Diese Unterstellung löst vor allem eines aus: Unzufriedenheit mit dem eigenen Leben – und dies wirkt sich wieder auf den Selbstwert aus. Wir – und konkret ich – sollten uns also hüten, Ihr Leben schlechter zu reden, als es wirklich ist. (Das besorgen im Regelfall übrigens ohnehin Sie selbst. ☺)

Ihr Hamsterrad hat viele, sehr viele Vorteile und einen Riesennutzen: Sicherheit! Wenn wir schon bei der Metapher bleiben: Was ist am Hamsterrad schlecht für den Hamster? Oder: Wie ginge es dem Hamster ohne sein Rad? Okay, ein bisschen etwas zu verändern oder manchmal aus unserem Hamsterrad auszusteigen, wäre nicht schlecht – ja, natürlich!

Ich kenne umgekehrt jedoch sehr viele Menschen, die sich nach ihrem Hamsterrad sehnen. Dazu zählen zum Beispiel viele Freizeitvolle (die Sie vielleicht als Arbeitslose kennen), viele langjährige ungewollte Singles, viele Menschen, deren Hamsterrad durch Krankenhausaufenthalte unterbrochen wird – und manchmal auch ich, wenn meine Selbständigkeit nicht ganz so läuft, wie von mir gedacht, und die von mir ach so hochgehaltene Freiheit auf einmal zur Bürde wird: Dann hätte ich gerne ein „Hamsterrad" mit 5 Wochen Urlaub, in dem das Risiko des Krankenstandes meinen Arbeitgeber trifft und nicht mich selbst und mir jemand anderer sagt, wie es weitergeht. Outing beendet.

Ist Ihr Hamsterrad nicht auch zu zumindest drei Viertel ganz schön und lebenswert und auf jeden Fall zu 96 Prozent sicher? Wenn Sie dies bejahen, sollte sich Ihre innere Unruhe ein bisschen legen und Platz für Ihren Selbstwert machen und es sollte auch so etwas wie Energie entstehen, die Sie brauchen werden, um Ihr Hamsterrad zu adaptieren. Oder noch aufregender und inspirierender: um daraus manchmal auszubrechen, für kurze Zeit, und auf die Suche nach großen Abenteuern zu gehen, um dann vielleicht wieder in die Geborgenheit und Sicherheit des Hamsterkäfigs mit seinem Rad zurückzukehren.

Hier eine entscheidende Lebensfrage: Wie viel Unsicherheit können Sie vertragen und wie viel Mut haben Sie, wirklich ins Leben hinauszugehen?

Dieser mein Artikel setzt übrigens voraus, dass Sie, geneigter Leser, liebe Leserin, einen möglichst hohen Selbstwert haben wollen. Ich glaube, dass auch diese Sicht eine psychoromantisch verbrämte ist, denn der Mensch – nicht Sie konkret, sondern DER Mensch eben – tendiert zum Trottel.

2. Wozu ist ein hoher Selbstwert gut? Und welche Vorteile hat ein niedriger Selbstwert?

Oder noch heftiger gefragt: Wer braucht überhaupt einen hohen Selbstwert?

Ich biete Ihnen folgende Antwort:

Einen hohen Selbstwert benötigen Menschen und Gesellschaften, die eigenverantwortlich ihr Leben in Fülle selbst gestalten und das Angebot des Lebens nutzen wollen. Da dies äußerst anstrengend ist, benötigen solche Menschen und Gesellschaften viel Energie. Diese notwendige Energie kommt unter anderem aus dem Selbstwert beziehungsweise dem Streben danach. Erst ein hoher Selbstwert oder das Streben danach befähigen Menschen und Gesellschaften, ihr Leben in Fülle selbst zu gestalten und das Angebot des Lebens zu nutzen.

Gefällt Ihnen diese Antwort?
Was können Sie davon brauchen? Was nehmen Sie sich?
Was wollen Sie davon nicht nehmen? Was wollen Sie streichen?
Dann streichen Sie es!
Wollen Sie ein solcher Mensch sein?
Kann man das auch in einem Hamsterrad erreichen?

Gesellschaften, die in großem Ausmaß das Leben in Fülle selbst gestaltet und das Angebot des Lebens genutzt haben, waren zum Beispiel das

Athen des Perikles, das Rom unter Cäsar und Augustus, das Sizilien der Normannen, das Spanien unter den Kalifen (zumindest phasenweise) und das Florenz der Medici. Davon kann man viel lernen!

Ich liebe Wien. Es ist eine traumhaft schöne Stadt. Inspirierend.

Dass der bekannteste Wiener aber wahrscheinlich Richard Lugner ist, tut mir dann doch weh!

Und jetzt die zweite heftige Frage: Welchen Vorteil hat ein niedriger Selbstwert?

In einen niedrigen Selbstwert muss man nichts investieren. Man muss für einen niedrigen Selbstwert wenig bis keine Energie aufbringen. Gerade in Europa beziehungsweise Österreich besorgen diesen niedrigen Selbstwert im Regelfall ohnehin die eigenen Eltern sowie Politik und Wirtschaft – und auch die Kirche darf man dabei nicht vergessen!

Dummheit ist der effizienteste Weg durchs Leben. Dumm zu sein ist angenehm, weil es nicht anstrengend ist (nur für die anderen, manchmal). Dummheit und Eigenverantwortung schließen sich vielleicht aus, aber mit Dummheit und Skrupellosigkeit kann man auf der anderen Seite trotzdem viel erreichen. Denken macht das Leben sehr oft kompliziert und langsam.

Ich glaube an Bildung, in welcher Form auch immer, und ich bin sicher, dass Bildung für den Selbstwert gut ist. Ich habe aber das Gefühl, dass wir gesellschaftlich ausblöden – was irgendwie immer noch besser ist als das historisch gewohnte Ausbluten. Dieses zeichnet sich jedoch möglicherweise gerade wieder am Horizont ab. Ausblöden und Ausbluten stehen vielleicht in einer gewissen Korrelation zueinander.

Diese sechs Zeilen waren mir persönlich wichtig. Ich danke für Ihre Toleranz, sie schreiben zu dürfen.

Da die eigene Blödheit manchmal doch wehtun kann, braucht der Dumme/die Dummin Hilfsstrategien, um schnell und einfach einen Selbstwert aufbauen zu können, wenn er/sie ihn braucht.

- Schwimme mit der Mehrheit. „Normalisieren" heißt das im Coaching-Jargon. Wenn viele oder gar die meisten etwas tun, ist das gut – egal, wie dumm, falsch oder menschenverachtend es sein mag. Die Krone hat immer Recht(s).
- Halte dir immer Menschen(gruppen) parat, die du nötigenfalls erniedrigen kannst, damit du dich höher und besser fühlst: die eigene Frau, die eigenen Kinder, die Mitarbeiter, ganze Bevölkerungsgruppen. Wenn dir selbst gerade nichts einfällt, halte dich an die momentan verfügbaren und in Österreich nie als Mangelware auftretenden Populisten: Diese liefern dir schon irgendeine Form von Untermenschen. Nochmals und klar gesagt: Erniedrigung von anderen erhöht das eigene Selbst! Der gestandene Drittel-Österreicher muss gar nicht so vielen Ausländern „in die Goschn haun", damit es ihm/ihr wieder gutgeht. Ein, zwei Schwarzafrikaner, drei bis vier „Türkengfraster" und vielleicht finden wir zum Würzen auch noch einen Schwulen – das reicht als Erniedrigungs- und Hinhauoption schon, wenn man es braucht.
- Fühlst du dich in deinem Leben nicht wohl, stelle nicht die Frage nach deiner Eigenverantwortung, sondern gehe sofort auf die Schuldsuche. Die Schuld liegt immer bei den anderen. Auch hierbei wird dir in diesem Land verlässlich geholfen: Wir sind es prinzipiell nie selbst! Es sind immer nur „die da", eben die anderen!

Zusammenfassend:

Ein hoher Selbstwert ist sehr schön, aber unheimlich anstrengend. Es geht auch ohne ihn.

Ein niedriger Selbstwert ist einfach zu haben und man kann damit auch leicht umgehen, denn wenn man ihn dann doch braucht, den Selbstwert, den hohen, kann man ihn sehr einfach und schnell konstruieren – auf Kosten anderer.

Blöd ist nur, dass ein Bauchschuss sogar in der schönsten Uniform wehtut.

3. Wie kann ich meinen Selbstwert steigern, so ich das will?

Es ist immer das Gleiche: Anstatt endlich etwas zu tun, zum Beispiel zufrieden zu sein, wollen die Workshop-Teilnehmer, die Leser, die Menschen generell noch irgendeinen Tipp, mit dem sie das Leben austricksen können. Und NEU soll das auch noch sein!

1. Das Leben lässt sich nicht austricksen. Das Leben lässt sich auch nicht lesen.
2. Das Leben gehört gelebt. Ihres halt von Ihnen!
3. Das ist ein guter Tipp, aber eben auch nicht NEU. ☺

Erklärung zu „Das Leben lässt sich auch nicht lesen“: Ich kenne viele Menschen, die unheimlich viel gelesen haben und gar nicht aufhören zu lesen, um dem Leben auf die Schliche zu kommen. Jeder Lebensratgeber wird „reingezogen“. Vor lauter Lesen bleibt jedoch keine Zeit zum Umsetzen, keine Zeit, das Leben zu leben.

Wie möchten Sie lieber sterben?

Mit einem Buch in den Armen oder in den Armen eines geliebten Menschen?

Das Tagebuch, Selbstführungswerkzeug vom Feinsten

Was macht Menschen glücklich?

Ich weiß es auch nicht, gehe aber davon aus, dass Glück und Zufriedenheit gut für den Selbstwert sind.

Ich biete Ihnen einmal ein paar Punkte an und ersuche Sie, sich selbst zu fragen und zu beobachten, was Sie glücklich und/oder zumindest zufrieden macht:

- Inspiration (Bildung und Interesse an ständiger Entwicklung)
- Humor
- Partnerschaft und Familie
- Polis (Gemeinschaft)
- Wirkung
- Genuss
- Gesundheit
- Kreativität
- Liebe
- Erfolg
- Freude

Suchen Sie sich nun maximal fünf Begriffe aus und nehmen Sie sie als Skala in Ihr Tagebuch, Werte 0 bis 10 – wobei 0 „Ächz" ist und 10 „Juhu!".

Achtung:

Ein Teil von Ihnen schreibt vielleicht schon begeistert Tagebuch und stürzt sich auf diesen Vorschlag. Der größere Teil von Ihnen denkt jetzt aber mit ziemlicher Sicherheit: „Nein, danke! Ich möchte kein Poesiealbum schreiben! Ich habe etwas Besseres zu tun! So ein Eso-Quatsch!"

Wenn Sie etwas Besseres zu tun haben, tun Sie es!

Mir geht es jetzt jedoch nicht darum, dass Sie über einen langen Zeitraum jeden Tag in Ihr Tagebuch abtauchen (höchstens, SIE wollen das!).

Meine Empfehlung lautet:

Verwenden Sie das Tagebuch als Kontrollinstrument nur, wenn Sie sich irgendwie unrund und eben nicht „on your way" fühlen! Verwenden Sie es nicht so sehr als „besten Freund" oder eine andere therapeutische Form, sondern als Selbstführungs- beziehungsweise Coaching-Instrument! Es bringt Klarheit, schafft Bewusstsein, führt zur Zielfindung beziehungsweise -adaption und erhöht damit die Wahrscheinlichkeit, dass Sie etwas umsetzen und in Ihrem Leben das erreichen, was Sie gerne gestalten wollen!

Noch einmal: Es ist ein SELBSTFÜHRUNGSWERKZEUG, das Sie einsetzen können, wenn Sie das Gefühl haben, diese SELBSTFÜHRUNG ein bisschen verloren zu haben.

Ich schreibe in manchem Jahr keinen einzigen Tag Tagebuch – dies sind die Jahre, in denen ich große Gesamterfolgsberichte schreibe! Es gibt aber auch Jahre, in denen ich an bis zu 60 Tagen ins Tagebuch gehe. Selbst bei wirklich schlimmen Ereignissen, die mich überfordern und mir (kurzfristig) die Lebenssouveränität „wegblasen", selbst bei Prüfungen wie Krankheit, Verlust oder Existenzangst war ich aber noch nie länger als 20 Tage am Stück in meinem Tagebuch.

Es ist jedoch Ihre Entscheidung, wie intensiv Sie das Tagebuch nutzen wollen. Ich will nur den Skeptikern unter Ihnen sagen (also mehrheitlich den Männern): Es ist WIRKLICH ein superbes SELBSTFÜHRUNGSWERKZEUG!

Wie funktioniert es?

Sie haben also fünf Begriffe ausgewählt. Diese beobachten Sie jetzt eine Zeit lang. Die Begriffe können Sie aber gerne ändern und entwickeln.

Ich verwende nun die Skala, mit der ich im Sommer 2009 gearbeitet habe. 2010 wird anders ausschauen, habe ich aber noch nicht gebraucht. Derzeit ist das Jahr einfach stark und ich in Höchstform. Die Selbstführung stimmt. Ich brauche also kein Tagebuch. ☺

LIEBE										
ERFOLG/JOB										
KÖRPER										
GEIST/INSPIRATION										
SEELE/FREUDE										
TAG GESAMT										

Alle Begriffe definieren Sie natürlich für Ihr Leben selbst!

ERFOLG sieht bei Ihnen sicherlich anders aus als bei mir. Für mich ist ERFOLG zum Beispiel, dass Sie diese Zeilen lesen. Danke dafür! Ich fühle mich von Ihnen anerkannt. Damit geht es mir echt gut.

Bei KÖRPER habe ich zum Beispiel eine sehr hohe Genussquote drinnen – neben einer eher am unteren Level angesiedelten Trainingskomponente. Mir sind für mein körperliches Wohlbehagen ein gutes Essen und ein schöner Wein eben wichtig. Dafür schaffe ich es nicht, vier Stunden auf dem Rad zu sitzen, oder anders gesagt: Ich bin einmal mit meiner Familie am Fuße des Mont Blanc auf der französischen Seite gesessen, auf der Terrasse einer Hütte, wo wir Käsefondue gegessen haben. Der Gletscher war zum Greifen nahe. Es war unglaublich schön und das ist für MICH ein „10er" bei KÖR-

PER. Sie wären vielleicht statt des Fondueessens wirklich auf den Berg geklettert.

GEIST/INSPIRATION kommt bei mir vor allem aus der Geschichte, Kunstgeschichte und dem Fühlen von und Einlassen auf eine inspirierende Umgebung. Das ist sehr wohl Natur, aber auch Stadt: Ich liebe Wien, Paris, Rom, Istanbul, London, Barcelona etc. Ich gehe aber auch gerne auf Berge oder schaue auf das Meer hinaus. Bei Ihnen kommt Inspiration vielleicht aus dem Modellbau, dem Glauben, der Küche usw. Es gibt tausende Möglichkeiten, um sich auf diesem herrlichen Planeten inspirieren zu lassen und geistig tätig zu werden!

LIEBE hat bei mir mit meinen Kindern und meiner Frau zu tun – und mir selbst. Dazu kommen noch ein paar Freunde und die große gigantische kosmische Liebe zu allen Lebewesen auf diesem Planeten (ausgenommen die Gelsen, von denen ich gerade eine erschlage!). Und vielleicht auch ausgenommen meine Eltern und meine Schwiegereltern, zu denen ich eine andere Qualität der Beziehung habe. Und überhaupt der Rest der Familie, der mir ziemlich egal ist beziehungsweise mir auf die Nerven geht. Meine Brüder sind aber okay. Sie sehen also schon: Auch bei mir ist LIEBE nicht ganz einfach. ☺ Wenn Sie keine Kinder haben und vielleicht auch keinen Partner, werden Sie Ihre Liebe über andere Wege leben – oder eben nicht.

Gut.
Wie arbeitet man mit dem Tagebuch?

1. Möglichkeit: das Tagebuch als Kontrollwerkzeug

Tragen Sie einfach am Abend (oder am nächsten Tag in der Früh) die Werte in die Skala ein – schlichtes Tagesselbstcontrolling sozusagen.

War LIEBE „Ächz“ oder „Juhu!“ – oder irgendetwas dazwischen? Also 0, 10 oder 3–7? Und KÖRPER? Haben Sie irgendetwas getan oder sind Sie wirklich, wie ein nasser Sack, faul in der U-Bahn oder im Büro gesessen und sitzen jetzt auch noch faul auf dem Fernsehsofa? Das ist dann eher eine 0. ☺ INSPIRATION? Haben Sie heute über irgendetwas gestaunt? Haben Sie etwas gelernt oder den Tag einfach ausgeblödet, wie leider so viele? Die Wiederholung der Wiederholung der Wiederholung – das ist zwar nicht inspirierend, aber sicher.

Wenn Ihre Werte generell eher tief sind, stellen Sie sich folgende Fragen:

- Erwarte ich vielleicht zu viel vom Leben? Habe ich meine persönlichen Zufriedenheitslatten zu hoch gelegt?
- Was habe ich an diesem Tag alles übersehen, nicht wahrgenommen oder schon wieder vergessen?
- Das ist klassisches Bewusstmachen – meinetwegen auch positives Denken! Ich komme bei mir jedoch immer wieder darauf, dass ich um 14.12 Uhr schon nicht mehr weiß, was ich um 9.32 Uhr Schönes oder Tolles oder Liebes erlebt habe! Das funktioniert übrigens auch umgekehrt, zum Glück (hier passen diese beiden Worte optimal ☺): Die NICHT so schönen, tollen Dinge vergessen wir oft ebenfalls sehr schnell. Verdrängung funktioniert! Das ist eine GUTE Nachricht! Und gleich noch eine GUTE Nachricht: Ich kann mir so ziemlich aussuchen, was ich aus der Verdrängung wieder hervorholen will. Ich hole mir im Regelfall die eher schönen Erinnerungen und Erlebnisse.

Vielleicht revidieren Sie aufgrund dieser Fragen die Werte nach oben und kommen zu diesen möglichen Erkenntnissen:

- Der Tag – und in Summe Ihr Leben – ist angenehmer, voller, besser gelaufen, als Sie es in ERINNERUNG haben! DAS reicht meistens für ein erleichtertes Staunen und Steigen Ihres Selbstwertes!

- Durchschnittliche Tage sind bei näherer Betrachtung ebenfalls total okay.
- Der Summenwert für den Tag gesamt kann durchaus höher liegen als die Einzelwerte!
- Und – ganz spannend: Ein „mieser" Wert in einem Bereich kann durchaus durch gute Werte in anderen Bereichen kompensiert werden, sogar ziemlich lange Zeit hindurch! Das ist eine GUTE Nachricht, weil sie besagt, dass Mängel in einem Bereich für das Gesamtempfinden durchaus NICHT entscheidend sind! Das ist aber auch eine GEFÄHRLICHE Erkenntnis, weil wir dazu neigen auszuweichen – und ein ganzes Leben ohne Liebe, Erfolg, Inspiration etc. ist doch ein unvollkommenes Leben.
- Wenn Sie bei der Erkenntnis bleiben, dass dieser Tag ein schlimmer war, ist das egal, solange Ihnen das nicht allzu oft passiert. Wir alle haben unsere Tage, an denen wir nicht in Höchstform sind und unser Leben eben auch nicht. Ein gesunder Prozentsatz und gute Niederlagen gehören dazu.

2. Möglichkeit: das Tagebuch als Planungswerkzeug

Wenn Sie bemerken, dass Ihnen zu einem Bereich nicht wirklich etwas Konkretes einfällt, wird es Zeit, dass Sie darüber nachdenken und Ziele formulieren und sich über die Ressourcen Gedanken machen.

Nehmen wir LIEBE als Beispiel:

Sie kommen darauf, dass hier nichts mehr läuft, Sie vielleicht im klassischen Routine-Blackout hängen. Wenn Sie Ihre Liebe wieder aktivieren wollen, zu wem auch immer, müssen Sie jetzt Ziele definieren und dafür sorgen, dass Sie die nötigen Mittel – meist Zeit und Geld und ein charmantes Lächeln sowie ein begehrliches Flackern in den Augen – haben.

Bevor ich zu einem Beispiel komme, hier ein entscheidender Hinweis: Je mehr ein Ihnen wichtiger Bereich abhandengekommen ist, umso kürzer sollten Sie den Planungshorizont setzen. Wenn Ihre Beziehung langweilig geworden ist, hilft es Ihnen vielleicht nicht (gleich), wieder den seit Jahren nicht gemachten Kurzurlaub nach Rom oder Venedig ins Auge zu fassen. Die Wahrscheinlichkeit ist sehr groß, dass es auch in diesem Jahr heißen wird: „Leider nicht!"

Gehen Sie in die Tagesplanung! Machen Sie kleine Schritte! Nehmen Sie sich einfach drei Punkte vor, wie Sie Ihre Liebe wieder zum Ausdruck bringen! Zum Beispiel: Gehe jetzt gleich hinüber zu deiner Frau/deinem Mann und sag ihr/ihm, dass du sie/ihn liebst. Schreiben Sie das zuerst ins Tagebuch und anschließend tun Sie es – in diesem Fall sofort! Oder nehmen Sie sich für den Abend vor, Ihren Partner beim Fernsehen wieder einmal bewusst zu streicheln!

KÖRPER.

Wenn Sie sportlich echt weg vom Fenster sind, nehmen Sie sich am Anfang nicht vor, in zwei Jahren einen Marathon zu laufen. Das kann zwar funktionieren. Die Wahrscheinlichkeit ist aber nicht sehr groß, dass Sie sich mit diesem zu hohen Ziel überfordern.

Nehmen Sie sich einfach auch hier drei Dinge vor, die Sie heute erreichen können – und zwar gar nicht so schwierige. Legen Sie die Latte in erreichbare Höhen. Vielleicht sind es nur diese drei Punkte:

- Heute einmal statt des Büroliftes das Stiegenhaus benutzen,
- 20 Liegestütze machen (oder 10, oder 5 – einfach anfangen!),
- auf EINE Zigarette bewusst verzichten.

Seien Sie gut und gütig zu sich!

Am Abend haben Sie beim Controlling wahrscheinlich drei Punkte, die Sie abhaken können. Das erhöht Ihren Selbstwert, weil es Ihnen das Gefühl gibt, aus der Ohnmacht herauszukommen, und ermächtigt Sie weiterzumachen. Ihr Selbstwert ist gestiegen, denn Sie haben sich bewiesen, dass Sie kein „Nudelaug´“ sind, das gar nichts weiterbringt.

INSPIRATON

Auch hier gilt: Take it easy! Oder besser: Make it easy! Machen Sie es sich leicht! Sie werden sich wundern, wie viel Energie allein darin liegen kann, eine schöne Musiknummer bewusst zu hören; wieder einmal fünf Seiten zu lesen oder einen kurzen Blick auf die Dorfkirche (in Wien eben auf den Stephansdom) zu werfen. Wenn Ihnen das zu wenig oder zu flach ist, sind Sie entweder schon gut unterwegs oder verurteilen sich gerade zum lebenslangen Scheitern. ☺ Oder Sie genießen es, bemitleidet zu werden. ☺ ☺

Hier noch zwei Ideen zum Planen mit dem Tagebuch:

1. Schauen Sie, dass Sie möglichst früh am Tag bereits ein paar Dinge auf der persönlichen To-do-Liste abhaken können! Viele Leute stehen zwar um 6.00 Uhr auf, beginnen aber erst um 10.00 Uhr zu leben. Hier beginnt bereits das Wettrennen mit der Lebenszeit!
2. Wenn Sie zu den „Permanentraunzern“ und „Ständigopfern“ gehören und das Erdbeben in Haiti Sie schon wieder davon abgehalten hat, endlich Ihr Leben zu genießen und Optimist zu werden – und wenn Sie das überhaupt ändern wollen! – nehmen Sie sich jeden Tag drei konkrete Punkte vor, über die Sie sich bewusst freuen wollen! Sie haben einfach nur verlernt, sich zu freuen. Raunzen können Sie gut, weil Sie das jahrelang trainiert haben. Jetzt ist es automatisiert. Sie müssen also UMLERNEN: Raunzen => Freude. Und genau

für diesen Umgewöhnungsprozess ist diese „Drei-Punkte-zum-Freuen-pro-Tag-Übung" wirklich gut. Versuchen Sie es! Frage: Worüber haben Sie sich heute schon gefreut? Nennen Sie drei Punkte! Das geht leicht? Schön! Nächste Frage: Worüber werden Sie sich heute noch freuen? Nennen Sie wieder drei Punkte! Wenn Sie jetzt in Summe sechs Punkte zusammengebracht haben, dürfte der Tag ein gar nicht so schlechter gewesen sein – trotz des Cholerikers am Telefon und des Gestankes in der U-Bahn!

Meine Erfahrungen mit dem Tagebuch als Selbstführungswerkzeug

Es funktioniert super!

Die Zahl der Menschen, die ich in dieses Selbstführungswerkzeug geleitet habe und die damit in ihrem Leben echt etwas weiterbrachten, ist sicher schon dreistellig, wahrscheinlich aber schon vierstellig.

Die Frage für Sie lautet aber vor allem: Will ich etwas weiterbringen und die Disziplin dafür aufbringen? (Mühsam!)

Oder: Ist die Veränderung meines Lebens die notwendige Energie, den unumgänglichen Einsatz wert?

Danke fürs Lesen!

Vielleicht kreuzen unsere Wege sich einmal! Mich würde das freuen, sofern wir uns respektvoll begegnen und Sie mir meine Würde lassen. Vielleicht könnten Sie diese Haltung auch für jene Menschen aufbringen, die uns umgeben – egal, um wen es sich handelt.

Kapitel 4

Meditation – Hilfe für den Ausbruch aus dem Hamsterrad

Anneliese Fuchs

Wir erleben derzeit, dass viele Menschen im Hamsterrad gefangen sind. Sie laufen immer rascher am Platz, nichts geht weiter, aber der Druck steigt. Durch die Finanzkrise sind viele Unternehmer verunsichert und manchmal sogar in Panik, vor allem wenn die Aufträge drastisch zurückgehen und auch Sanierungsmaßnahmen scheinbar nicht greifen. Diese Panik überträgt sich dann auf die Mitarbeiter und lässt in ihnen bisher unbekannte Ängste aufsteigen. Sie haben aber nie gelernt, mit diesen Ängsten umzugehen, etwas dagegen zu unternehmen. Die Arbeit, die vor einiger Zeit vielleicht noch befriedigend war, wird zur Last. Man hat täglich Angst, in die Arbeit zu gehen, weil man nicht weiß, was heute wieder auf einen zukommt. Der Druck auf Unternehmer und Mitarbeiter steigt somit von Tag zu Tag, von Woche zu Woche. Und eigentlich gibt es zu wenig Angebote, um diesen Druck, dieses Am-Platz-Treten zu reduzieren. Schon ganz junge Mitarbeiter können nicht mehr entspannen und somit wird sowohl ihr Berufs- als auch Privatleben schwer erträglich. Bei einer Meditationseinführungsgruppe in einem Unternehmen meinte ein 36-jähriger leitender Angestellter: „Ich konnte in den letzten vier Jahren nicht mehr entspannen, habe schlecht geschlafen. Heute, bei diesem Einführungskurs, habe ich mich erstmals wieder entspannt."

Ein günstiges Angebot für Menschen, die stark unter Druck stehen, sind die von mir in jahrelanger Zusammenarbeit mit den Seminarteilnehmern entwickelten Meditationskurse. Ich habe versucht, psychologische Methoden harmonisch mit spirituellen Methoden zu vereinen und ein überaus wirkungsvolles Werkzeug für Angstreduktion, vor allem aber Energieförderung zur Verfügung zu stellen. In unseren begleitenden wissenschaftlichen Untersuchungen hat sich diese intuitiv gefühlte Wirksamkeit bestätigt.

Vor Kurzem kam eine junge Frau in einen Meditationseinführungskurs und hatte alle Anzeichen eines Burnouts. Sie konnte nicht mehr gut schlafen, war lustlos, hatte täglich einen Widerwillen, in die Arbeit zu gehen, und depressive Ansätze. Sie war in einem sehr bekannten Wiener Privatbetrieb beschäftigt, in dem alle führenden Posten von Männern besetzt waren. Die eigentliche Arbeit im Verkauf und in der Verwaltung wurde aber vor allem von Frauen erledigt. Die Frauen waren sehr motiviert, den Umsatz zu steigern und alles zu tun, damit der Betrieb floriert, doch sie bekamen von den führenden Männern nicht nur kein Lob, sondern wurden in ungehöriger Weise unter Druck gesetzt, sogar degradiert. Die Männer meinten, man müsse mit eiserner Faust führen, was zu einem radikalen Schwund der Motivation vieler Frauen führte. Es ging sogar so weit, dass einige kündigten, weil sie es nicht mehr aushielten.

Selbsterfahrung löst den ersten Druck

Als die junge Frau in eine unserer sechs Meditationsgruppen kam, sprach sie sich zuerst einmal aus. Sie beklagte sich über die Führung im Betrieb, über ihre eigene unmenschliche Leistung und gleichzeitig die Degradierung durch ihre Vorgesetzten. Sie spürte die Anteilnahme und das Verständnis der anderen Meditierenden, was bei ihr zu einer gewissen Entspannung und Beruhigung führte.

In den Meditationsgruppen beginnen wir mit einem „Blitzlicht“: Jeder erzählt, wie es ihm geht, welche Freuden und Probleme momentan auftauchen. So kennt jeder die Sorgen und Nöte des anderen, aber auch seine Freuden. In unserer wissenschaftlichen Begleitung konnten wir feststellen, dass genau diese Anteilnahme, das Verständnis bei den Teilnehmern zu einem Gefühl der Geborgenheit und des Vertrauens führen, was wieder zu einer Erhöhung des Sozialkapitals der Teilnehmer beiträgt. In den Jahren 2006/2007 ließen wir die Höhe des Sozialkapitals von Professor Gehmacher in unseren sechs Meditationsgruppen mithilfe eines Fragebogens feststellen. Zu unserem Erstaunen hatten unsere Meditationsteilnehmer das höchste gemessene Sozialkapital von über 50 Gruppen, die Professor Gehmacher bisher untersucht hatte.

Ich führe hier einige Aussagen der Teilnehmer an, die den Fragebögen entnommen wurden:

Frage: *Was bringt Ihnen die Meditationsgruppe?*

- Ganzheitsfindung
- Hilfe im Alltag, Zeit mit mir selbst
- zur Ruhe zu kommen, Erkenntnisse
- Entspannung, Ich-Erfahrung
- Gelassenheit und Kraft zu finden
- Stabilität, Weitblick
- Selbstwert-Steigerung
- Stärkung, Hilfe, Wegweisung
- Austausch in vertrauter Gemeinschaft, in der man respektiert wird, innere Einkehr, Selbstbesinnung, Selbsterkenntnis, Auftanken, Lernen, Dankbarkeit, Freude, positive Energie
- Wohlfühlen, Sinn

- Selbstvertrauen und Vertrauen
- Loslassen
- Entwicklung

Nach dieser ersten Beruhigung konnte sich unsere junge Frau, die ich Katharina nennen will, überhaupt erst auf die nächste Phase unseres Trainings konzentrieren. Wenn jemand von negativen Gefühlen und Gedanken voll ist, ist es wichtig, diese zuerst „abzulassen", um für andere Möglichkeiten der Entspannung frei zu sein. Entlastung kann nicht eintreten, wenn das Negative uns blockiert.

Theorie – Impuls lässt Zusammenhänge erkennen

Sodann zeige ich im Kurs die Zusammenhänge zwischen negativen Gefühlen, eigenem Verhalten und inadäquater Reaktion auf Druck von außen mithilfe theoretischer psychologischer Inputs auf. Wir haben jedes Semester ein anderes Thema als Motto, wie zum Beispiel:

- Distanz und Nähe
- Wie schütze ich mich?
- Neue Kräfte in mir entdecken
- Mit meinen Blockaden leben und arbeiten
- Mein Schatten – meine unbekannten Kräfte
- Ich und meine Umwelt
- Ich bin Herr meines Glücks
- Balance von Körper – Seele – Geist
- Das Weibliche und Männliche in uns
- Macht – Ohnmacht – Kraft

Um nur einige zu nennen.

Dabei versuche ich, auf die Probleme der Teilnehmer einzugehen und zu zeigen, welche Möglichkeiten der Problemlösung es geben könnte. Bei Frauen ist das Thema **Opferhaltung** sehr ausgeprägt. Man bleibt jahrelang in einer unbefriedigenden und belastenden Situation, weil man von der Erziehung her zum Durchhalten motiviert wird. Die **„alte Frauenrolle“** ist die einer sich Aufopfernden. Das wird dann mit einem christlichen Mäntelchen umgeben und die leidenden Frauen sind auch noch stolz darauf, dass sie durchhalten. Durch die laufenden Theorie-Impulse werden sowohl ihre Werte, ihre Einstellungen und daher auch ihr Verhalten langsam beeinflusst und geändert. Opferhaltungen werden aufgegeben und es kommt bei vielen Personen zu einem neuen Aufblühen – ganz gleich, ob bei Mann oder Frau.

Unsere Katharina war eine „Blitzgneißerin“: Sie verstand sofort, wo bei ihr der Hase im Pfeffer lag, und dachte nach, wie sie zu einem neuen Job kommen könnte. Sie überwand die bisher bestehende Opferhaltung sehr rasch und wurde am Markt tätig, sah sich nach neuen Möglichkeiten um. Sie ersetzte die Opferhaltung mit Selbstkompetenz und verstand, dass sie selbst ihres Glückes Schmied ist. Sie fand auch bald eine Möglichkeit, in einem kleinen Geschäft die gleiche Tätigkeit auszuüben wie bisher. Sie liebt ihren Beruf, nur die Umstände waren nicht mehr tragbar gewesen.

Sie begann, ihre Partnerschaft ebenfalls kritisch zu betrachten, und merkte, dass sie auch hier zu viel investiert und zu wenig zurückbekommen hatte. So trennte sie sich von ihrem langjährigen Partner und erlebte bereits in der zweiten Meditationsstunde eine enorme Erleichterung. Sie hatte zumindest die Kündigung im Job ausgesprochen und die Trennung ihrem Partner gegenüber mitgeteilt.

Auftanken von Energie

Wie kommt es, dass jemand, der ganz kraftlos ins Training kommt, Dinge so schnell umsetzen kann? Selbst wenn man erkennt, was und wie man es anders machen könnte, heißt das noch lange nicht, dass man auch dazu imstande ist, die nötige Kraft hat, sich von Altem zu lösen. Hier helfen jene Übungen, die ich entwickelt habe, um Negatives zu lösen und positive Energien einströmen zu lassen, ganz massiv. Unsere **Licht-Organ-Übung** ist sowohl eine Konzentrations- als auch Atemübung. Man konzentriert sich auf die einzelnen Organe, die ich der Reihe nach ansage, und visualisiert dunkle Stellen, die man ausatmet. Das hört sich kompliziert an, geht aber ziemlich leicht und wird von allen Personen, die diese Kurse besuchen, sehr rasch erlernt. Sodann lässt man Licht einströmen und das Organ damit überfluten. Durch die Konzentration auf ein Organ wird dieses stärker durchblutet. Schmerzen, die eventuell durch Verkrampfung entstehen, können sich lösen, wie wir das immer wieder erleben. Meditation ist nicht nur ein Geschehen, worin Vorstellung und Entspannung wichtig sind, sondern es wird auch der Körper einbezogen. Schon durch das Sitzen in aufrechter Haltung, die Atmung (Yoga-Atmung) und die Konzentration wird indirekt eine Entspannung erzeugt, ohne dass der Übende dies bemerkt. Die Konzentration auf ein bestimmtes Gebiet lässt Verkrampfungen in einem anderen Gebiet verschwinden. Wenn ich mich auf meine Organe konzentriere, kann ich nicht gleichzeitig an meine Probleme denken. „Willst du ein Problem lösen, musst du dich vom Problem lösen." Unser Gehirn und unsere Aufmerksamkeit können sich nur auf „eine Sache" einstellen. Es ist für eine zweite kein Raum. Das kann man sich zunutze machen. Auf diese Weise kann ich meine negativen Gedankenschleifen auflösen. Es hilft mir nicht, wenn ich ununterbrochen an mein Problem denke, es kommt dabei nichts heraus. In einem solchen Zustand bin ich jedoch wie in einem Kerker darin gefangen und das kostet unnötige Energie. In unseren Meditationsgruppen wird also der ganze Mensch erfasst – mit seinem **Körper,** seiner **Psyche** und seiner **Spiritualität.**

Es ist zu wenig, nur auf einer Ebene zu arbeiten. Entlastung durch Körperarbeit ist zwar wichtig, doch die Seele, die Psyche muss ebenso entlastet werden. Daher sind die Kombinationen von Methoden überaus wirksam. Im Kapitel „Bewegung ist Balsam für Körper und Seele" finden Sie weitere wichtige Hinweise, wie Sie über Ihren Körper den Stress reduzieren können.

Geführte Meditation mit besonderen Wirkungen

Nach der Licht-Organ-Übung, wo es bereits zur Entspannung und zum Auftanken von Energie kommt, machen wir einen weiteren Schritt in unser Inneres und zu unseren Quellen. Die geführten Meditationen haben die Aufgabe, einen Aspekt der **Seele zu stärken**: das Vertrauen in sich und sein Schicksal durch die Vogelmeditation, die Ausbalancierung unseres männlichen und weiblichen Anteils durch die Baummeditation, Auftanken durch die Paradiesmeditation, Abbau von Belastungen durch die Wegmeditation etc. Jede dieser geführten Meditationen, die jeweils ungefähr eine Viertelstunde dauern, hat bestimmte Wirkungen auf uns. Es liegt am Leitenden, für die Gruppe die richtigen Übungen auszuwählen. Meist sind die Teilnehmer in diesem Teil des Abends bereits so aufnahmebereit, dass sie das Anbot schon voll genießen können.

Auf der dritten Stufe unseres Forschungsprojektes, bei dem wir die Energie der Teilnehmer mithilfe eines kinesiologischen Tests gemessen haben, hat sich herausgestellt, dass alle Meditationsteilnehmer bereits einen kräftigen Zuwachs an Energie haben. Im Laufe eines Trainingsabends steigt die Energie der Teilnehmer kontinuierlich an – so auch bei Katharina, die nach dem zweiten Meditationsabend bereits recht gestärkt und zuversichtlich war. Von Hoffnungslosigkeit und depressiver Verstimmung war nichts mehr zu erkennen. So konnte sie auch ihre Vorhaben planmäßig umsetzen.

Schamanenreisen – eine uralte Technik

Schamanen haben schon vor 40.000 Jahren in ihren Techniken Körper, Seele und Geist harmonisch miteinander vereint und mithilfe einer hypnoiden Methode Informationen über sich selbst, ihre Umwelt und deren Gefahren und Möglichkeiten erhalten. Diese Methode eignet sich sehr gut, um zu den Wurzeln der eigenen Kraft zu kommen und Kontakt zu seinen spirituellen Meistern zu erhalten. Das hört sich großspurig an, doch die Schamanen haben sehr einfache Methoden, die all das gewährleisten. Es gibt bei ihnen eine **Reise in die Untere Welt**, wo man seinen **Krafttieren** begegnet, und eine Reise in die **Obere Welt** zu seinen **geistigen Führern**. Die Reise in die Untere Welt ist nichts anderes als die symbolische Sicht der eigenen Kraftanteile. Da wir nach der chinesischen Medizin sieben Chakren (Energiezentren) haben, können wir auch sieben Krafttiere visualisieren. Diese sind nichts anderes als symbolische Ausformungen unserer unterschiedlichen Kräfte. Wir haben analytische, kommunikative, emotionale, sexuelle Kräfte und Fähigkeiten. Diese Kraftanteile werden jeweils durch ein Tier visualisiert, zum Beispiel unsere Macht durch einen Löwen, unsere analytischen Fähigkeiten durch einen Adler. Es gibt jedoch Menschen, die als Krafttiere vor allem Herdentiere, wie Rehe, Hasen, Mäuse, Tauben, Hirsche etc., haben. Andere Personen sehen vorwiegend Raubtiere, wie Tiger, Löwen, Geparden, Leoparden, Wölfe, Schakale etc., als Krafttiere. Diese Tiere tauchen in der Tiefenentspannung der Meditation ungewollt auf. Man kann das Auftreten eines bestimmten Tieres nicht erzwingen oder fördern. Bei unserem letzten Meditationseinführungskurs meinte ein junger Manager, er glaube an all dies nicht und würde sicherlich keine Tiere sehen. Er sah sofort einen „Flughund" – etwas, das ihm im Wachbewusstsein nie in den Sinn gekommen wäre.

Krafttiere: Symbole für unsere Kraftanteile

Die **Technik,** um in die Untere Welt zu gelangen, besteht darin, in unserer Vorstellung einen „Kraftplatz" aufzusuchen. Das ist ein Platz in der Natur, wo wir uns besonders wohlfühlen. In unserer Vorstellung gehen wir dann in die Erde, entweder durch ein Mausloch, eine Baumwurzel, von einem See oder Meer aus. Meist kommen die Meditierenden in einer Erdhöhle heraus, wo sie dann ihrem Krafttier/ihren Krafttieren begegnen. Wenn man ein Tier sieht, ist es wichtig, dieses auch zu fragen: „Bist du mein Krafttier?" In diesem Fall sind viele Reaktionen des Tieres möglich. Es gibt einige, die meinen: „Warum fragst du so dumm? Du spürst es doch!" Manche bejahen einfach oder sagen gar nichts und tun Dinge, die uns die Gewissheit geben, dass sie zu uns gehören.

Ich hatte eine Bekannte, die wissen wollte, wie solche Dinge funktionieren. So machten wir mit einigen Freunden in unserem Landhaus eine Reise in die Untere Welt. Diese Frau sah einen Elefanten und fragte ihn: „Bist du mein Krafttier?", doch der Elefant antwortete nicht, sondern nahm sie mit seinem Rüssel um die Mitte, setzte sie auf seinen Rücken und trabte mit ihr durch die Steppe. Meine Freundin hatte dabei ein sehr gutes Gefühl und ihr gefiel dieser Ritt. Dabei muss ich feststellen, dass sie sich oft wie „ein Elefant im Porzellanladen" benahm. Das Krafttier hat also immer mit uns selbst zu tun und ist somit eine Quelle und Möglichkeit der Selbsterkenntnis.

Die Summe der Krafttiere sagt auch etwas über die Einstellung des Menschen zu sich selbst und seiner Umwelt aus. Man kann sich vorstellen, dass Personen, die vorwiegend „sanfte Herdentiere“ visualisieren, selbst auch sanft sind, sich wenig wehren und sich leicht über den Tisch ziehen lassen. So geschah es in einer Gruppe, dass eine ältere Dame, die starke Herzbeschwerden hatte, eine solche Schar sanfter Tiere sah. Sie war ein Mensch, der in seiner aktiven Zeit einen Sozialberuf ausgeübt hatte und immer nur für andere da gewesen war. Sie konnte weder für sich noch für andere kämpfen und das Element des Raubtiers fehlte bei dieser ruhigen, friedfertigen Frau scheinbar. Ich regte sie an, nach einem „wilden Krafttier“ zu suchen, und sie fand eine Tigerin, die aber sehr müde und schwach war. Doch mit der Zeit wurde dieses visualisierte Krafttier immer stärker und wir bemerkten auch bei dieser Frau eine Wandlung. Sie ließ sich von ihren ausnehmenden Verwandten nicht mehr alles gefallen. Sie war imstande, auch etwas für sich und ihr eigenes Wohlergehen zu tun, und ihre Herzbeschwerden besserten sich zusehends.

Das Erlebnis der eigenen Krafttiere hat eine sehr positive Wirkung auf die Meditierenden, weil es ihnen auch in der Praxis des Alltags hilft, Situationen, in denen sie sich hilflos fühlen, anders zu erleben. Ich hatte eine sehr engagierte, aber depressive Pädagogin in Therapie, die sich vor einer bestimmten Kollegin hilflos und ausgeliefert fühlte. Ihr Krafttier war ein weißer Wolf, den sie sich in solchen Situationen der Hilflosigkeit ins Bewusstsein rief. Sie meinte sogar, wenn sie die Hand ausstreckte, könne sie das Fell des Wolfes fühlen und durch dieses ströme ihr Kraft zu. So schaffte sie es, dieser gefürchteten Kollegin ziemlich ruhig und bestimmt zu begegnen, was bei dieser ebenfalls zu einem Verhaltenswandel führte. Wenn wir uns selbst ändern, ändert sich auch die Reaktion der anderen. Wir sehen also, dass unsere Vorstellung es möglich macht, unsere Sicht einer destruktiven Situation zu verändern. Dabei ist es nicht wichtig, welche

Methode wir wählen, von den eigenen negativen Gefühlen weggeführt zu werden, um die destruktiven Schleifen zu durchbrechen.

Unsere Katharina war erstaunt über ihre Krafttiere und freute sich über sie. Es hob ihr Selbstbewusstsein, dass sie „etwas sah", obwohl sie noch nie etwas Derartiges gemacht hatte. Ihre Mutter hatte ihr den Meditationskurs geschenkt, weil sie das Leiden der Tochter nicht mehr ansehen konnte und jede Gelegenheit erfasste, ihr zur Seite zu stehen.

Bei uns Menschen ist es fatal, nur mehr die eigene Hilflosigkeit und Verzweiflung zu spüren. Damit kommen wir in einen Strudel von negativen Gefühlen und Energien, die uns alle Kräfte rauben und jeden Ausweg aus der unleidlichen Situation verbauen. Wir drehen uns in einer negativen Spirale, worin die subjektiv erlebten Zustände immer ärger werden, wenn sie nicht durch einen Außenimpuls unterbrochen werden. Oft ist es eine Krankheit, ein Unfall, ein Schicksalsschlag, der diese Spirale unterbricht. Oder aber wir gelangen an Menschen, die uns aus dem Schlamassel heraushelfen und Wege aufzeigen, die wir gehen können. Es ist uns in diesem Zustand oft nicht mehr möglich, uns selbst zu befreien. Das erlebe ich bei Menschen, die im Hamsterrad gefangen sind. Wenn sie durch die familiäre Situation gezwungen sind, im Job zu bleiben, sind sie ständig dem Überdruck ausgeliefert. Vor allem bei sensiblen Menschen kann es sein, dass sie innerlich „abstürzen". Dann ist Hilfe dringend nötig, damit es nicht zur Katastrophe kommt. Bei solchen Personen ist das Erleben der eigenen Kraft in Form von symbolischen Tieren eine große Erleichterung. Ich hatte im Coaching einen sehr engagierten, sensiblen Manager, der einen neuen Job angeboten bekam, was ein Karrieresprung war. Er fürchtete sich vor der neuen Aufgabe, andererseits aber sah er sie als bereichernde Herausforderung. Als Krafttier besaß er einen großen braunen Bären. Immer wenn er im Job in die Gefahr der Hilflosigkeit kam, nicht mehr wusste, wie er sich der neuen Situation stellen sollte, visualisierte er „seinen Bären“, der hinter ihm stand, ihm die Tatzen auf die Schultern legte. Dieser Mann spürte dann, wie die Kraft des Bären einströmte, und war in der schwierigen Situation viel ruhiger, aufmerksamer und konnte sie dadurch auch eher bewältigen.

Angst verändert unsere Wahrnehmung und wir engen den Blickwinkel ein. Ich weiß aus eigener Erfahrung, dass ich meinen Feind nicht mehr beobachte, wenn ich zu viel Angst vor ihm habe. Ich senke den Blick und weiche aus. Ich arbeitete einige Jahre mit einem sehr dominanten und machtorientierten Manager zusammen. Ich hatte in seiner Gegenwart immer ein unangenehmes Gefühl. Bei einer gemeinsamen Sitzung machte mich eine Kollegin aufmerksam, ich solle ihn doch einmal ansehen, denn dann würde ich merken, welche Angst er vor mir hätte. Als ich das tat und in seinen Augen die Angst bemerkte, waren dieses unangenehme Gefühl und die aufsteigende Hilflosigkeit weg. Im Zustand der Hilflosigkeit werden viele Dinge, die uns helfen könnten, ein Problem zu lösen, nicht mehr bewusst gesehen und so reduziert sich automatisch die Möglichkeit, sich in der Situation zu bewähren. Erst wenn wir durch Distanz und Entspannung unseren Wahrnehmungshorizont wieder erweitern können, wird die Chance, eine schwierige Situation zu meistern, drastisch erhöht. In unseren begleitenden Forschungen stellte sich heraus, dass unsere Meditationsgruppen Instrumente für diese Distanz und Wahrnehmungsschärfung sind.

Das Laufen im Hamsterrad kann durch mehrere Techniken reduziert oder durchbrochen werden. Zuerst ist es wichtig und wesentlich, das geknickte Selbstwertgefühl wieder zu stärken. Dies passiert, wenn wir uns Dinge von der Seele reden können und den Eindruck haben, die Zuhörer verstehen und akzeptieren. Sie geben keine guten Ratschläge, denn dies könnten „Schläge“ sein. Sie nehmen nur an. Durch dieses Verstandenwerden kommt es zu einem Vertrauen in den anderen und somit auch in sich selbst. Langsam wird auch der Zugang zur eigenen Kraft wieder frei. Das **Vertrauen** in die eigene Kraft steigt. Das führt allmählich zu der **Hoffnung,** dass es ein „Loch im Zaun" gibt und man es auch finden kann. Vertrauen und Hoffnung sind Gefühle, die zu einer weiteren Energievermehrung beitragen. Professor Gehmacher hat für diesen Umkehrprozess ein sehr schönes Bild: Er meint, wir müssten den Teufelskreis in einen Engelskreis verwandeln.

Unser geistiger Führer – Kontakt zur geistigen Welt

Auf diese Weise gestärkt, gehen wir in den letzten Abschnitt unserer Übungen im Meditationskurs. Ich erlebe die **„Reise in die Obere Welt"** als Krönung des Abends. Ich habe den Eindruck, dass wir uns nicht mehr ausschließlich mit den Kräften des Ichs verbinden, sondern darüber hinausgreifen. Ob wir nun wirklich unserem geistigen Führer begegnen oder eine Projektion unseres Selbst wirksam wird, weiß ich nicht. Das ist für die Effizienz der Methode aber nicht relevant. Wichtig ist, dass Menschen, die dieses Erlebnis haben, Dinge sehen und wahrnehmen, die weit über alles hinausgehen, was wir im psychischen Bereich kennen. Es passiert für uns Unverständliches, das wir unter die Bezeichnung „Wunder" einreihen. Wobei ich meine, dass wir das nur tun, weil wir die energetischen Mechanismen noch zu wenig durchschauen und verstehen. Auf der Ebene des Geistigen ist vieles möglich, was auf der Ebene des Psychischen undenkbar ist.

Die **Methode,** um in die „Obere Welt" zu kommen, ist wieder ganz einfach. Wir begeben uns auf unseren Kraftplatz und starten von dort. Entweder benützen wir den Rauch, der aufsteigt, oder wir springen von einem Baum, einem Berggipfel weg. Wir müssen uns auf jeden Fall nach oben bewegen. Es kann auch sein, dass wir – wie ich das immer mache – auf einem Mondstrahl in die Obere Welt gelangen. Über 90 Prozent der Übenden kommen bei einem Loch in der Wolkendecke heraus. Es ist so, wie wir es bei Flügen über der Wolkendecke erleben, wenn wir im Flugzeug die weißen, gleißenden, von der Sonne beschienenen Wolken unter uns sehen. Wenn wir auf diese Weise gelandet sind, machen wir uns – oft mithilfe der Krafttiere, die auch „heraufkommen" – auf die Suche nach dem geistigen Führer. Da wir uns in einer christlichen Kultur befinden, sind die geistigen Führer zum überwiegenden Teil katholische Heilige. Dass auch hier unser Wissen und unsere Erwartungen keinen Einfluss auf die Wahl des geistigen Führers haben, möchte ich an zwei Beispielen zeigen:

Eine Reihe von Unternehmerinnen bildete eine Meditationsgruppe. Eine davon, eher kirchenfern, suchte ihren geistigen Führer und begegnete einem eher jungen, dicklichen Mönch mit schwarzem, lockigem Haar, der sofort mit ihr sprach und auch weiterhin alle ihre Fragen beantwortete. Als sie ihn fragte, wer er denn sei, antwortete er: „Thomas von Aquin." Bei der Austauschrunde fragte sie mich dann, ob ich denn einen solchen Mann kannte? An derartigen Fragen sehe ich, wie authentisch diese Erlebnisse sind.

Eine andere Frau – eine Wissenschaftlerin – die eher kirchenfeindlich eingestellt war, meinte, sie würde nur mit den Krafttieren arbeiten, denn die katholischen Heiligen gingen ihr auf die Nerven, sie wolle keinen solchen geistigen Führer haben. Wir hatten einmal monatlich, am Mittwoch, unseren Meditationsabend. Als Papst Johannes Paul II. am Freitag davor gestorben war, meinte diese Frau plötzlich: „Ich werde heute in die Obere Welt reisen und meinen geistigen Führer suchen." Das tat sie auch und kam sehr verwundert zurück. Sie erzählte, sie wäre sofort im dunkelblauen Weltraum gewesen und ganz vorne hätte sie einen weißen Thron mit einer weißen Gestalt gesehen. Sie meinte: „Ich habe ohnehin schon geahnt, wer das ist." Es war kein schmeichelhafter Ton, in dem sie das sagte. Und wirklich, als sie sich näherte, saß Johannes Paul II. auf dem Thron und meinte, er wäre ihr geistiger Führer und beantwortete auch eine ganz persönliche Frage, die sie hatte. Diese Frau war schon über fünfzig Jahre alt und hatte noch immer unter den Folgen eines grausamen Vaters zu leiden. Nach einigen Stunden fragte sie ihren geistigen Führer, was sie denn tun könnte, damit sie endlich von dieser Last befreit würde. Johannes Paul stand als Lichtgestalt neben ihr und sagte: „Ich werde dir ein guter Vater sein." Sie meinte nach einiger Zeit, ihr geistiger Führer wäre immer bei ihr, sie spüre seine Gegenwart und sie hätte sich noch nie in ihrem Leben so geborgen gefühlt.

Bei dieser Reise in die Obere Welt geschehen Dinge, die wir in der westlichen Welt so nicht mehr kennen, weil wir in einer total technisierten und oberflächlichen Gesellschaft leben. Wir haben unsere spirituellen Wurzeln vergessen und können sie daher auch nicht mehr nutzbar machen. Unsere Kirchen sind ebenfalls in oberflächlichen Ritualen steckengeblieben und überlassen es leider unkontrollierten esoterischen Gruppen, uns mit uralten, oft höchstwirksamen Techniken vertraut zu machen. Dabei kann vieles passieren, das uns nicht recht ist. Ich selbst war 12 Jahre lang in esoterischen Gruppen, um alte Techniken und Methoden zu lernen, und habe immer wieder beobachten können, wie Teilnehmer während eines Seminars psychotisch wurden. Wir sollten also Wissen, Können und ethisches Handeln miteinander verbinden, um Menschen Hilfen anzubieten.

Mit unserer Katharina ging es dynamisch weiter: Nachdem sie bereits im neuen Job war und ihre alte Partnerschaft gelöst hatte, traf sie „zufällig" einen alten Bekannten. Bisher hatte sie diesem Mann keine Aufmerksamkeit geschenkt, doch plötzlich sah sie ihn in einem anderen Licht. Bisher waren ihre Partner vorwiegend Männer, die sie gestützt hatte, die sich an sie anlehnten. Erstmals bemerkte sie, dass es auch männliche Partner gab, die sie stützen konnten und kooperativ waren.

Ich warne aber davor, zu glauben, dass etwas Derartiges häufig vorkommt. In meiner 17-jährigen Praxis mit zahlreichen Meditationsteilnehmern weiß ich, dass das nur passiert, wenn man von der Kindheit nicht blockiert ist. Es gibt Trainierende, die jahrelang an ihren Blockaden arbeiten und nur langsam ihre Einstellungen verändern können, doch wenn sie „dranbleiben", geht es. Es gibt aber auch Teilnehmer, die zwar die Meditationsabende genießen und sich wohlfühlen, doch nicht bereit sind, an sich zu arbeiten. Sie meiden die Selbsterkenntnis, weichen Konfrontationen aus, bleiben in ihren destruktiven Haltungen gefangen. Sie meinen dann, dass ihnen die Gruppen nicht genug Hilfe geben und verschwinden nach einiger Zeit daraus.

Genauso ist es mit dem Hamsterrad: Jeder, der darin läuft, kann sich Hilfe holen, doch tun muss er selbst. Er muss bereit sein, **„sich zu verändern"**, dann verändert sich auch die Situation. **Selbsterkenntnis, Selbstkompetenz** sind die psychischen Knackpunkte, um aus dem Hamsterrad auszubrechen. Nur wenn ich bereit bin, nach einer nüchternen Analyse meiner Situation eventuell bei einem Experten Hilfe zu holen und neue Impulse auf mich wirken zu lassen, habe ich Chancen. Ich sehe meine eigene Situation dann aus einem etwas anderen Blickwinkel und das kann bereits zu einem Lösungsansatz führen. Dabei ist es nicht wichtig, ob dieser Impuls durch einen Freund, einen Vortrag, einen Coach kommt, es ist nur wichtig, sich darauf einzulassen und die Erkenntnis in der Praxis umzusetzen und anschließend zu kontrollieren, ob ich die richtigen Mittel gewählt habe, um mich wirklich langfristig wohlzufühlen.

Literaturliste

ELIADE, Mircea (1954): Schamanismus und archaische Ekstasetechnik. Zürich: Rascher Verlag

FUCHS, Anneliese (1993): Psychologie und Religion. Von unterschiedlichen Grundpositionen zu Ergänzung und Zusammenarbeit., Wien: APP-Eigenverlag

FUCHS, Anneliese (2001): Die Tiefe des Brunnens. Heilende Meditation. Graz, Wien, Köln: STYRIA Verlag

FUCHS, Anneliese (2009): Ein Neues Ich-Modell. Unterschiedliche Ebenen des Bewusstseins. Skriptum, Wien: IDEE Eigenverlag

FUCHS, Anneliese / GEHMACHER, Ernst / JANIG, Herbert (2007): Studienbericht I. Meditation und Sozialkapital. Wien: IDEE-Eigenverlag (www.IDEE. co. at)

FUCHS, Anneliese / BANIADAM, Maria / JANIG, Herbert (2009): Studienbericht II. Meditation und Gesundheit. Wien: IDEE-Eigenverlag, (www. IDEE. co.at)

HASSELMANN, Vera / SCHMOLKE, Frank (1993): Archetypen der Seele. Die seelischen Grundmuster – Eine Anleitung zur Erkundung der Matrix. München: Goldmann Verlag

PECK, Scott M. (2004): Der wunderbare Weg. Eine neue spirituelle Psychologie. München: Arkana Verlag, Goldmann (Amerikan. Erstausgabe 1978)

WILBER, Ken (2007): Integrale Spiritualität. Spirituelle Intelligenz rettet die Welt. München: Verlag Kösel

Kapitel 5

Kommunikation, Motivation und Stress

Robert Pražak

„Wenn Sie möchten, dass andere Ihnen zuhören,
dann sprechen Sie deren Sprache."
Dr. Taibi Kahler

1. Ein Beispiel

Sie: „Ich hatte heute einen schrecklichen Tag im Büro!"
Er: „Was war los? Wer hat dir etwas getan?"
Sie: „Es war einfach furchtbar. Ich habe mich immer schlechter gefühlt!"
Er: „Also, du musst doch wissen, wer dir etwas getan hat!"
Sie: „Am Schluss war ich mit den Nerven fix und fertig!"
Er: „Denk doch mal nach! Das gibt es doch nicht!"
Sie: „Nein, es war einfach schlimm!"
Er: „Herrgott noch mal, kannst du nicht genau sagen, was los war?"
...

Schließlich fließen Tränen und eine Tür knallt – und sie denkt: *„Er liebt mich nicht!"*, und er denkt: *„Wie kann sie nur so dumm sein?"*

Was war geschehen? Ein klassisches Beispiel von Misskommunikation! Die beiden haben ungewollt aneinander vorbeigeredet. Jeder der beiden würde von sich behaupten, dass er klar gesagt hat, worum es geht – nämlich um die Mitteilung der Information, „dass es mir nicht gutgeht“ einerseits und „dass ich dir helfen möchte, dazu aber Informationen brauche, was geschehen ist, denn dann kann ich eine hilfreiche Handlung daraus ableiten“ andererseits. Und jeder der beiden hat es gut gemeint! Umso schlimmer ist daher die gegenseitige Enttäuschung, nicht angenommen und verstanden worden zu sein.

2. Einleitung

Wir alle kennen Situationen, in denen der Eindruck entsteht, aneinander vorbeizureden und nicht verstanden zu werden, und wir alle wissen, wie unbefriedigend die Reaktionen darauf sein können: Von Unzufriedenheit bis zum Streit ist alles möglich. Der Psychiater und Managementberater Dr. Taibi Kahler hat es so ausgedrückt: *„Wenn Sie möchten, dass andere Ihnen zuhören, dann sprechen Sie deren Sprache!“* Um die Sprache der anderen zu können, ist es zuerst hilfreich zu wissen, wer die anderen sind. Das erklärt aber auch umgekehrt, dass ich eine eigene Sprache spreche, die nicht mit jener der anderen übereinstimmen muss. Unterschiedliche Persönlichkeitstypen sprechen also unterschiedliche Sprachen. In einer wissenschaftlich überprüften und validierten Arbeit von Dr. Kahler ist daraus das Modell der Prozesskommunikation®[1] entstanden, das hilft, konstruktive Kommunikationsprozesse zu gestalten.

Wann immer jemand von uns andere Menschen führen, begleiten oder motivieren will, ist eine gemeinsame Sprache der Schlüssel zum Erfolg. Vermeintlich schwierige Gesprächssituationen können ebenfalls entschärft werden, wenn die beteiligten Persönlichkeitstypen und ihre Bedürfnisse erkannt werden. Eine konstruktive Kommunikation und ein wertschätzendes, typgerechtes Umgehen miteinander verringert die Zahl der Umdrehungen im Hamsterrad beträchtlich.

3. Das Modell

Prozesskommunikation (PCM) ist ein Kommunikations- und Persönlichkeitsmodell, das verblüffend einfach erfolgreich angewendet werden kann, ohne dabei simpel zu sein. Es befasst sich nicht nur mit theoretischen Ideen, sondern gibt auch konkrete Lösungen für die Kommunikationspraxis. Ausgehend von den wissenschaftlichen Untersuchungen von Dr. Taibi Kahler, die auch mehrfach mit Wissenschaftspreisen ausgezeichnet wurden, werden signifikante Korrelationen zwischen Persönlichkeitstypen, psychischen Bedürfnissen und Misserfolgsmechanismen aufgezeigt.

Das Modell dient der Gestaltung von Kommunikationsprozessen, einschließlich der individuellen Motivation und des typgerechten (Stress-)Managements. Durch diese umfassende Kombination von Elementen wird es in ungewöhnlich breiter Weise ermöglicht, Gesprächspartner besser zu verstehen und individuell auf sie einzugehen. Insgesamt zehn Komponenten decken die Bereiche Persönlichkeit, Kommunikation, Motivation und Stressmanagement ab, worauf ein ganz individuelles Umgehen miteinander aufgebaut werden kann. Das Modell ist nicht an Faktoren wie zum Beispiel Ausbildung, Kulturkreis, Gender oder andere gebunden und kann weltweit bei allen Menschen angewandt werden. Derzeit wird es, abgesehen von den USA und Europa, auch in Japan, Australien und Neuseeland eingesetzt.

Mit PCM ist es möglich, unterschiedliche Persönlichkeitstypen und deren Charakterstärken zu erkennen und darauf aufbauend passende Interaktions-/Managementstile und Kommunikationskanäle zu wählen. Weiters zeigt es individuelle psychische Bedürfnisse und Möglichkeiten der Motivation auf und ermöglicht die präzise Vorhersage von potenziellen Erfolgs- oder Misserfolgsmustern unter Stress. Schließlich liefert es ein Instrumentarium an geeigneten

Maßnahmen zur Prävention von Misserfolgsmustern und leitet an, positives und produktives Verhalten zu verstärken und zu fördern.

4. Die Persönlichkeitstypen

Insgesamt wurden sechs verschiedene Persönlichkeitstypen – wissenschaftlich abgesichert – identifiziert, nämlich: der *Beharrer, Empathiker, Macher, Logiker, Rebell* und *Träumer*. Jeder Mensch trägt alle diese Persönlichkeitstypen in sich, allerdings in unterschiedlichen Ausprägungen und Reihenfolgen. Der am stärksten ausgeprägte Persönlichkeitstyp wird Basis-Persönlichkeitstyp genannt und bestimmt überwiegend die Kommunikation. Jeder Mensch repräsentiert in der Basis einen dieser Persönlichkeitstypen. Die anderen Persönlichkeitstypen folgen darauf. Diese Ausprägungen und Abfolgen können grafisch, ähnlich einem Gebäude mit sechs Stockwerken, dargestellt werden und ergeben die ganz individuelle Persönlichkeitsarchitektur (Abbildung 1).

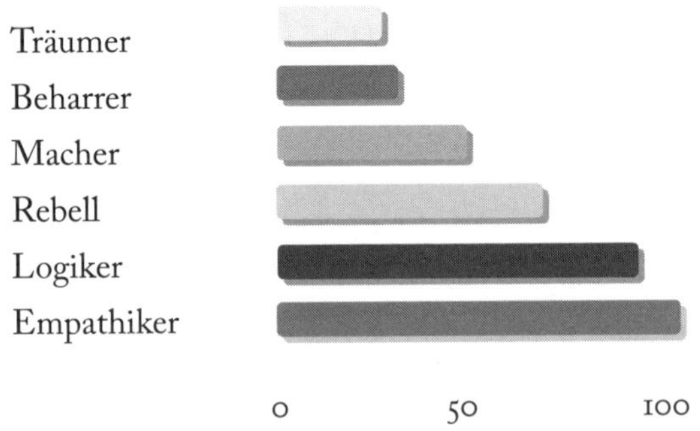

Abbildung 1: Beispiel einer Persönlichkeitsarchitektur

5. Die sechs Persönlichkeitstypen im Detail

Hinweis: Zum besseren Verständnis werden die sechs Persönlichkeitstypen in ihrer reinen Ausprägung beschrieben. Entsprechend unserer individuellen Architektur kommen jedoch alle Persönlichkeitstypen in unterschiedlichster Kombination in uns vor. Daher sind im täglichen Leben vorwiegend Mischformen verschiedener Persönlichkeitstypen zu finden.

Beharrer

Der Beharrer ist engagiert, gewissenhaft und kann gut beobachten. Er ist ein Visionär, der auch das große Ganze im Auge haben kann. Er handelt gemäß seinen Überzeugungen, wobei Werte und Meinungen hohe Stellenwerte haben. Sein Engagement ist hoch, wenn er von seinem Tun überzeugt ist und einen Sinn darin sieht. Am besten kommuniziert man mit einem Beharrer informativ, wobei Sachinformationen immer in Bezug zu Werten stehen (richtig, falsch, sinnvoll, gut, wichtig etc.). Ebenso möchte ein Beharrer seine Meinungen sagen und im Idealfall Zeit zum Erklären haben.

Eine vorrangige Motivation des Beharrers ist somit die Anerkennung seiner Meinungen und Überzeugungen. Das heißt nicht automatisch, seine Überzeugungen zu teilen, sondern lediglich zu respektieren und wertzuschätzen, was der Beharrer zu sagen hat – und warum. Zudem wird ein Beharrer auch dadurch motiviert, dass sein Engagement für eine Sache gesehen und gewürdigt wird.

Verweigert man dem Beharrer über längere Zeit typgerechte Kommunikation und Motivation, wird er in Stress geraten und eine Abfolge von Misserfolgsmustern zeigen. Er sieht nicht mehr, was andere richtig machen, sondern sucht nach Fehlern. Und vielleicht wird er auch mit missionarischem Übereifer auf seiner Meinung bestehen und gerne den erhobenen Zeigefinger verwenden.

In der Praxis wäre das zum Beispiel ein Vater, der das Schulzeugnis seines Sohnes sieht, unter lauter Sehr Gut eine Drei findet und meint: „Setzen wir uns einmal zusammen und besprechen, wie es denn zu dieser Drei gekommen ist!" Er übersieht in seinem Misserfolgsmuster völlig, dass die überwiegende Mehrheit der Noten ausgezeichnet ist und sich der Sohn zuerst ein Lob verdient hätte.

Empathiker

Ein Empathiker ist einfühlsam, sensibel und warmherzig. Er kümmert sich um das Wohl der Menschen, mit denen er zu tun hat. Nicht Information und Sachlichkeit stehen bei ihm im Vordergrund, sondern menschliche Beziehungen. Dabei spielen Gefühle eine wesentliche Rolle. Ein Empathiker wird daher vorrangig fürsorglich angesprochen: „Wie fühlst du dich?", „Wie geht es dir damit?", „Ich freue mich, dass wir Zeit für ein Gespräch gefunden haben!" Die Kommunikation mit dem Empathiker erfolgt also überwiegend warmherzig und freundlich. Diese Bedeutung der persönlichen und menschlichen Beziehungen zeigt sich auch im primären psychischen Bedürfnis des Empathikers, nämlich der Anerkennung der Person – egal, ob und welche Leistungen erbracht wurden. Der Empathiker möchte als Mensch, nicht als Erfolgsfaktor eines Projekts oder Ergebnisses anerkannt werden. Neben dieser Anerkennung der Person braucht der Empathiker auch die Anregung der Sinne, um sich wohlzufühlen. Das kann von gutem Essen über angenehme Musik bis zu Grünpflanzen am Arbeitsplatz und Bildern von geliebten Menschen am Schreibtisch, in der Geldbörse etc. reichen.

Gefühlskälte, trockene Sachlichkeit und Ungemütlichkeit bringen den Empathiker über kurz oder lang in eine unangenehme Stresssituation. Unbewusst glaubt er, nicht freundlich genug zu sein, und versucht nun, es allen anderen recht zu machen. Er verneint nicht mehr und lässt sich ausnutzen. Über kurz oder lang ist er daher überfordert und Fehler schleichen sich in seine Arbeit ein. Das löst Kritik von anderen aus, er wird schlechtgemacht und macht sich auch selbst Vorwürfe.

Im täglichen Leben könnte das zum Beispiel jemand sein, der in einer geselligen Gruppe an einem lauen Herbstabend bei offenem Fenster im Wohnzimmer sitzt. Nach einiger Zeit wird es kühler und der Empathiker wird vielleicht sagen: „Mir ist kalt." Gemeint ist aber tatsächlich: „Kann bitte jemand das Fenster schließen?" Aus dem unbewussten Bedürfnis, es allen Menschen recht machen zu müssen, möchte der Empathiker niemanden belästigen und versucht es mit der Botschaft über das eigene Unwohlsein. Warum macht er nicht selbst das Fenster zu? Er könnte die Runde stören!

Logiker

Logiker sind verantwortungsvoll, logisch und gut organisiert. Sie organisieren die Zeit, sie organisieren Abläufe, sie organisieren das Leben. Strukturen und klare Informationen und Abläufe sind für sie wichtig. Die Kommunikation mit Logikern erfolgt am besten informativ, wobei es um den Austausch und das Bereitstellen von Informationen, Zahlen und Fakten geht. Der Logiker wird humorvoll auch der „ZDF"-Typ genannt – Zahlen, Daten, Fakten! Das Bereitstellen von Informationen dient dem Zweck, eine Analyse und schließlich einen Aktionsplan zu erstellen, der abgearbeitet wird und schließlich ein Ergebnis, also eine Leistung, bringt.

Die Anerkennung dieser Leistung ist die vorrangige Motivation für den Logiker: „Das hast du gut gemacht!" – im Idealfall so, dass es alle hören können. In Verbindung mit einer klaren Struktur, seinem zweiten Grundbedürfnis, wird sich der Logiker schlichtweg wohlfühlen, wobei sich Struktur nicht nur auf Zeit und zeitliche Abläufe bezieht, sondern auf alle Abläufe: „Wer macht was, wann, mit wem, mit welchen Ressourcen, warum?"

Ohne diese psychische Bedürfnisbefriedigung wird der Logiker beginnen, nicht mehr zu delegieren und die Arbeit anderer selbst zu machen. Dem liegt ein unbewusstes Bedürfnis zugrunde, unter Stress perfekt sein zu wollen. Da es die anderen vermeintlich nicht sind, macht der Logiker die Arbeit selbst oder kontrolliert die anderen so stark, dass er ihnen „auf die Nerven geht". Dabei wird er möglicherweise auch Kritik äußern, die sich auf angeblich mangelndes Denken der anderen bezieht und/oder auf deren fehlenden Ordnungssinn.

Ein Vorgesetzter, der so in Stress gerät, wird vielleicht einem Mitarbeiter sagen: „Das haben Sie wohl überhaupt nicht kapiert, oder? Geben Sie her, ich mach' es doch gleich selbst!" Er sitzt dann über kurz oder lang jeden Abend bis spät in die Nacht am Schreibtisch – mit der Arbeit der anderen. Und die Mitarbeiter wissen bald: „Du musst dich nur ein bisschen blöd anstellen, dann macht es der Chef schon."

Macher

Ein Macher ist überzeugend, anpassungsfähig und charmant. Initiative und Aktivitäten sind sein Motor. Es muss etwas los sein – und das schnell und intensiv. Kommunikation erfolgt direktiv, klar und knapp: Anweisungen, Vorgaben, Aufträge. Bitte nicht die Zeit mit Plaudern und Nebensächlichkeiten verschwenden! Loslegen und umsetzen ist die Devise! Sollte es neue Bedingungen geben, können wir jederzeit nachjustieren.

Die Motivatoren für den Macher sind Aufregung und Herausforderung. Ein schnelles Projekt mit schnellen Ergebnissen ist richtig – und wenn es dabei „an die Grenzen geht", ist das umso besser.

Langfristige Projekte mit ersten Ergebnissen weit in der Zukunft, endlose Meetings, Plauderstunden & Co führen beim Macher schnell zu Stressverhalten. Er beginnt dann, Regeln zu verletzen („Ich habe das nicht nötig!"), andere zu manipulieren („Schaut zuerst einmal bei euch nach dem Rechten, da stimmt ja einiges nicht!") und zu hohe Risiken einzugehen (Budgets überziehen, gute Zusammenarbeit aufs Spiel setzen etc.). Ein Macher im Stress musste zum Beispiel einmal ein Unternehmen im Einvernehmen verlassen, nachdem trotz gemeinsamer Gespräche mit der Geschäftsleitung hohe Risiken und Regelverletzungen nicht mehr vertretbar waren. Unmittelbar danach erhielten firmeninterne und externe Personen eine E-Mail, die das Ausscheiden als einseitig beschrieb und damit „meine wirtschaftliche Existenz als Vater von drei Kindern" infrage stellte. Die Schuld am Ausscheiden wurde hier auf andere abgewälzt und gleichzeitig wurde manipuliert: Entgegen den Tatsachen „nehme ich alle für mich ein und bringe sie gegen meinen ehemaligen Arbeitgeber auf".

Rebell

Rebellen sind spontan, kreativ und verspielt. Diese Spontaneität sowie Humor und Kreativität sind die Charakteristika des Rebellen. Wenn andere sagen: „Zuerst die Arbeit, dann das Vergnügen", ist es beim Rebell umgekehrt – einfach deshalb, weil ein humorvolles, spielerisches Umfeld Aufgaben leichter von der Hand gehen lässt. Spielerisch heißt hier nicht oberflächlich und humorvoll nicht spaßorientiert. Rebellen lieben die Freude am Leben und den Kontakt mit anderen. Allerdings lassen sich Rebellen nicht in Vorschriften und Rahmen pressen und nach Regeln führen. Die Kommunikation mit ihnen erfolgt daher am besten spielerisch: „Hallo, das war ein starkes Projekt, das du da so cool hingekriegt hast! Lebst du noch?"

Spielerischer Kontakt mit anderen ist der Motivationsfaktor des Rebellen. Wenn sie durch Eintönigkeit, Regeln und fehlenden Kontakt in Stress getrieben werden, beginnen sie zu jammern, zu provozieren und die Schuld bei anderen zu suchen.

Ein 14-jähriger Rebell fällt beim Schiurlaub aufgrund des dichten Schneefalls nieder und tobt: „Diese … Schi und die … Schuhe, die … Brille sowieso!!!" Und da die Eltern nicht darauf eingehen, endet die

Schimpftirade mit: „Und überhaupt seid ihr schuld, ihr seid mit mir hierher gefahren!"

Träumer

Ein Träumer ist nachdenklich, fantasievoll und ruhig. Sein Leben spielt sich überwiegend in seinem Inneren ab. Ideen wälzen, Informationen und Möglichkeiten abwägen, unterschiedlichste Ansätze durchdenken, Varianten prüfen. Trotzdem kann der Träumer handwerklich sehr geschickt sein, denn solche Arbeiten geben ihm Zeit zum Nachdenken. Dabei kann es passieren, dass er aus seinen Gedankengängen nicht mehr herausfindet und Zeit und Raum vergisst. Daher sind auch Äußerlichkeiten, wie Kleidung, Arbeitsplatz oder Wohnraum, nicht so wichtig. Zweckmäßigkeit genügt. Mit einem Träumer kommuniziert man am besten direktiv, um klare Anweisungen zum Handeln zu geben.

„Sag mir, was ich tun soll, und lass mich dann allein", beschreibt die Motivationen des Träumers: Alleinsein und Führung. Daraus ergibt sich, dass Gruppenaktivitäten und intensiver Austausch im Team nicht zu den Favoriten des Träumers zählen. Umgekehrt liefern Träumer erfahrungsgemäß ausgezeichnete und fundierte Arbeit, wenn man ihnen Zeit und Raum lässt, ihrer Arbeit in Ruhe nachgehen zu können.

Fehlende Motivation treibt den Träumer in den Rückzug. Er zieht sich zurück und wird passiv. Er übernimmt zwar Aufgaben, bringt sie aber nicht zu Ende, denn er ist überfordert, weil er zu wenig Zeit zum Nachdenken für jede Aufgabe hat. Diese Passivität löst auch ein Gefühl der Peinlichkeit aus – und das verhindert zusätzlich, dass er nachfragt. Die Spirale in die Inaktivität dreht sich.

Im Call-Center eines Kommunikationsunternehmens war ein Träumer beschäftigt. Zunehmend nahm er möglichst wenige Anrufe entgegen und konnte bis zu zehnmal pro Tag auf der Toilette verschwinden. Schließlich fiel die hohe Zahl der Krankenstandstage auf. Ohne das Wissen von PCM war niemandem klar, dass die Grundbedürfnisse des Träumers, Alleinsein und Führung, in diesem Tätigkeitsbereich nicht befriedigt werden konnten. Leider endete diese Situation mit einer einvernehmlichen Trennung.

	Wahrnehmung	*Charakterstärken*	*Kommunikation*	*Motivation*	*Stressverhalten*
Beharrer	Meinungen	engagiert, gewissenhaft, gut beobachtend	informativ	Anerkennung der Leistung, Anerkennung der Überzeugungen	„Die anderen müssen perfekt sein!“; predigen, missionieren
Empathiker	Gefühl	einfühlsam, sensibel, warmherzig	fürsorglich	Anerkennung der Person, Anregung der Sinne	„Ich muss es anderen recht machen!“, nicht „nein“ sagen
Logiker	Logik	verantwortungsvoll, logisch, gut organisiert	informativ	Anerkennung der Leistung, Struktur	„Ich muss perfekt sein!“, nicht delegieren können, überkontrollieren
Macher	Aktion, Handeln	überzeugend, anpassungsfähig, charmant	direktiv	Aufregung, Herausforderung	„Zeig, dass du stark bist!“, andere manipulieren
Rebell	Reaktion	spontan, kreativ, verspielt	spielerisch	(spielerischer) Kontakt	„Ich muss mich anstrengen!“, gibt anderen die Schuld

Träumer	Reflexion	nachdenklich, fantasievoll, ruhig	direktiv	Alleinsein und Führung	„Ich muss stark sein!“, Passivität

Abbildung 2: Persönlichkeitsprofil im Überblick (gekürzt)

6. Persönlichkeitsprofil

Mit der Kenntnis der Persönlichkeitstypen und ihren individuellen Sprach- und Verhaltensmustern können bereits durch Zuhören und Beobachten Haupttendenzen der uns umgebenden Personen gefunden werden. Dies allein reicht aber nicht aus, um die Gesamtstruktur eines Menschen gemäß PCM bestimmen und darstellen zu können. Deshalb wird anhand eines Fragebogens ein individuelles Persönlichkeitsprofil erstellt, das in grafischer und textlicher Form die gesamte Struktur eines Menschen im Rahmen dieses Kommunikationsmodells beschreibt.

Dieses Persönlichkeitsprofil umfasst die individuelle Persönlichkeitsstruktur und die daraus resultierenden Stärken, die aktuelle „Phase“ (das Stockwerk, in dem wir uns gerade befinden und das unsere aktuellen Motivationen beschreibt), die vorhersehbaren Reaktionen unter leichtem und schwerem Stress und die bevorzugte Art, die Welt wahrzunehmen und zu kommunizieren.

Das Persönlichkeitsprofil gibt auch darüber Aufschluss, welche Umgebung für die Entwicklung und Leistungsfähigkeit einer Persönlichkeit günstig ist. Außerdem erlaubt es, entsprechend dem Interaktionsspektrum der einzelnen Mitglieder Teams zusammenzustellen. Im persönlichen Bereich erleichtert es, eigene Stärken und psychische Bedürfnisse zu erkennen und Misskommunikation zu vermeiden. Das Profil hilft dabei, eigenes Verhalten und das der anderen – auch unter Stress – zu verstehen und gibt Hinweise, wie eine konstruktive Beziehung zu anderen aufgebaut werden kann.

7. Kommunikation

Das Modell der Prozesskommunikation versteht Kommunikation nicht nur als das Verwenden von Sprache, um mit anderen in Kontakt zu treten, sondern berücksichtigt neben den Wörtern auch Tonfall, Gestik, Gesichtsausdruck und Körperhaltung. Dieses Gesamtbild an Ausdrucksformen wird auch Persönlichkeitsanteil genannt. Jeder Persönlichkeitstyp hat einen eigenen Persönlichkeitsanteil, also jenen Teil der eigenen Persönlichkeit, der für das Gesamtbild der Kommunikation zuständig ist.

Diese Persönlichkeitsanteile können – ähnlich wie Muskeln – trainiert werden und ermöglichen das ganz individuelle Eingehen auf andere Menschen. Das mag im ersten Moment aufwendig erscheinen, wenn aber damit Misskommunikation und Stress vermieden werden können, lohnt sich der Aufwand in jedem Fall.

Eine Liebeserklärung in monotonem Tonfall, gerader Körperhaltung, mit ernster Miene und herabhängenden Armen wird irritieren, weil die Wörter nicht in Einklang mit dem Ausdruck stehen. Genauso wird eine Analyse der letzten Quartalszahlen in klingendem Tonfall, weicher Körperhaltung, mit einem herzlichen Lächeln und vorgestreckten Armen, vielleicht sogar leichtem Körperkontakt, nicht überzeugen.

8. Motivation

PCM definiert Motivation als Befriedigung psychischer Bedürfnisse. Im Prinzip geht es dabei um die Vermeidung von Unlust und die

Suche nach Wohlbefinden. Bekomme ich das, was ich brauche, fühle ich mich wohl? Es ist dem Menschen angeboren, alle Bedürfnisse – und daher auch psychische – zu befriedigen und befriedigt zu bekommen. PCM beschreibt psychische Bedürfnisse ganz allgemein als Zuwendung und Anregung. Unter Zuwendung wird die Wahrnehmung durch andere verstanden. Werde ich von anderen wahrgenommen, tritt eine Interaktion ein und ich bin nicht alleine oder alleingelassen.

Anregung ist die Herausforderung, etwas zu machen, zu handeln und Ziele zu erreichen. Kinder beispielsweise lernen die Sprache ihrer Eltern, weil sie es möchten, weil sie angeregt und herausgefordert werden.

Wenn ein Mensch seine psychischen Bedürfnisse nicht auf positive Weise befriedigen kann, zeigt er immer wieder die gleichen Misserfolgsmuster, mit denen er versucht, diese Bedürfnisse zu befriedigen – allerdings auf negative Weise.Ein längeres Ausbleiben der Befriedigung psychischer Bedürfnisse ruft insofern Stress hervor, als die Befriedigung beziehungsweise die Suche danach im Vordergrund stehen und Sachziele, aber auch die Umgebung in den Hintergrund treten.

9. Stress

In diesem Beitrag wird der Begriff „Stress" gemäß dem allgemeinen Sprachgebrauch als Beschreibung von negativem Stress verwendet. Tatsächlich ist Stress jedoch der Überbegriff für Eustress und Distress oder positiven und negativen Stress oder einfach Herausforderung und Überforderung. Stress ist eine lebensnotwendige Reaktion des Körpers auf kritische Situationen. Der Adrenalinspiegel steigt, die Muskeln sind angespannt und zum Einsatz bereit und die Aufmerksamkeit ist erhöht. Entwicklungsgeschichtlich ist damit die erhöhte Bereitschaft zu Flucht oder Angriff vorgesehen. In der heutigen Arbeitswelt wird der Adrenalinspiegel zwar vielfach durch Stress erhöht, ein Absenken durch Flucht oder Angriff ist jedoch nicht möglich. Sport zu treiben oder intensiv Bewegung zu machen, ist speziell in beruflichen Stresssituationen kaum möglich. Was liegt daher näher, als zu versuchen, es von vornherein erst gar nicht zu einer Steigerung des Adrenalinspiegels kommen zu lassen?

Eine der wesentlichen Erkenntnisse von PCM ist die Tatsache, dass Distress in drei definierten Graden abläuft. Bevor jemand unangepasstes Verhalten zeigt, verwendet er immer die gleichen Verhaltensweisen (Wörter, Tonfall, Gestik, Mimik und Körperhaltung). Dieser erste Grad Distress wird auch „Antreiber" genannt, weil er eine Person in einer kritischen Situation in ein bestimmtes Verhalten treibt. Der Antreiber ist also eine unbewusste, innere Bedingung, die sagt: „Wenn ich oder andere sich in einer bestimmten Weise verhalten, wird die kritische Situation wieder bereinigt."

Ein Beispiel für eine innere Bedingung ist: „Sei perfekt!" („Ich muss perfekt sein.") Dieser Antreiber entspricht dem Persönlichkeitstyp des Logikers. Dieser ist daran erkennbar, dass Logiker im ersten Grad von Distress oft Schachtelsätze mit zusätzlichen Informationen bilden. Zur Erinnerung: Logiker sind Persönlichkeiten, für die der Austausch und die Analyse von Informationen, Daten und Fakten vorrangig sind. In Verbindung mit dem Antreiber „Sei perfekt!" liefert der Logiker in der unbewussten Annahme, nicht genug Informationen geliefert zu haben und damit nicht perfekt gewesen zu sein, zusätzliche Informationen.

Frage an den Logiker: „Wie komme ich von A nach B?" Antwort ohne Distress: „Nimm die B 20, an der Abfahrt XY fährst du ab und dann zirka fünf Kilometer geradeaus bis B." Antwort im ersten Grad Distress: „Nimm die B 20. Du musst aber auf die Tageszeit aufpassen: Es kann vormittags bis 10 Uhr und nachmittags ab 16 Uhr Stau geben. Zu diesen Zeiten fährst du bis zur Abfahrt XY, aber Achtung: Kurz davor ist eine Radarfalle! Danach fährst du von der B 20 ab, zirka fünf Kilometer geradeaus – dazwischen sind zwei Orte, nämlich C-Stadt und D-Dorf – und dann bist du in B, das schon von Weitem an dem auffallenden Kirchturm erkennbar ist."

Für den Gesprächspartner wird damit erkennbar, dass sein Gegenüber kurz vor einem Misserfolgsverhalten steht. Die Situation kann dadurch bereinigt werden, dass er das Gespräch auf mehr Informationen, Daten und Fakten einstellt, zum Beispiel durch Fragen nach weiteren Infos, eigenes Anbieten von mehr Zahlen oder Fakten und das Weglassen von gefühlsbezogenen Aussagen.

Für jeden der sechs Persönlichkeitstypen gibt es einen spezifischen Antreiber (siehe auch Abb. 2), der ein bevorstehendes Misserfolgsmuster ankündigt.

Neben dem des Logikers – „Sei (selbst) perfekt!" – sind dies:
„Sei perfekt für mich!",
„Mach es anderen recht!",
„Sei (selbst) stark!",
„Streng dich (selbst) an!"
„Sei stark (für mich)!"

Der zweite Grad Distress tritt ein, wenn im ersten Grad nichts geschehen ist, um die kritische Situation zu entschärfen. Dieser zweite Grad Distress wird Maskenverhalten genannt. Wir setzen uns aus Verzweiflung (= Distress) eine Maske aus negativem Verhalten auf, durch die wir mit unserer Umwelt kommunizieren. Die Maske des Logikers ist die des „Angreifers". Zunehmend wird immer mehr kontrolliert, denn die anderen sind „dumm". Da er selbst glaubt, perfekt sein zu müssen, macht er vieles selbst, statt zu delegieren. Er verbindet das vielleicht auch mit entsprechenden Kommentaren, wie: „Die sind zu dumm dazu, wenn ich nicht wäre!" Auch Themen der

Ordnung, Sauberkeit und Finanzen stehen nun im Vordergrund: „Machen Sie einmal Ordnung in diesem Saustall!“, „Schon einmal was von einem Budgetplan gehört?“, „Das gehört dahin und das dahin, kapieren Sie das doch endlich mal!“

Es scheint, als sei im zweiten Grad Distress der Inhalt des Gespräches noch wichtig, tatsächlich versuchen Menschen aber in diesem zweiten Grad, ihre psychischen Bedürfnisse befriedigt zu bekommen – unbewusst und mit negativem Verhalten. Am Beispiel des Logikers sind es die Bedürfnisse nach Anerkennung der Leistung und Struktur. Der Logiker delegiert nicht, sondern macht es selbst („Schaut her, wie viel ich arbeite!“ – Bedürfnis nach Anerkennung der Leistung), er kontrolliert übermäßig („Seht her, ich kontrolliere alles und schaue, dass alles läuft!“ – Bedürfnis nach Anerkennung der Leistung), Kritik an Ordnung, Geldfragen etc. (Bedürfnis nach Struktur).

PCM unterscheidet drei verschiedene Masken: Angreifer, Schuldzuweiser und Jammerer. Jeweils zwei Persönlichkeitstypen haben zwar die gleiche Maske, das Verhalten dahinter ist aber unterschiedlich. Neben dem Logiker gerät auch der Beharrer in die Maske des Angreifers, allerdings ist sein Misserfolgsverhalten jenes des Predigens und Vorwürfe-Machens sowie möglicher Wutausbrüche über mangelnde Verantwortung, Moral, Engagement etc. Dahinter steckt missionarischer Eifer, mit dem er seine eigenen Überzeugungen durchsetzen will. Durch dieses negative Verhalten hofft er unbewusst, sein Bedürfnis nach Anerkennung seiner Überzeugungen zu befriedigen.

Der dritte Grad Distress wird Endabrechnung genannt und ist der Grad der Verzweiflung. Über einen längeren Zeitraum gab es weder positive noch negative Bedürfnisbefriedigung, sodass sich ein Gefühl der Verzweiflung breitmacht. Nichts hat funktioniert und am Ende stehen unter dem Strich Hoffnungslosigkeit und Verzweiflung. Diese Verzweiflung kann vom „Ich wusste, dass man mich nicht mag“ des Empathikers bis zum „Na wartet, das zahle ich euch heim!“ des Rebellen gehen. Bildlich gesprochen befindet sich eine Person im dritten Grad Distress „im Keller“ und verhält sich so destruktiv, dass sie den „Beweis“ für die negative Einschätzung von sich selbst oder von anderen zu erbringen scheint und auch andere dazu einlädt, ihr spezifisches Distress-Verhalten zu zeigen.

Bereits mit der Kenntnis der Persönlichkeitstypen kann vorab ein Verhalten in kritischen Situationen vorhergesehen werden. Dies ist zum Beispiel bei Stellenbesetzungen oder der Vorbereitung wichtiger Gespräche mit möglicherweise kritischem Inhalt von unschätzbarem Vorteil.

10. Kommunikation, Motivation und Distress-Management in der Praxis

Je mehr Kommunikationswerkzeuge im eigenen Kommunikationskoffer vorhanden sind, desto größer wird der persönliche Handlungsspielraum und desto leichter werden vermeintlich kritische Kommunikationssituationen entschärft. Damit reduziert sich zumindest die Drehzahl des Hamsterrades.

Es gibt Führungskräfte, die in ihren Mitarbeiter-Files auch PCM-Informationen und Techniken festhalten, wie zum Beispiel: Persönlichkeitstyp, bevorzugte Sprache, psychische Bedürfnisse, passende Wörter und Themen. Damit können Gespräche leichter begonnen und die Stimmung entspannt werden.

Die folgenden Beispiele aus der Praxis sind – und können – keine idealen Standardlösungen sein. Die gibt es nicht. So leicht das Modell erlernt werden kann, so sehr ist auch Praxis notwendig. Wie bereits anfangs erwähnt, geht es darum, die Sprache des anderen zu sprechen – und in einem Sprachkurs gibt es unterschiedliche Fortschritte und Lernerfolge. Probieren Sie in kleinem Kreis, hören Sie aufmerksam zu, auch wenn Sie nicht beteiligt sind (bei einem Meeting beispielsweise, wenn andere reden), beobachten Sie Ihren Familien- und Freundeskreis.

Die zuvor genannten Beispiele sind klar abgegrenzt beschrieben. In der täglichen Praxis werden aber überwiegend Mischformen anzutreffen sein. Daher wird es am besten sein, sich auf das einzustellen, was gehört wird – also nicht vorrangig zu überlegen, welcher Persönlichkeitstyp zu erkennen ist.

Beharrer

Meinungen, Werte und Überzeugungen stehen beim Beharrer im Vordergrund. In der Kommunikation werden daher auch Begriffe wie „wichtig, sollen, müssen, Überzeugung, Sinn, Verantwortung etc." überwiegend vorkommen.

„Ich bin der Meinung, dass das Meeting nächste Woche den Sinn hat, das Projekt XY auf seine langfristigen Erfolgschancen zu prüfen. Für mich wäre ganz wichtig, neben der technischen Abteilung und dem Marketing auch die Finanzabteilung und die Produktion einzubeziehen. Gemeinsam können wir die Strategie abstimmen und von vornherein mögliche Fehler ausschließen."

Empathiker

Persönliche Beziehungen und Mitgefühl sind wichtig für den Empathiker. Die Sache tritt in den Hintergrund. In der Sprache werden daher personen- und gefühlsbezogene Worte, wie „fühlen, spüren, angenehm, erfreulich, Familie, Mensch, Privatleben, Gefühle, Sinne etc.", zu finden sein.

„Ich freue mich darauf, nächste Woche gemeinsam mit den anderen im Projektmeeting XY die Erfolgsaussichten abzuklären. Ich habe nur Sorge, dass wir auf keinen grünen Zweig kommen, wenn nicht auch die Finanzabteilung und die Produktion dabei sind. Es wäre schön, wenn die auch eingeladen würden. Ich werde mich viel wohler fühlen, wenn wir die weitere Vorgehensweise abgestimmt haben, denn ich befürchte, die Gespräche werden länger dauern. Schließlich hat jeder seine eigenen Vorstellungen."

Logiker
Der Logiker ist ein strukturierter Zahlen- und Faktenmensch, der Informationen und ihre Beschaffung und Analyse liebt: „Wer, was, wann warum?", „Ich denke, wir wissen, Ideen, Ordnung, Ablauf, Plan etc."

„In der kommenden Woche, am Mittwoch, dem 17., findet das Meeting zum Projekt XY statt. Wie bereits im Memo von voriger Woche angekündigt, werden darin die Erfolgschancen für die nächsten fünf Jahre geprüft. Ich denke, dass auch die Finanzabteilung und die Produktion dabei sein sollten. Alle Bereiche präsentieren in zehn Minuten ihre Ideen und gemeinsam erarbeiten wir dann einen Ablaufplan."

Macher
Handeln mit direktiver Kommunikation steht beim Macher im Vordergrund. Herausforderungen sind sein Lebenselixier. Klare und knappe Anweisungen: „Machen, umsetzen, erreichen, bringen Sie …, geben Sie mir …, einverstanden, ja oder nein? Sagen Sie …"

„In der kommenden Woche gibt es ein Projektmeeting XY. Dabei werden die langfristigen Erfolgschancen geprüft. Ich sorge dafür, dass auch die Finanzabteilung und die Produktion dabei sind und wette, dass wir in einem halben Tag fertig sein werden. Danach wird es spannend, wenn wir loslegen."

Rebell

Spielerischer Kontakt, Humor und Leichtigkeit in der Sprache kennzeichnen den Rebellen: „Gefällt mir, nett, ich mag das, cool etc."

„Super! Projektmeeting XY in der kommenden Woche! Prüfung der langfristigen Erfolgschancen, gefällt mir! Klingt ganz gut! Die Finanzabteilung und die Produktion werden sicher auch dazukommen, dann geht das Ganze schneller und wir vermurksen nicht Zeit und Geld. Passt! Die Strategie wird hoffentlich keine fade Sache."

Träumer

Träumer brauchen klare Anweisungen und Zeit, um sie auszuführen. In ihrer Sprache werden „nachdenken, Zeitbedarf, warten etc." zu finden sein. „Ich denke darüber nach, wir sollten uns Zeit lassen, ich überlege jetzt einmal, ... in aller Ruhe ..., über diese Idee mache ich mir noch Gedanken, da kommt mir die Idee, ..."

Sagt: „Also, Meeting in der kommenden Woche zum Projekt XY: Es geht darum, die langfristigen Erfolgschancen zu prüfen. Mir kommt da die Idee, dass es gut wäre, die Finanzabteilung und die Produktion auch einzuladen. Zusätzlich zur technischen Abteilung und dem Marketing kann man dann noch mehr Varianten durchdenken. Und wie wäre es, vielleicht auch noch weitere Abteilungen einzuladen?"

Denkt zusätzlich: „Ich werde mir das überlegen. Was wird da wohl von den einzelnen Abteilungen kommen? Und was werde ich sagen? So viele Möglichkeiten!"

11. PCM und das Hamsterrad

Wer immer mit anderen in Kontakt tritt, möchte sich zuerst orientieren und die eigene Position sowie die der anderen kennen. Diese

Orientierung erleichtert zielgerichtete und erfolgreiche Kommunikation, denn eine Botschaft, die ankommt, erspart Aufwand und Ärger. Im Hamsterrad gibt es zunehmend Überlastung durch hohe Anforderungen und wenig Ressourcen. Da es vielen anderen ebenso geht, wird Kommunikation zunehmend unter Stress geführt. Einige der Gründe, Ursachen, aber auch Möglichkeiten dafür kennen Sie nun.

Machen Sie sich das Leben leichter, reduzieren Sie die Drehzahl im Hamsterrad, indem Sie

- zuerst für sich selbst sorgen, durch die Befriedigung Ihrer eigenen psychischen Bedürfnisse,
- dann die Kommunikation mit Ihrem Gesprächspartner typspezifisch gestalten und
- schließlich auch die psychischen Bedürfnisse Ihres Gegenübers befriedigen.

12. Zum Schluss

Erinnern Sie sich noch an das Beispiel am Anfang? Sie denkt: *„Er liebt mich nicht!"*, und er denkt: *„Wie kann sie nur so dumm sein?"*

Es begann so:

Sie: „Ich hatte heute einen schrecklichen Tag im Büro!"

Er: „Was war los, wer hat dir etwas getan?"

Sie: „Es war einfach furchtbar, ich habe mich immer schlechter gefühlt!"

… spätestens jetzt können Sie mit PCM die Situation klären …

Er: „Du Arme, das tut mir leid! (umarmt sie) Was kann ich für dich tun?"

Literatur

COLLIGNON, Gerard (2001): Wie sag' ich's am besten? Marktoberdorf: Schnitzer Verlag Druck Media GmbH. ISBN 3-927323-02-0

FEUERSENGER, Elisabeth (2003): Prozesskommunikation®: Der Schlüssel für konstruktive Kommunikation. Weilheim: Kahler Communication KCG. ISBN 3-937471-00-6

KAHLER, Taibi (2006): The Mastery of Management. Little Rock, Arkansas: Kahler Communications Inc. ISBN 0-9701185-2-X

KAHLER, Taibi (2008): The Process Therapy Model: The six personality types with adaptations. Little Rock, Arkansas: Taibi Kahler Associates Inc. ISBN 0-9816565-0-1

PAULEY, Judith E. (2002): Here's how to reach me: matching instruction to personality types in your classroom. Baltimore, Maryland: Paul H. Brookes Publishing Co. ISBN 1-55766-566-4

Warenzeichen

[1] Prozesskommunikation®, Process Communication Model® und PCM® sind eingetragene Warenzeichen der Taibi Kahler Associates Inc., Little Rock, Arkansas, USA.

Kapitel 6

Prävention – Veränderung des Bewusstseins von Krankheitsorientierung zur Gesundheitsorientierung

Anneliese Fuchs

Warum ist Prävention so schwer durchzuführen?

Prävention ist in aller Munde, sie ist schließlich vernünftig, doch sie hat sich nie durchgesetzt – weder im medizinischen noch psychologischen Bereich. Was könnte der Grund dafür sein? Vom psychologischen Standpunkt aus betrachtet, ist diese Tatsache durchaus verständlich. Unsere psychologische Existenz ist auf **Stabilität** ausgerichtet, um unsere Identität zu erhalten. Unsere Verhaltensmuster, die wir in der Kindheit gelernt und uns gute Dienste geleistet haben, bleiben bis ins Erwachsenenleben bestehen. Gewohnheiten und Verhaltensnormen sind ungemein zäh, sie können nur sehr schwer geändert werden. Denken wir nur an unser Essverhalten. Wir machen immer wieder Reduktionskuren und wenn wir selbst die Verantwortung für unser Essverhalten übernehmen, ist alles wieder beim Alten. Wir nehmen oft mehr zu, als wir abgenommen haben. Der Jo-Jo-Effekt ist nicht nur ein körperliches, sondern auch ein seelisches Geschehen. Was wir während der Fastenzeit vermisst haben, holen wir wieder auf. Genauso ist es beim Rauchen und allen Reduktionen, die uns Glück und Befriedigung versprechen.

Ähnlich ist es bei vielen anderen Verhaltensmustern: Wie wir zum Beispiel zu Hause gelernt haben, Probleme zu lösen: entweder durch Aussitzen, Rückzug und Warten, bis sich das Problem von selbst löst, oder durch aktives Darauf-Zugehen – wie wir das bei Vater und Mutter gesehen und gelernt haben. Es ist zu unserer zweiten Natur geworden. Diesen **Trägheitsfaktor** kennen wir in der Psychologie und wissen, dass er einen Sinn hat. Zu rasches Ändern des Verhaltens würde zur Instabilität des gesamten Systems führen, unsere Identität gefährden. Wir ändern erst etwas, wenn es nicht mehr anders geht, wenn eine Krise oder Katastrophe eintritt. Ich merke das bei mir selbst. Wenn mir das Wasser bis zum Hals steht, mache ich noch lange nichts, es muss mir schon über Mund und Nase gehen, damit ich über Verhaltensänderung nachdenke und Neues einleite. Daher ist die heutige Zeit eine Chance für uns, Altes hinter uns zu lassen und Neues, der Umwelt besser angepasstes Verhalten zu lernen. Wir leben in einer **Krisenzeit**, in der die Angst ein guter Motivator für Veränderungen ist. Gerade wenn wir den Eindruck haben, unsere Wirtschaft und Gesellschaft kommen an den Rand des Abgrunds, ist dies eine hervorragende Voraussetzung, um diesen Trägheitsmechanismus zu durchbrechen. Wenn wir uns umsehen, finden wir bei einer ganzen Reihe von Menschen bereits Zeichen der Veränderung und auch Verbesserung. Im Alternativbereich tut sich eigentlich schon sehr viel und die Experimentierfreudigkeit ist in den letzen Jahren deutlich angewachsen. In satten Zeiten gibt es diese Bereitschaft nicht.

Wir haben jahrzehnte-, sogar jahrhundertelang mit den gleichen Werten, Rollenvorstellungen und dem gleichen Weltbild gelebt. Diese Dinge haben aber ausgedient. Die Situation in unserer Gesellschaft hat sich grundlegend geändert, sowohl was den wirtschaftlichen Aspekt, die Globalisierung, die Regierungsformen als auch das Mann-Frau-Thema und vieles mehr betrifft. Wir kommen aus einer

Männergesellschaft, in welcher der öffentliche Bereich in den letzten Jahrtausenden ausschließlich von Männern geprägt wurde. Männer haben ihre Stärken im Außenbereich, im Gestalten der Oberfläche der Realität mithilfe von Sachorientierung. Man muss nüchtern feststellen, dass die Männer in den letzten Jahrhunderten Enormes geleistet haben. Wir hatten in der westlichen Welt noch nie einen so hohen Lebensstandard oder eine so lange Lebenserwartung, doch wir stoßen derzeit an **Grenzen** – sowohl des **Machbaren** als auch des **Erneuerbaren**: bei der Energie, der Umwelt, dem Klima. Zurzeit sind andere Dinge als bisher angesagt: viel mehr Achtsamkeit, Anpassung an die Natur statt ihrer Vergewaltigung („Macht euch die Erde untertan!"). Wir sehen in allen Systemen der Gesellschaft aber noch immer die Handschrift des Mannes – sei es in der Bildung, wo wir Wissen in uns hineinstopfen und nicht auf Herzensbildung und Persönlichkeitsentwicklung achten, sei es, dass wir in unseren Firmen den Gewinn, die Expansion, das Gedeihen der Firma über das Wohlergehen und die Entfaltung der Mitarbeiter stellen. Ähnliches sehen wir auch im **Gesundheitsbereich:** Wir frönen derzeit einer mechanistisch gewordenen Medizin, die hervorragendes im Bereich der Chirurgie und ähnlicher Gebiete leistet, aber oft noch nicht einmal die Psychosomatik anerkennt. Außerdem erlebe ich die Medizin als vorwiegend symptomorientiert. Für anderes ist gar keine Zeit. Wenn ein Arzt am Tag seine 40 und mehr Patienten zu bedienen hat, kann er sich nicht mehr mit Interaktionen von Körper und Seele beschäftigen. Das würde ihn überfordern. Schließlich heißen unsere Spitäler auch nicht Gesundheitszentren, sondern Krankenhäuser. Wir wollen das Negative mit sachlichen Mitteln (Medikamenten, Operationen, Bestrahlungen) rasch beseitigen und achten nicht auf die Entstehung der Krankheit, um deren Wurzeln auszurotten, sondern nur auf ihre Beseitigung. Das kostet uns aber mit der Zeit zu viel Geld, das wir uns nicht mehr leisten können. Unser Gesundheitssystem ist daher selbst krank geworden – so wie die Kassen, die dieses System finanzieren, Krankenkassen heißen.

Daher floriert der **alternative Medizinbereich**. Dieser ist jedoch zu schlecht kontrolliert, als dass er einem allgemeinen Standard entsprechen würde. Sicherlich gibt es Therapeuten, wie zum Beispiel Geistheiler, Kinesiologen und ähnliche Experten, die Hervorragendes leisten. Durch den Mangel an Kontrolle und festgeschriebenen Standards ist aber ein Graubereich entstanden, in dem auch viel Schindluder getrieben wird. Laien, die einige Kurse machen, glauben sich berechtigt, mit leidenden Menschen arbeiten und mit ihrer geringen Ausbildung und Erfahrung helfen zu können. Außerdem ist durch den Mangel an Kontrolle nicht einmal der Druck zur Weiterbildung im Alternativbereich vorhanden und die Gefahr der Eigenüberschätzung durch Halbgebildete enorm groß.

All das spricht für eine systematische Hinwendung zur Prävention, wo der Schwerpunkt nicht auf Krankheit, sondern auf Entwicklung und Gesundheit liegt. Dabei müssen wir mehrere Ebenen der Prävention unterscheiden. Wir sollten auf

- den Körper
- die Seele
- die energetischen Potenziale im spirituellen Bereich

Rücksicht nehmen. All das gehört zur Prävention. Bleiben wir mit unserer Aufmerksamkeit nur in einem Bereich stecken, tun wir nichts anderes als die derzeitige Apparatemedizin. Wir haben in letzter Zeit ohnehin genügend Erfahrungen in den ersten beiden Bereichen gesammelt. Wir wissen bereits viel, wie wir unseren Körper gesund erhalten können und was unsere Seele benötigt, um sich zu entfalten.

Prävention auf körperlicher Ebene:

Gerade in den letzten Jahrzehnten haben die Medien viel dazu beigetragen, dass wir für **gesunde Ernährung und Bewegung** offen geworden sind. Es gab noch nie so viele Jogger, die man in der Früh oder abends in Parkanlagen und sogar in den Straßen laufen sah. Es gab bisher noch nie so viele vegetarische Restaurants, Essensvorschriften, die mittlerweile oft bis ins Absurde gehen. Es werden Wellnesskuren angeboten, worin Entspannung, Massagen und gutes Körpergefühl Vorrang haben. Ein schöner Körper ist heute kein Luxus mehr, sondern gehört zu unserem Lebensstandard – wie ein großes, schönes Auto oder ein Zweitwohnsitz. Auch hier wird wieder übertrieben und unsere Konsummentalität schlägt durch. Es gibt Fitnessstudios, in denen die Gelenke oft mehr belastet als trainiert werden. Doch auch hier bemerken wir einen Trend zum **Sanften, Ruhigen**. Die Zeit des Extremsports ist langsam im Schwinden begriffen – obwohl wir noch immer über volle Schipisten jammern, die Unfälle durch Eigenüberschätzung ansteigen und auch Sport zum Konsumgut geworden ist. Ob Schwimmen, Nordic Walking oder einfach Spazierengehen und Wandern – das Ruhige, Ausdauernde wird den verrückten Sportarten allmählich den Rang ablaufen, vor allem wenn man älter wird und die Gelenke nicht mehr mitmachen. Es geht darum, sich genügend zu bewegen, ohne sich zu schädigen. Hier sind unsere Hochleistungssportler sicherlich keine Vorbilder, da sie sich zu Krüppeln machen – ganz gleich, in welcher Sportart. Sie sind die Gladiatoren von heute (siehe dazu auch Kapitel „Bewegung ist Balsam für Körper und Seele“).

Die Medien helfen uns, aus einer Mode eine Gewohnheit zu machen, die uns guttut. Haben wir früher junge Menschen gesehen, die mit einer Wasserflasche durch die Gegend gegangen sind? Unser Bewusstsein, dass unser Körper vorwiegend aus Wasser besteht und wir ihm dieses auch regelmäßig zuführen müssen, ist zu einem Allgemeinwissen geworden. Aber auch hier kommen wir wieder in Gefahr, aus einem guten Ansatz eine Absurdität zu machen. **Schönheit** wird zum geforderten Konsumgut, dem Alt und Jung geistlos hinterherlaufen. Wir können vermerken, dass sich bereits die Jugendlichen zur Matura nicht mehr ein Auto, sondern eine Schönheitsoperation wünschen. Die Schönheitschirurgen verdienen sich eine goldene Nase. Jeder will perfekt aussehen. Das Alter wird ebenfalls in einer oft lächerlichen Weise verleugnet. Wer nicht jung und dynamisch ist, hat nichts zu vermelden. Es werden nicht Weisheit und Reife angestrebt, sondern wieder nur eine schöne Oberfläche. Das ist sicherlich die dunkle Seite des Trends zu einem perfekten Körper. Daher ist es wichtig, sich bei der Prävention nicht nur auf den Körper – also die Oberfläche – zu konzentrieren, sondern sie harmonisch mit der seelischen Prävention zu kombinieren. Doch was ist seelische Prävention?

Prävention auf seelischer Ebene

In einer Männergesellschaft können wir nicht erwarten, dass es einfach ist, auf seelische Entwicklung und Entfaltung aufmerksam zu machen. Männer, die ihre weiblichen Anteile noch immer verleugnen und in den Tiefen ihres Berufes verschollen sind, verachten noch immer alles, was mit Emotionen, seelischen Mechanismen und **Entfaltung psychischer Potenziale** zu tun hat. Hier zeichnet sich zwar schon eine Trendwende ab, doch diese ist noch sehr schwach. Sowohl in der Wirtschaft als auch in anderen Bereichen wird man langsam aufmerksam, dass zum Beispiel ein Betrieb mehr als ein lebloses Gebilde ist und die Menschen, die darin arbeiten, mit ihrer Energie, ihren Träumen und Vorstellungen viel zur Identität der Firma beitragen. Daher sind seelisch gut entwickelte Mitarbeiter wichtige Faktoren im Berufsgeschehen und tragen wesentlich zur Produktivität bei.

Doch wie kann man Menschen zu seelischer Prävention „verführen"? Welchen Anreiz kann man bieten, damit sie ihre enormen Potenziale, die sie oft nicht einmal kennen, auch entfalten? Dreißig Jahre Prävention haben mir gezeigt, dass dies viel leichter ist, als wir uns das vorstellen. Man muss den Menschen nur Appetit auf das Abenteuer mit der eigenen Seele machen. Gerade in der westlichen Welt sind wir satt. Die äußeren Dinge, die wir zwar anstreben, befriedigen uns nicht mehr. Sie sind nicht mehr Mangelfaktor, sondern zum Überflussfaktor geworden, und die Sehnsucht nach anderen Dingen steigt.

In den Jahrzehnten meiner präventiven Arbeit habe ich ein ausgeklügeltes System entwickelt, um den Menschen mit ganz einfachen Mitteln Lust auf Selbsterfahrung, Selbsterkenntnis und Eigenentwicklung zu machen.

Die drei Säulen der (seelischen) Prävention

In unserem Bildungssystem bekommen wir wenige bis gar keine Impulse zur Persönlichkeitsentwicklung, doch unser gesamtes Wesen ist auf Entfaltung und nicht auf Stagnation ausgelegt. Daher ist in uns allen die Sehnsucht nach neuen Horizonten, der Erweiterung eigener enger Grenzen und der Ausschöpfung unserer Potenziale vorhanden. Es ist für mich immer wieder erstaunlich, wie wenig ein Mensch benötigt, um sich auf den Weg in sein Inneres und dessen Entfaltung zu begeben. Ich komme mir wie ein Wanderer vor, der einen Weg geht und am Rande dieses Weges zahlreiche Menschen sieht, die sitzen und jammern. Sie beklagen sich, dass es ihnen schlechtgeht, dass ihr Leben eintönig und fad ist, und tun nichts. Ich verführe sie dazu, sich ebenfalls auf den Weg zu machen, ihr Leben nicht an sich vorbeiströmen zu lassen, sondern aktiv zu werden. Wie kann das geschehen?

Durch die drei Säulen der Prävention:

- 1. Säule: Vortrag
- 2. Säule: Schulung
- 3. Säule: Beratung und/oder Therapie

Vortrag: 1. Säule der Prävention

Wenn jemand einen interessanten Vortragstitel hört, der sein Inneres, vielleicht seine Sehnsucht berührt, ist er bereit, zwei Stunden für einen Vortrag zu opfern, vor allem wenn der Vortragende verspricht, amüsant und vergnüglich zu sein. Denken wir nur an die Kabarettisten, die oft harte Wahrheiten so transportieren, dass wir sie lachend annehmen können, auch wenn es bittere Wahrheiten sind, die uns selbst betreffen.

Ein Vortrag verpflichtet zu nichts, man braucht sich nicht zu exponieren und könnte eventuell Brauchbares erfahren. Im Allgemeinen gehen Männer eher in Wirtschaftsvorträge und Frauen in psychologische Vorträge, aber auch hier ist schon ein Wandel festzustellen. Gerade durch die Emanzipation der Frauen und ihre Weigerung, ein schlichtes Heimchen am Herd zu sein, sind viele Partnerschaften ins Wanken geraten. Daher sind Männer heute eher bereit, in brauchbare Partnerschaftsvorträge zu gehen, die ihnen ein Verständnis für ein völlig unverständliches Thema bringen, die ihnen aber Wege aufzeigen können, wie es besser werden könnte. Daher sind Partnerthemen auch Hinweise auf persönliche Zufriedenheit und Glück sowie Zugpferde im Vortragsgeschäft.

Die Praxis sieht nun so aus, dass der Präventivpsychologe eine besondere Vortragsschulung benötigt. Neben psychologischen Gesetzmäßigkeiten muss er dem Zuhörer auch die neuesten psychologischen

Erkenntnisse mundgerecht servieren (Sachinhalt). Er muss aber auch imstande sein, das Herz des Zuhörers mithilfe anschaulicher Beispiele zu berühren und somit seine inneren Kräfte zu wecken (emotionaler Bereich). Bleibt ein Vortragender nur im Sachlichen hängen, schalten die Zuhörer bald ab, weil unser Gehirn nur sehr bedingt aufnahmefähig ist. Was den Menschen innerlich nicht bewegt, merkt er sich nur schwer, und dies führt auch nicht zu Veränderung. Erst der Hinweis, dass er selbst sein Schicksal in der Hand hat, das Bewusstmachen von Zusammenhängen lassen in vielen Zuhörern ein Aha-Erlebnis entstehen. Auf diese Weise wird die Neugierde geweckt und der Zuhörer ist mit jeder Faser seines Wesens Hörender. Er saugt sozusagen die Wahrheiten auf, die er hört, und versucht, sie sofort auf seine eigene Situation anzuwenden. Bei einem Vortrag über Betriebsübergabe, den ich vor einigen Jahren in Niederösterreich hielt und bei dem über 200 Unternehmer mit ihren Frauen anwesend waren (Übergeber und Übernehmer), versuchte ich, die schwierige psychische Situation von Übergebern und Übernehmern zu skizzieren. Ich sah ins Publikum und beim Anblick eines älteren Ehepaares fiel mir folgendes Beispiel ein: Ich bemerkte, dass sich die Übergeber unbedingt neuen Hobbys und Aufgaben zuwenden müssen, um das Alte – die Firma – loslassen zu können. Ich meinte jedoch, dieses Hobby solle nicht die um 20 Jahre jüngere Freundin sein. Nach dem Vortrag kam genau dieses Ehepaar zu mir und der Mann meinte, ein einziger Satz habe ihn bewogen, zu mir zu kommen. Er habe seit fünf Jahren eine solche junge Freundin. Die Frau fing sofort zu weinen an, denn sie hatte bis vor Kurzem von dieser Beziehung nichts gewusst. Aus diesem Gespräch wurde dann eine Paartherapie, worin die Situation bereinigt wurde.

Hier zeigt sich gleich noch ein Prinzip bei präventiven Vorträgen: Der Referent steht nach dem Vortrag für ein kurzes **persönliches Gespräch** bereit. Daraus ergibt sich auch die Qualifikation solcher Referenten, die eine fundierte psychotherapeutische Ausbildung und viel Erfahrung benötigen, um gleich nach dem Vortrag effiziente **Kurzberatungen** anzubieten. Ich habe am Anfang meiner präventiven Arbeit gemeint, nur eine Therapie würde Veränderung bewirken, Vorträge könne man sich sparen. Ich lernte mit der Zeit jedoch einzusehen, dass eine bestimmte Art von Impulsen, wie der präventive Vortrag ein solcher ist, einen großen Nutzen für den Zuhörer darstellen. Oft überschätzen sich die Therapeuten und meinen, der Leidende bräuchte eine besondere Begleitung, die nur er zu bieten hätte, doch die meisten Menschen sind bei richtigen Impulsen viel effizienter, als wir meinen.

Der Vortrag ist sozusagen der erste Impuls in eine neue Richtung, ein Appetitanreger für seelische Entfaltung. Oft werden die Menschen erst dadurch aufmerksam gemacht, dass es noch etwas anderes als die reine Oberfläche ihres Lebens gibt. Auf diese Weise wird der Hunger nach dieser „Nahrung" plötzlich angeregt. Sie gehen in Schulungen, lesen andere Bücher als bisher, sind bereit, sich auf diesem Gebiet umfassend zu informieren. Das geht jedoch noch weiter: Einige meiner Zuhörer haben nach einem Vortrag beschlossen, ihren Beruf zu ändern, eine neue Ausbildung zu machen oder ihre Partnerschaft einmal kritisch zu betrachten. Das haben sie mir dann Jahre später bei irgendeiner Gelegenheit berichtet. Viele sind dann motiviert, ihr Leben selbst in die Hand zu nehmen und ebenfalls auf dem Gebiet der Seele tätig zu werden.

Wie viel kostet ein solcher Vortrag? Nehmen wir an, dass der Referent für einen präventiven Vortrag 800 bis 1.000 Euro erhält. Umgerechnet auf 100 Zuhörer ist das ein Pro-Kopf-Honorar von 8 bis 10 Euro. Was ist das im Vergleich zu seiner Wirkung und Effizienz? Es wäre wichtig, derartige Vorträge von ausgebildeten Präventivpsychologen in der Erwachsenenbildung durchführen zu lassen. Ohne großen Aufwand würde sich das Bewusstsein der Zuhörer oft schlagartig ändern.

Schulung: 2. Säule der Prävention
Im Allgemeinen sind Menschen bereit, viel Zeit und Geld in einen Urlaub zu investieren, aber nicht in eine Persönlichkeitsschulung. Sicherlich ist ein schöner Urlaub wertvoll, doch die Vernachlässigung der eigenen Seele, seiner eigenen Gefühle kann sich oft fatal auswirken. Gerade in der Gesundheitsorientierung muss die Seele einen besonderen Stellenwert bekommen. Psychohygiene, Kenntnis der eigenen Stärken und Schwächen, Entwicklung der ererbten Potenziale bringen reiche Früchte. Personen, die sich langfristig auf einen solchen Prozess einlassen, sind zufriedener, ruhiger, zu vielen Dingen des Lebens distanzierter und damit auch lebensfroher. Es gibt zwei wichtige Impulse, die uns zu solcher Tätigkeit veranlassen: Oft sind es eine schwere Erkrankung oder ein Schicksalsschlag, die uns zum Nachdenken über uns und den Sinn unseres Lebens zwingen. Es können aber Worte oder Sätze, die wir hören, ein Vortrag, eine Begegnung mit einem bedeutsamen, beeindruckenden Menschen sein, welche die Bereitschaft für Schulung in Gang setzen. Ich erlebe aber auch, dass Partner einander Gutscheine für Seminare schenken, weil sie es selbst als bereichernd erlebt haben.

Was passiert in einer **Persönlichkeitsschulung?** An dieser Stelle muss ich wieder auf die präventive Systematik hinweisen, worin psychologische Information geboten wird, aber auch Feedbacks in der Gruppenarbeit gegeben werden, **Selbsterfahrungselemente** einfließen und schließlich durch Meditationen mit **Tiefenbildern** gearbeitet wird. So werden alle drei Ebenen unseres Bewusstseins angesprochen (Gehirn, Herz und Spiritualität). Oft erleben Seminarteilnehmer noch in reiferen Jahren durch Spiegelung in den anderen ganz neue Aspekte ihres Wesens. Vor allem bei guten Seminarleitern kommt es bei Theorieimpulsen oft zu Aha-Erlebnissen und man kommt sich selbst auf die Schliche. Das ist sehr spannend und kann zu einem Befreiungserlebnis führen. Wie bei jeder Fertigkeit, nützt ein einziges Seminar jedoch nicht sehr viel. Es kann ein Impuls für einen Prozess sein, doch dieser muss „am Kochen" gehalten werden. Unsere Meditationsgruppen (siehe Kapitel „Meditation – Hilfe für den Ausbruch aus dem Hamsterrad") geben solche lebensbegleitenden Impulse, die immer wieder Anregungen und auch Energie bringen. Drei Stunden abends einmal monatlich genügen oft, um weiterzukommen. Dann kommt das Bedürfnis nach weiterer Schulung von ganz allein. Dabei ist wichtig, nicht nur bei einem Referenten, bei einer „Schule" zu bleiben, sondern sich – je nach Anreiz – vieles anzusehen. Ich selbst habe das immer so gehalten, denn wenn man aufhört, von außen Impulse zu erhalten, brät man oft im eigenen Saft und es geht nichts mehr weiter. Es ist schrecklich, älteren Menschen zu begegnen, die sich nie weiterentwickelt haben, die im Alter noch auf dem seelischen Status von Kindern oder Pubertierenden sind und sich auch so benehmen. Wir tendieren im Alter ohnehin dazu, ängstlicher und damit auch immer enger zu werden. Wir greifen nicht mehr aus, greifen nicht mehr nach den Sternen, sondern reden nur mehr über die eigenen Krankheiten, Ärzte und Spitalsaufenthalte. Vielleicht reden diese Menschen noch über ihre Enkel und den letzten Urlaub, doch dort endet ihr Horizont. Andererseits ist es schön, Senioren zu erleben, die noch Neues anfangen, wie zum Beispiel eine Meditationsteilnehmerin, die Ende 60 ist, Ikonenmalerei lernt und beachtliche Erfolge zu verzeichnen hat. Wenn sich jemand immer um die Entfaltung seiner Seele bemüht hat und im Alter Ruhe, Geschlossenheit, Weisheit und Klarheit ausstrahlt, ist dies für viele Menschen, die ihm begegnen, Hilfe und Anregung.

Eine Grundregel für seelische Entwicklung wäre, sich einmal oder höchstens zweimal jährlich einen Außenimpuls in Form einer Schulung zu holen. Zu viele Schulungen können – wie ich das auch erlebe – zu „Seminaritis" werden, also zu einer Sucht nach inneren Erlebnissen, die dann nichts mehr mit Eigenarbeit zu tun haben. Auch hier gibt es wieder ein Abrutschen in den dunklen Bereich und es entsteht Missbrauch einer guten Sache.

Beratung/Therapie: 3. Säule der Prävention

Wenn jemand – angeregt durch einen Vortrag – merkt, dass er im Hamsterrad läuft, und sich durch Schulung Hilfe holt, kann es sein, dass er die Dinge, die er sich vornimmt, trotz aller Hilfen nicht umsetzen kann. In diesem Fall bietet der Präventivpsychologe das Einzelgespräch an. Es wird dem Suchenden ein ganzes Paket von Maßnahmen präsentiert, woraus er selbst auswählen kann. Therapie allein kann zu Einseitigkeiten führen und in einem jahrelangen Prozess zu viel Zeit, Geld und Kraft in Anspruch nehmen. Das gleiche Ergebnis kann man durch die präventive Arbeit kürzer, einfacher und billiger haben. Das Einzelgespräch engt auf die Themen ein, die für den Einzelnen wichtig sind. Hier wird intensiv bearbeitet, was in der Gruppe gar nicht möglich ist. Eine Methode ergänzt jedoch die andere: Gruppenarbeit zeigt Schwächen in der Interaktion, Einzelarbeit führt in die Tiefe. Beides ist nötig, wenn der Prozess der persönlichen Reife vorangetrieben werden soll. Meist sind Menschen, auch wenn sie noch so leiden, nicht bereit, in eine Therapie zu gehen, weil sie meinen, dass sie dann gesellschaftlich ins Out gelangen – und so ist es auch! In Betrieben haben Manager keine Aufstiegschancen mehr, wenn ruchbar wird, dass sie in Psychotherapie waren. Dabei sind gerade diese Menschen reif genug, um effizient zu führen und sowohl den sachlichen als auch sozialen Aspekt ins Augen zu fassen. Sie reduzieren nicht mehr jedes Problem auf die Sachebene, sondern sind auch imstande, die Spannungen und emotionalen Verstrickungen ihrer Mitarbeiter zu analysieren und dagegen etwas zu unternehmen.

Prävention auf spiritueller Ebene

Ein weiterer Aspekt der präventiven Arbeit ist die Ausweitung auf den **spirituellen Bereich,** indem man sich bewusst wird, dass es außer dem Körper und der Emotion in uns auch noch die Intuition mit dem noch nicht erforschten tiefen Wissen gibt. Hier setzen die Energetiker mit ihrer Arbeit ein. Die neueste amerikanische Forschung zeigt deutlich, wie wirksam diese alternativen Methoden sind. Sie untersuchen Akupunktur, Polaritätstherapie, Geistheilung durch Handauflegen, Magnettherapie, Kinesiologie und ähnliche Schulen, die mit Energie und Veränderung von Energiefeldern im Körper arbeiten. Die energetischen Methoden wirken sich unmittelbar auf die Zellen aus und beeinflussen damit nicht nur den Körper, sondern auch unsere seelische Befindlichkeit. Hier wird auch deutlich, welchen wichtigen Beitrag die Meditation bei Stresserscheinungen und negativen Gefühlszuständen leisten kann.

Im Unterschied zur psychologisch therapeutischen Arbeit braucht der Klient nichts zu tun, als für die Arbeit bereit zu sein. Er wird automatisch entlastet, energetisch angefüllt und weiß oft nicht, wie es dazu gekommen ist. Die intensive Eigenarbeit, wie bei einem psychotherapeutischen Setting, ist dabei nicht entscheidend. Daher ergänzen Energiearbeit und psychotherapeutisches Tun einander so gut. In meinem neuen Team befinden sich beide Expertengruppen und arbeiten zum Wohle des Klienten gut zusammen. Der Energetiker baut Energiepotenzial auf, entfernt Blockaden und trägt dazu bei, dass ausgelaugte Klienten überhaupt zu psychotherapeutischer Arbeit befähigt werden. Wenn sie schwach, negativ gestimmt und energielos sind, ist die Arbeit mit ihnen oft sehr mühsam. Daher ist die energetische Arbeit eine dynamisierende Hilfe, auf die ich in meiner psychotherapeutischen Arbeit nicht mehr verzichten möchte. Ein Mensch, der ein Burnout erleidet, kann auf diese Weise ebenfalls rasch wieder zu Kräften kommen. Die psychotherapeutische Arbeit hilft ihm dabei, seine Einstellungen zu verändern, damit die gefühlte Energie auch bleibt und nicht wieder im Sumpf der negativen Gefühle aufgezehrt wird. Wenn ich nun in einem fast hoffnungslosen Zustand im Hamsterrad laufe, kann ich mir rasch Hilfe holen, indem ich die oben erwähnten Anbote annehme. Wenn ich aber sitzen bleibe und jammere, wird sich nichts ändern, im Gegenteil: Die seelische und damit auch die körperliche Energie werden immer schwächer und schließlich kommt es zu Stresserscheinungen, die das Leben unerträglich machen.

Daher ist der Satz des Präventivpsychologen durchaus berechtigt:

Tun wir etwas, damit nichts passiert.

Prävention als Hilfe für den Ausstieg aus dem Hamsterrad

Wir sehen also, dass es viele Möglichkeiten gibt, bei fast hoffnungslos erscheinenden Situationen rasch und effizient Hilfe zu erhalten. Wichtig ist immer das Wahrnehmen der eigenen Befindlichkeit. Man muss sich von Zeit zu Zeit fragen: „Wie geht es mir eigentlich? Fühle ich mich noch wohl in meiner Haut oder habe ich oft Unlustgefühle?“ Gefühle sind für mich so etwas wie Landmarken oder Fahnen, damit man sieht, woher der Wind weht. Bei guten Gefühlen und durchwegs positiven Stimmungen kann man ziemlich sicher sein, dass man imstande ist, seine Bedürfnisse entsprechend zu befriedigen. Wenn man aber oft schlecht schläft, keinen Appetit mehr hat oder übermäßig „frisst“, kann das bereits eine Kompensation dafür sein, dass die Grundbedürfnisse nicht mehr befriedigt werden. Dann ist es höchste Zeit, eine Analyse vorzunehmen oder mithilfe eines Experten vornehmen zu lassen. Es gibt oft ganz einfache und wenig aufwendige Möglichkeiten, unseren Zustand schlagartig zu verbessern und einen Zusammenbruch zu verhindern. Wichtig ist dabei aber, dass man diesen Einstieg dazu verwendet, um seine eigene Situation ständig zu verbessern. Dies ist ein lebenslanger Prozess, der aber viel bringt und uns das Alter als „Krone des Lebens" erleben lässt. Dafür zahlt es sich schon aus, an sich zu arbeiten!

Literaturliste

BECKER, Peter (1990): Prävention. Zielvorstellungen und Leitbegriffe. In: Schwarzer Ralf (Hrsg.): Gesundheitspsychologie. Göttingen

BRANDSTÄDTER, Jochen / EYE, Alexander von (Hrsg.) (1982): Psychologische Prävention. Grundlagen, Programme, Methoden. Bern

FUCHS, Anneliese/ GROEBNER, Barbara / JANIG, Herbert/ WILFINGER (1993): Präventivpsychologie – eine neue Form der Vorsorge. Wissenschaftsbericht, Wien: APP-Eigenverlag

FUCHS, Anneliese (1997): Perspektiven in der Lebensmitte. Neue Aspekte des Alters. Wien: IDEE – Eigenverlag

OSCHMAN, James L. (2006): Energiemedizin. Konzepte und ihre wissenschaftliche Basis. München – Jena: Urban & Fischer

SCHWARZER , Ralf (1990): Gesundheitspsychologie. Göttingen: Verlag für Psychologie

Kapitel 7

Bewegung ist Balsam für Körper und Seele

Bewegung ist Leben, Leben ist Bewegung

Dieter Zeisel

Bewegung, Ernährung und Entspannung, auf diesem Fundament beruht unsere Gesundheit. (Rüdiger Dahlke, Baldur Preiml)

Unser Körper ist für Bewegung gebaut

Bewegung ist ein wesentlicher Bestandteil unseres Lebens, denn wir haben einen Bewegungsapparat und nicht Sitz- oder Liegeapparat. Entwicklungsgeschichtlich war der Mensch immer auf seine Beine angewiesen, um von einem Ort zum anderen zu gelangen. Der menschliche Körper hat sich während jahrtausendelanger Entwicklungszeit kaum verändert. Durch die industrielle Revolution hat sich die Umgebung des Menschen dramatisch gewandelt. In dieser Zeit wurden Fortbewegungsmittel wie Kutsche oder Eisenbahn einer breiten Masse zugänglich gemacht. Der Mensch hat sich an die neuen Bedingungen angepasst, aber nicht sein Körper. Durch die schnell fortschreitende Technisierung sind wir dem artgerechten Leben entfremdet worden. Die Folgen sind Zivilisationskrankheiten. Wir können physische und psychische Erkrankungen in steigendem Ausmaß beobachten, die auf Bewegungsmangel zurückzuführen sind.

Untersuchungen zeigen, dass

- 75 % aller Krankheiten derzeit lebensstilbedingt sind
- 40 % der Österreicher an Rückenproblemen leiden
- 350.000 Österreicher an Diabetes erkrankt sind
- 1,5 Mio. Österreicher zu Bluthochdruck neigen
- Jeder zweite Österreicher an den Folgen von Herzinfarkt oder Schlaganfall stirbt

Was passiert, wenn nichts gemacht wird?

Die obigen Fakten sprechen eine sehr deutliche Sprache. Sie zeigen uns, was passiert, wenn nichts geschieht. Die ansteigenden Krankheitsfälle machen auch unserem Gesundheitssystem zu schaffen, da es bald nicht mehr finanzierbar sein wird. Das hat auch darin seinen Grund, dass wir vor allem krankheitsorientiert sind und zu wenig Prävention betreiben (siehe Abschnitt Prävention). Wir warten mit unseren Interventionen so lange, bis die Menschen krank sind, was einen enormen Aufwand und damit explodierende Kosten erzeugt. Es geht sogar so weit, dass wir Systeme aufbauen, die den Menschen krank machen, wie wir das bei Mobbing in Firmen erleben. Da wir nie gelernt haben, in unserem Krankheitssystem Eigenverantwortung zu übernehmen, werden die Zivilisationskrankheiten noch zunehmen.

Es gibt zwar eine Gegenbewegung, die aufgrund der Medienarbeit zu Bewegung tendiert, doch diese ist – entsprechend unseren gesellschaftlichen Normen – wieder leistungsorientiert und damit kontraproduktiv, denn es ist schädlich, sich nach übermäßiger Leistung keine Regenerationsphasen zu gönnen. Es geht auch hier, wie in vielen anderen Bereichen, um Balance zwischen Aktivität und Passivität. Sportwissenschaftlich gesehen ist es erwiesen, dass der Leistungsaufbau in der Passivphase nach der Aktivität stattfindet.

Was können wir tun, um gesund zu bleiben?

Bewegung, Ernährung und Entspannung sind die drei Säulen unserer Gesundheit. Diese gilt es, in Einklang zu bringen. **Bewegung** sollte nicht außerhalb unseres Normallebens passieren, sondern in unseren Alltag eingebaut sein. Es macht keinen Sinn, zweimal in der Woche ins Fitnesscenter zu gehen und ansonsten nur hinter dem Schreibtisch oder im Auto zu sitzen. Viel günstiger ist es, eine Rolltreppe auszulassen, einen Aufzug zu ignorieren und zu Fuß zu gehen, das Auto einmal stehen zu lassen, eine U-Bahn-Station früher auszusteigen und so den gesamten Bewegungsumsatz zu erhöhen. Trotzdem ist es wichtig, ganz bewusst mäßige, aber regelmäßige Ausdauerbewegung durchzuführen. Idealerweise ist eine Bewegungsform, in der ein Maximum an Sauerstoff aufgenommen wird, sehr günstig. Sauerstoff ist unser Lebenselixier. Wird der Körper ausreichend mit Sauerstoff versorgt, wirkt sich das auf Stoffwechsel, Muskelaufbau, Fettverbrennung, Denkfähigkeit, das Immunsystem und vieles andere günstig aus. Daher ist Bewegung an der frischen Luft kombiniert mit einer Bewegungsform, die eine Vielzahl von Muskeln aktiviert, optimal. Das sehen wir vor allem beim Nordic Walking: Bei dieser Bewegungsform werden 95 Prozent der Muskelmasse genützt, beim Laufen jedoch nur 60 Prozent. Ein weiterer Vorteil dieser sanften Bewegungsform ist, dass es zu keiner Überforderung kommt. Durch sanfte Bewegungsformen im Freien ergeben sich positive Auswirkungen auf die Entwicklung von Selbständigkeit, den Abbau von Aggression, die Verminderung von Angst und Depression, die Erweiterung des Denk- und Konzentrationsvermögens und die Freude am Leben. Unser Körper wird durch diese Form von Bewegung positiv beeinflusst: durch Senkung des Bluthochdrucks, Stärkung von Knochen, Muskeln und Sehnen, Förderung der Durchblutung, Vertiefung der Atmung, Stärkung der Abwehrkräfte, besseres Schlafverhalten und vieles mehr. Wenn Bewegung gesund sein soll, ist von Sportarten abzuraten, die zu Unfällen führen und keine Kondition aufbauen, wie zum Beispiel Fußball, Schifahren, Tennis und so weiter. Würde es ein Medikament geben, das Zivilisationsleiden so dramatisch reduziert wie Bewegung – was wäre das für eine großartige Erfindung?

Die Entwicklungen und Prozesse unserer Gesellschaft laufen immer schneller ab. Die Dynamisierung unseres Lebens hat ungeahnte Ausmaße erreicht. Dadurch kommen immer mehr Menschen in diesen Sog der Geschwindigkeit, was sie mit Stresssymptomen beantworten. Bald können sie gar nicht mehr abschalten, sondern sind in dieser Spirale gefangen und laufen im Hamsterrad.

Konstruktiver Umgang mit Stress durch Bewegung

Stellen wir uns einen Menschen in der Urzeit vor: Dieser Urmensch war von einer total feindlichen und lebensbedrohlichen Umwelt umgeben. Um in dieser Welt überleben zu können, wurde er von der Natur mit Stress gesegnet. Er geht zum Beispiel im Urwald über eine Lichtung und plötzlich knackt es im Unterholz. Ein Säbelzahntiger zeigt sich. Das löst beim Menschen körperliche Reaktionen aus, die wir als Stressreaktionen bezeichnen. Die Nebennierenrinden schütten Adrenalin und Cortisol aus, Blutdruck und Herzfrequenz steigen, Muskeln spannen sich an. Systeme, die man jetzt nicht benötigt – wie Verdauung, Atmung und Stoffwechsel – werden reduziert. Die Wahrnehmung engt sich ein und wird auf das Wesentliche beschränkt. Es gibt in dieser Situation nur zwei Reaktionsmöglichkeiten, Flucht oder Angriff.

In unserer Zeit greift uns zwar kein Säbelzahntiger an, wir leiden jedoch unter permanenter Anspannung, die uns schadet. Wenn wir in einem Betrieb unter Druck stehen, weder fliehen noch kämpfen können, weil wir den Job benötigen, werden aber sämtliche körperliche Vorgänge zu Angriff oder Flucht aktiviert. Wir sind jedoch in der Zivilisationsgesellschaft oft nicht imstande, diese aktivierten Kräfte umzusetzen. Also verbleiben sie im Körper und führen zu langfristigen Schädigungen. Wenn wir aus der Natur lernen wollen, sehen wir uns einen Hasen an, dessen größter Feind der Fuchs ist. Der Hase läuft auf einem Feld und bemerkt plötzlich, dass in der Nähe ein Fuchs herumstreift. Da dieser schon zu nahe ist, kann der Hase nicht mehr fliehen. So duckt er sich in eine Kuhle und wartet so lange, bis sich der Fuchs davonmacht. Anschließend dreht der Hase aber „seine Runden", das heißt, er läuft und verbraucht damit die aufgestauten Kräfte, die zur Bewältigung der Situation bereitgestellt wurden.

Wollen wir es dem Hasen gleichtun, müssen wir unsere aufgestauten Energien ebenfalls ganz bewusst abbauen. Das können wir, indem wir bei stressreichem Leben regelmäßig angemessene Bewegung machen. Tun wir das nicht, leiden wir mit der Zeit unter Zivilisationskrankheiten.

Zu mir kam einmal ein stressgeplagter Mann, der kurz vor dem Burnout stand. Hätte er nichts gemacht, wäre der Zusammenbruch ziemlich rasch erfolgt. Er war aber bereit, sich bei mir Hilfe zu holen. Wir entwickelten ein Trainingsprogramm, das er auch konsequent ins alltägliche Leben einbauen konnte. Dieses umfasste: regelmäßiges, aber mäßiges Laufen zweimal pro Woche. Außerdem lernte dieser Mann, seine Stresssignale zu erkennen und mit einer Atemübung sofort darauf zu reagieren. Atmen ist für stressgeplagte Menschen eine hervorragende und leicht durchführbare Technik, um zu mehr Energie durch Sauerstoffaufnahme zu kommen. Außerdem bringt tiefes Atmen das Gefühl von Distanz zur Stresssituation. Mit diesem einfachen Programm war es dem Mann möglich, bald wieder zu seinen Kräften zu kommen und die Lebenszufriedenheit zurückzugewinnen.

Welche Grundregeln sollten wir beherzigen, damit wir nicht in Extremsituationen kommen, die wir nicht mehr bewältigen können?

- Jeder Anspannung muss eine Entspannung folgen;
- Bewegung in das tägliche Leben einbauen;
- Regelmäßige Ausdauerbewegung;
- Bewegung muss Spaß machen und lustvoll sein.

Energie aufbauende Bewegung

Unser Körper besteht aber nicht nur aus Muskeln, Knochen, Organen, Bändern und Sehnen etc., sondern auch aus Energie, wenn wir uns auf die chinesische Medizin beziehen und die neuesten Forschungen berücksichtigen. Unsere Körperenergien sind sowohl elektromagnetisch, magnetisch, aber auch elektronisch winzige Ströme, die unseren Körper durchziehen. Ist dieser Haushalt gestört, gibt es Blockaden im Energiefluss; wir fühlen uns kraftlos, matt und antriebslos. Wir haben es aber in unserer Hand, diese Energieflüsse positiv zu beeinflussen. Wie kann man das?

Im Fernen Osten gibt es eine sehr lange Tradition, wie man mit solchen Dingen umgeht: Es wurden Techniken wie Chigong, Tai Chi etc. entwickelt, womit man die Lebensenergie Chi vermehren konnte. In der westlichen Welt sind wir erst seit Neuestem an diesen Dingen interessiert und lernen, damit umzugehen. Einerseits bedienen wir uns dieser alten Techniken, andererseits erforschen wir dieses Gebiet mit unserem analytisch-wissenschaftlichen Denken. Dadurch können wir in der westlichen Welt einen wichtigen Beitrag zur Erhellung dieser oft als verschwommen erlebten Techniken leisten. Es ist erwiesen, dass bestimmte Bewegungen (Bewegungsmeditation, Do-in = Selbst- und Klopfmassage) große Effekte auf unsere Zellen und somit auf unsere Gesundheit haben.

Wir greifen bei all diesen Techniken auf das Meridiansystem des Körpers zurück, das in der chinesischen Medizin eine lange Tradition hat. In der westlichen Welt ist dieses Wissen erst durch die Akupunktur bekannt geworden und wird mit der Zeit auch akzeptiert. Es steht uns damit eine bisher unbekannte Quelle zur Energetisierung des Körpers zur Verfügung. Durch die Selbst- und Klopfmassage ist es uns möglich, diese Meridiane zu aktivieren. Es ist günstig, dass sie einfach und ohne großen Zeitaufwand durchführbar ist. Die Ergebnisse sind Wohlbefinden, Ausgeglichenheit und Entspannung.

Es ist daher verständlich, dass auch Firmen innerhalb des Betriebes seit Neuestem sowohl Yoga als auch andere Techniken anbieten, um den Mitarbeitern Gelegenheit zu Entspannung zu bieten und deren Leistungsfähigkeit zu steigern.

Lebensrhythmus, Rhythmus leben

Der Mensch hat immer einen jahreszeitlichen Rhythmus gelebt. Es gab Zeiten der starken Anspannung, wie Saat- und Erntezeiten, aber auch Zeiten totaler Entspannung, wie Winter und frühes Frühjahr. Tag und Nacht waren ebenfalls durch Leistung und Entspannung gekennzeichnet. Durch die Erfindung der Maschine, die Tag und Nacht leistungsfähig ist, hat sich der Mensch dieser angepasst. Gerade in Produktionsbetrieben kennen wir keinen Stillstand mehr. Es wird Tag und Nacht durchgearbeitet, denn Stillstand bedeutet Verlust. Der natürliche Rhythmus für uns Menschen ist aber zyklisch. Wir sind nicht auf dauernde Hochleistung ausgelegt. Tun wir es, brechen wir mit der Zeit zusammen. Es gilt daher, in unser Leben eine Balance zwischen Spannung und Entspannung einzubauen. Intensive, lustvolle Leistung und gesunder Schlaf sollten einander abwechseln. Lustlose, aufgezwungene Arbeit und angespannter Schlaf, der auch unsere Träume stört, führen zu einem unausgeglichenen und damit unzufriedenen Leben. Wir sehen, dass Bewegung und Entspannung natürliche Rhythmen sind, die wir in unserem Leben beherzigen sollten, wenn wir gesund und zufrieden sein wollen.

Wir sind aber schon so weit von diesen Grundgesetzen entfernt, dass wir uns sogar in unserer Urlaubszeit, der Zeit der Regeneration, Stress machen. Wie der Leistung laufen wir auch dem Genuss, dem Vergnügen hinterher und können unser Leben nicht mehr entschleunigen. Wir finden keine Zeit mehr, in Ruhe schöne Musik zu hören, eine Blume zu betrachten, dem Vogelgezwitscher zu lauschen. „Immer höher, immer schöner, immer schneller, immer besser" bringen uns an den Rand unserer Leistungsfähigkeit. Was auf der Strecke bleibt, ist das Gefühl von Zufriedenheit und stillem Glück.

Was muss ich tun, um aus dem Hamsterrad auszubrechen?

Wir sollten den Ausbruch aus dem Hamsterrad in verschiedenen Stufen vollziehen:

- Analyse der Situation,
- Planung einer einfachen Strategie,
- Überprüfung, ob diese Strategie erfolgreich ist.

Analyse der Situation

Wenn wir bereits sehr im Hamsterrad gefangen sind, ist es uns oft nicht mehr möglich, klare Gedanken zu fassen oder einen Überblick über unsere Situation zu bekommen. In diesen Fällen ist es wichtig und günstig, professionelle Hilfe anzunehmen. Diese können ein Lebens- und Sozialberater, ein Entspannungstrainer, ein Fitnesscoach oder Ähnliche geben. In vielen Bereichen unseres Lebens holen wir uns ebenfalls professionelle Unterstützung – sei es beim Autokauf, Wohnungswechsel oder bei der Wahl des neuesten Fernsehgerätes oder Computers. Stets nehmen wir die Hilfe eines Beraters in Anspruch. Warum sollten wir das bei Stress nicht auch tun? Weil unsere Präferenzen ganz andere sind als jene, die uns guttun. Das Auto, der Fernseher, der Computer sind uns oft wichtiger als unser Körper, unsere Gesundheit, unser Selbstwert und damit unser positives Lebensgefühl.

Oft genügt ein klarer Blick von einem Profi auf unser Leben, um die Schwachstellen zu erkennen. Diese sind oft gar nicht so übermäßig groß, wie wir bisher meinten. Meist sind es Kleinigkeiten, die Großes in unserem Leben bewirken. Dazu gehört zum Beispiel die Strategie der regelmäßigen Atemübungen. Diese sind sehr einfach und ohne großen Zeitaufwand ins alltägliche Leben einzubauen.

Planung einer einfachen Strategie

Es gilt nun, mit möglichst einfachen und effektiven Techniken eine neue Balance in unserem Leben zu schaffen. Diese Balance ist gegeben, wenn Anspannung und Entspannung unserem individuellen Bedürfnis entsprechen. Um das zu erreichen, müssen wir unsere Bedürfnisse ganz genau kennenlernen, um eine möglichst effiziente individuelle Strategie zu entwickeln. Ist die Strategie gefunden, ist es anfangs besonders wichtig, diese konsequent und ohne Wenn und Aber umzusetzen. Unser Körper ist derart lernfähig, dass er uns nach kurzer Zeit signalisiert, dass ihm die persönlichen Übungen guttun. Damit hilft er uns, durchzuhalten und diese Übungen in unser alltägliches Leben zu integrieren. Ein guter Trainingsplan würde tägliche kurze, aber auch wöchentliche Übungen enthalten. Wie so oft im Leben gilt auch hier: „Weniger ist mehr.“ Daher ist es günstiger, jahrelang einfache kurze Übungen durchzuführen, als sich in der ersten Euphorie zu viel vorzunehmen, das man nicht durchhält.

Überprüfung, ob diese Strategie erfolgreich ist
Fühle ich mich nach meiner individuellen Übung wohl und freue mich auf das nächste Mal, mache ich alles richtig. Muss ich mich jedes Mal dazu zwingen, sollte ich mir etwas anderes überlegen. Man darf aber auch nicht vergessen, dass unser „innerer Schweinehund" oft übermächtig ist. Wir müssen eben anerkennen, dass wir faul, schlampig, gierig etc. sind. Das sollte uns aber kein schlechtes Gewissen machen. Wichtig ist, den angefangenen Weg konsequent weiterzugehen und nach jedem „Fallen" wieder aufzustehen. Es ist ganz gleich, wie oft wir inkonsequent sind, wie oft wir „fallen", wichtig ist nur, dran zu bleiben und immer wieder weiterzumachen. Regelmäßige Überprüfung festgelegter Parameter, wie Blutdruck, Bluthochdruck, Herzfrequenz und Stressbarometer, sind sinnvoll, um auch einen Erfolg messbar und sichtbar zu machen. Bei jahrelangen gleichen Körperübungen erscheint es günstig, sich in Kursen auch einmal neue Impulse und Anregungen zu holen.

Resümee

Wenn wir im Hamsterrad immer schneller laufen, bekommen wir mit der Zeit folgende Erscheinungen:

- schlechter Schlaf,
- Herzrhythmusstörungen,
- Verdauungsprobleme,
- Atemnot,
- schlechten oder übermäßigen Appetit,
- Druck auf die Brust,
- Würgen im Hals etc.

Wir sollten dann schleunigst etwas unternehmen. Die vorhin angeführten Schritte können uns gute Wegweiser dabei sein, die vorhin angeführten Symptome Warnungen, die es zu beherzigen gilt, um nicht den totalen Zusammenbruch zu erleben, der unweigerlich kommt. Bin ich es mir „selbst wert", das Wichtigste in meinem Leben zu sein, oder sind mir Erfolg, materieller Status, ein voller Terminkalender wichtiger? Diese Frage muss jeder für sich selbst beantworten und verantworten. Alle Probleme, die wir nicht lösen – seien sie nun sachlicher oder emotionaler Natur –, haben Wirkungen auf unseren Körper. Dieser wird durch Überdruck und Stress gequält. Wenn wir bereit sind, diesen Körper als positiven Freund zu behandeln, dankt er uns das mit Wohlbefinden. Tun wir das nicht und quälen ihn weiter, wird er einmal zurückschlagen. Der Ausbruch aus dem Hamsterrad kostet uns zwar anfänglich Kraft und Konsequenz, bringt aber langfristig Lebensfreude und Lebensqualität.

Literaturliste

CHOPRA, Deepak (2003): Jung bleiben – ein Leben lang. Mit Ayurveda das Geheimnis des langen Lebens erfahren. München: Verlag Droemer/Knaur

BLECH, Jörg (2009): Heilen mit Bewegung. Wie Sie Krankheiten besiegen und Ihr Leben verlängern. Frankfurt/Main: Fischer Taschenbuch Verlag

STRUNZ, Ulrich Dr. med. (2006): Forever young – das Leicht-Lauf-Programm. Reinbek: Verlag Rowohlt Taschenbuch

DAHLKE, Ruediger / PREIML, Baldur / MÜHLBAUER, Franz (2001): Die Säulen der Gesundheit. Körperintelligenz durch Bewegung, Ernährung und Entspannung. München: Verlag Goldmann

Kapitel 8

Arbeit im Spannungsfeld zwischen Einkommenssicherung und individueller Verwirklichung

Friedrich Hinterberger, Andrea Stocker

Arbeit hat einen starken Einfluss auf Lebensqualität

Ein guter Arbeitsplatz wird als entscheidender Faktor für ein gutes Leben gesehen. Arbeit bietet nicht nur Einkommen, sondern auch soziale Kontakte, Selbstachtung und mehr Lebensqualität. Schwierige Arbeitsbedingungen (starke physische oder psychische Belastung) und sehr lange Arbeitszeiten wirken sich aber auch nachteilig auf die Zufriedenheit von Menschen aus. Viele Erwerbstätige fühlen sich durch ihre Arbeit überlastet und gestresst. Nicht selten gehen mit der berufsbedingten Überlastung soziale (keine Zeit für die Mitwelt) und gesundheitliche Folgen (z. B. Burnout, Depressionen etc.) einher. Siegfried Trebuch beschreibt diesen Teufelskreis auf seiner Website[1] sehr anschaulich:

> *„Viele verhalten sich wie ein Hamster in einem Hamsterrad: Sie laufen täglich eine bestimmte Stundenzahl (in unserer Sprache heißt das „Arbeiten") […], doch eines Tages stellt der Hamster fest, dass er,*

1 http://www.siegfriedtrebuch.com/beruf-karriere/das-hamsterrad/

obwohl er acht Stunden fleißig läuft, mit dem Ergebnis nicht zufrieden ist. Und so kommt er auf das Naheliegendste: Er läuft statt acht Stunden zehn Stunden. Schließlich bemerkt er, dass er, trotz des gesteigerten Zeiteinsatzes, auch jetzt mit dem Ergebnis nicht zufrieden ist. Er läuft deshalb zwölf Stunden, erneut mit dem Resultat, dass das Ergebnis nicht reicht. Und so laufen manche „Hamster" gar vierzehn Stunden täglich in ihrem Rad, wobei einige auch noch am Samstag laufen, gar sieben Tage pro Woche und das nahezu 52 Wochen im Jahr. […]
Viele Hamster kommen schließlich auf die Idee, dass die Zeit womöglich gar nicht der allein ausschlaggebende Faktor ist, sondern dass auch die Geschwindigkeit eine nicht unerhebliche Rolle spielt. Und so steigern sie die Geschwindigkeit. Sie steigern die Geschwindigkeit so lange, bis einige mit Anfang Vierzig mit dem ersten Herzinfarkt aus dem Hamsterrad kippen. Einige überleben es und beginnen dann eine Rehabilitation. Nach kurzer Zeit sind sie wiederhergestellt und fangen erneut vorsichtig an zu laufen, zunächst einmal vier Stunden. Das Herz hält, aber das Ergebnis reicht nicht. Sie laufen sechs Stunden. Das Herz hält, aber das Ergebnis reicht noch immer nicht. Sie laufen acht Stunden, zehn, zwölf, vierzehn, wobei sie auch kontinuierlich wieder die Geschwindigkeit steigern bis zum zweiten und oft entscheidenden Infarkt."

Andererseits stellt (Langzeit-)Arbeitslosigkeit für einen großen Teil der Bevölkerung ein ernstes Problem dar. Viele Menschen finden keine Arbeit mehr, obwohl sie gern arbeiten würden, weil sich keiner ihre Arbeit leisten will oder kann. Sie sind sowohl ökonomisch als auch sozial benachteiligt. Armut und gesellschaftliche Ausgrenzung sind ebenso mögliche Auswirkungen wie eine größere Abhängigkeit von staatlichen oder karitativen Einrichtungen.

Wie kann man jedoch einerseits dem Hamsterrad früh genug entkommen, ohne gesundheitliche Gefährdungen und soziale Folgen in Kauf nehmen zu müssen, und andererseits arbeitslosen beziehungsweise prekär beschäftigten Menschen Arbeitsplätze bieten, die ihren Bedürfnissen entsprechen? In diesem Beitrag soll diesen Fragen nachgegangen werden, indem die folgenden Lösungsansätze für eine nachhaltigere Gestaltung unserer Arbeitswelt diskutiert werden:

- Möglichst viele Menschen sollen am Erwerbsarbeitsmarkt teilhaben können, indem die Arbeit auf mehr Menschen verteilt wird (über geänderte Arbeitszeitgestaltung).
- Die unbezahlte Arbeit muss aufgewertet werden.
- Der Zwang zur Erwerbsarbeit muss überdacht werden (über die Einführung einer Grundsicherung nachdenken).
- Das Steuersystem muss umgestaltet werden (Faktor Arbeit steuerlich entlasten).

Diese Ansätze werden in den folgenden Kapiteln beschrieben.

Arbeit auf mehr Menschen verteilen

Eine wesentliche ökonomische These ist, dass Wirtschaftswachstum Arbeitsplätze schafft und Arbeitslosigkeit senkt. In den letzten Jahren war das Wirtschaftswachstum allerdings nicht in der Lage, die Arbeitslosigkeit zu verringern. Ein wesentlicher Grund ist darin zu sehen, dass die Zunahme des BIP mit dem Anstieg der Arbeitsproduktivität nicht Schritt halten konnte. Daher ist nach anderen Wegen zu suchen, um die Arbeitslosigkeit reduzieren zu können.

Umverteilung der Arbeit schafft zusätzliche Arbeitsplätze
Betrachtet man die Komponenten der Arbeitsproduktivität genauer,

lassen sich daraus Anknüpfungspunkte zur Reduktion der Arbeitslosigkeit erkennen. Die gesamtwirtschaftliche Arbeitsproduktivität ergibt sich als Produkt der Arbeitsstundenproduktivität und durchschnittlichen Arbeitsstunden pro Kopf. Sie erhöht sich mit steigender Arbeitsproduktivität pro Stunde und reduziert sich durch verringerte Arbeitszeiten. Aus diesem Zusammenhang wird deutlich, dass eine Senkung der durchschnittlichen Zahl der Jahresarbeitsstunden pro Kopf, beispielsweise durch Arbeitszeitverkürzung, Teilzeitarbeit oder verlängerte arbeitsfreie Zeiten (Urlaub, Fortbildung), die Zahl der Arbeitsplätze bei gleicher Produktionsleistung erhöht (Spangenberg et al. 2002).

Arbeitszeitverkürzung und Arbeitsflexibilisierung können die Umverteilung der Arbeit unterstützen

Die Ergebnisse von Befragungen zeigen (vgl. European Foundation 2003), dass viele Menschen, wenn sie die Wahl hätten, kürzere Erwerbsarbeitszeiten bevorzugen würden.

Eine Umfrage unter 1.000 Personen des Instituts für Freizeit- und Tourismusforschung (Zellmann und Mayrhofer 2009) ging der Frage nach, was Berufstätige davon halten, wenn sie **um 10 Prozent weniger Gehalt** bekämen, dafür aber **um 20 Prozent weniger lang arbeiten** müssten. Für 59 Prozent der Berufstätigen würde eine solche Arbeitszeitregelung eine konkret nutzbare Alternative darstellen. Fast zwei Drittel der Befragten befürworteten ein Mehr an Freizeit für etwas weniger Verdienst.

Die Freizeit (Zeit für Beziehungen, Selbstverwirklichung und gesellschaftliches Engagement) trägt ebenfalls zunehmend zum Glück bei. Die Lebensqualitätsforschung zeigt, dass jedenfalls für Durchschnittsbürger industrialisierter Länder, wie Österreich, die gefühlte Lebensqualität trotz steigenden Einkommens nicht weiterwächst (vgl. z. B. Layard 2005). Viele Menschen würden auf Einkommen verzichten, wenn dieses geringere Einkommen erstens gesichert und zweitens mit weniger Erwerbsarbeit verbunden wäre. Umgekehrt ist jedoch auch zu beachten, dass viele Personen, die einer Teilzeitbeschäftigung nachgehen, gerne länger arbeiten würden.

Teilzeitbeschäftigung ist typisch für Frauen, die sie zumeist deshalb wählen, um ausreichend Zeit für Haushalt und Kinderbetreuung zu haben. Während im Jahr 2008 41,5 Prozent der erwerbstätigen Frauen Teilzeit arbeiteten, lag der Anteil bei den Männern nur bei 8,1 Prozent (Statistik Austria 2009). Außerdem konzentriert sich die Teilzeitarbeit gegenwärtig stark auf den ohnehin bereits schlecht entlohnten Bereich, wordurch sich die ungleiche Einkommens- und in weiterer Folge auch die Vermögensverteilung zwischen Männern und Frauen ebenso wie zwischen sozialen Gruppen noch verstärken.

Kürzere Arbeitszeiten, die neben der Verkürzung der Wochenarbeitszeit auch den Abbau von Überstunden (indem die steuerlichen Begünstigungen abgeschafft werden), die Verlängerung des Erholungsurlaubs oder die Ausweitung von Karenzzeiten umfassen, können die Umverteilung von Arbeit in doppelter Weise unterstützen, indem sie einerseits zusätzliche Erwerbsarbeitsplätze schaffen und andererseits mehr Raum für informelle Tätigkeiten (siehe nachfolgend) bieten. Dadurch können Beruf und Familie besser vereinbart sowie Überbeanspruchung und arbeitsbedingte Erkrankungen vermindert werden.

Die Reduzierung der Arbeitszeit muss jedoch, um die (internationale) Wettbewerbsfähigkeit der Unternehmen nicht zu gefährden, ohne Lohnausgleich erfolgen, wodurch sie vor allem für Personen mit hoher Qualifikation im oberen Einkommensbereich eine geeignete Alternative darstellt. Gleichzeitig brauchen aber auch Bezieher von Niedrigeinkommen verkürzte Arbeitszeiten, um Beruf und Familie besser miteinander in Einklang bringen zu können. Hier müsste die Arbeitszeitverkürzung mit der **Einführung entsprechender Mindestlöhne** verbunden werden.

Flexible Arbeitszeitmodelle (Gleitzeit, Teilzeit, Altersteilzeit, Arbeitszeitkonten, Jobsharing etc.) können ebenfalls dazu beitragen, die Arbeit stärker auf individuelle Ansprüche auszurichten. Sie bieten den Arbeitnehmern die Chance, mehr Zeitwohlstand beziehungsweise Zeitsouveränität zu genießen, wodurch Tätigkeiten im Zuge der Nichterwerbsarbeit besser in den Lebensablauf integriert werden könnten. Die Flexibilisierung der Erwerbsarbeit führt aber nur dann zu mehr Zeitsouveränität und höherer Lebensqualität, wenn die Arbeitszeiten in Einklang mit lebensphasenspezifischen Bedürfnissen der Arbeitnehmer stehen (Hans-Böckler-Stiftung 2000). Daher ist ein gewisses Mitspracherecht der Arbeitskräfte bei der Ausgestaltung der konkreten Arbeitszeiten bedeutend. Die Aufgabe des Staates ist es, in diesem Kontext die entsprechenden Rahmenbedingungen zu schaffen, um die Entwicklung und Umsetzung solcher Modelle auf betrieblicher Ebene zu ermöglichen.

Arbeit darf nicht arm machen

In den letzten Jahrzehnten hat sich die Erwerbsarbeit verändert; neben den „Normalarbeitsverhältnissen" (fixe und ganzjährige Anstellung mit unbefristeten Arbeitsverträgen, acht Stunden pro Tag, betriebliche Einbindung und voller arbeits- und sozialrechtlicher Schutz) treten zunehmend andere Erwerbsarbeitsformen auf. Unter diesen „atypischen" Beschäftigungsformen versteht man Teilzeit- und Leiharbeit, befristete oder geringfügige Beschäftigung, Telearbeit, Arbeit auf Abruf sowie die sogenannte neue Selbständigkeit. Sie weichen vom Normalarbeitsverhältnis sowohl im Hinblick auf die Dauer und Kontinuität als auch damit ermöglichter sozialer und materieller Teilhabechancen ab (Fink 2001).

Für manche Personen vergrößert sich durch geringfügige oder Teilzeitbeschäftigung zwar der persönliche Handlungsspielraum, für andere jedoch bedeutet sie eine unfreiwillige Beschränkung. So sind in Österreich 175.000 Personen trotz ganzjähriger Erwerbstätigkeit armutsgefährdet (Statistik Austria 2009b). Atypische Beschäftigungsformen bergen daher die Gefahr in sich, dass die Betroffenen in die Armut abgleiten, da sie in der Regel mit niedrigem Einkommen einhergehen. Dieser Umstand wird mit dem Begriff *„working poor"* umschrieben, da das Einkommen atypisch Beschäftigter trotz voller Erwerbstätigkeit in vielen Fällen nicht zur Deckung des Lebensunterhalts genügt.

Wenn die Normalarbeit auch rückläufige Bedeutung aufweist, ist sie für das gesellschaftliche und politische Bild der Arbeit und die entsprechende Meinungs- und Entscheidungsbildung ebenso wie für das gesamte institutionelle Gepräge immer noch maßgeblich. Daher sind auch die sozialen Sicherungssysteme besser auf die „Normalarbeit" als auf atypische Beschäftigungsformen abgestimmt.

Die Armutskonferenz[2] weist darauf hin, dass sich ein geringes Erwerbseinkommen auch in nicht-existenzsichernden Sozialleistungen, die von einer vorherigen Erwerbstätigkeit abgeleitet sind, und bei Krankheit, Arbeitslosigkeit sowie in der Pension niederschlägt. In Österreich sind beispielsweise über 100.000 Menschen nicht krankenversichert, diese Zahl entspricht beinahe zwei Prozent der Wohnbevölkerung. Das Sozialstaatsmodell sollte daher auch Mindestsicherungselemente sowie universelle, von einer vorherigen Erwerbstätigkeit unabhängige Leistungen enthalten.

2 http://www.armutskonferenz.at/armut_in_oesterreich_working-poor.htm

Die Chancengleichheit der Geschlechter ist zu forcieren

Die Nutzung des Potenzials der Frauen erhöht das Beschäftigungsangebot, die Effizienz der Wirtschaft und die gesamtgesellschaftliche Wohlfahrt, doch nach wie vor bestehen zwischen Männern und Frauen große Einkommensunterschiede, die es zu eliminieren gilt.

Das überparteiliche internationale Frauennetzwerk BPW (Business and Professional Women) hat den *„Equal Pay Day“*[3] eingeführt, um dieses Problem anschaulich zu thematisieren. Der Equal Pay Day wurde in diesem Jahr in Österreich am 13. April „gefeiert“, das bedeutet, dass Frauen bis zu diesem Zeitpunkt weiterarbeiten müssen, um so viel wie Männer über den Zeitraum eines Jahres (vom 1. 1. bis 31. 12.) zu verdienen. Sie müssen also um 70 Tage länger arbeiten.

Wesentlich ist auch der Ausbau qualifizierter und leistbarer Kinderbetreuung mit flexiblen Öffnungszeiten. Über die Einführung von Quotenregelungen (z. B. im öffentlichen Sektor) kann der Frauenanteil in Führungspositionen erhöht werden. Steuerliche Förderung zertifizierter Betreuungs- und Pflegeleistungen sowie häuslicher Dienstleistungen begünstigen die Erhöhung der Erwerbstätigkeit von Frauen ebenso wie Steuerbegünstigungen für Unternehmen, die Kinderbetreuung zur Verfügung stellen. Ein angemessenes und leistbares Bildungsangebot (z. B. Umwandlung eines Teils des Kinderbetreuungsgeldes bei Nichtnutzung in einen Weiterbildungsscheck) ist ebenfalls förderlich.

Die Integration von Problemgruppen in den Arbeitsprozess ist notwendig

Aktive Arbeitsmarktpolitik muss auch sozialen Ausgleich zum Ziel haben. Da die Fähigkeiten, Qualifikationen, Bedürfnisse und Vor-

3 Siehe http://www.equalpayday.at/index.php?id=10.

stellungen der Arbeitskräfte nicht immer den Erwartungen und Anforderungen der Arbeitgeber entsprechen, müssen ausgleichende Maßnahmen getroffen werden. Speziell Menschen, die aufgrund von Krankheit, Behinderung etc. nicht auf dem regulären Arbeitsmarkt Fuß fassen können, sind über einen *erweiterten Arbeitsmarkt* in den Arbeitsprozess zu integrieren. Dabei sind der Aufbau von stärker abgestuften Beschäftigungsmöglichkeiten, die Erarbeitung von Konzepten mit Dauerarbeitsplätzen für Menschen mit eingeschränkter Erwerbsfähigkeit (Teilerwerbsfähigkeit), die Schaffung eines erweiterten Arbeitsmarkts mit einer „Brückenfunktion" in Beschäftigung (Transitarbeitsplatz) – zwischen der Beschäftigung (z. B. Arbeitsstiftungen) und aus der Beschäftigung (z. B. Übergang in Pension) – in einem qualitätsvollen Gefüge, aus dem keine Person „herausfällt" oder weiter an den Rand gedrängt wird, notwendig. Außerdem soll von der Fixierung auf möglichst rasche Integration in den „ersten" Arbeitsmarkt abgesehen werden – alles basierend auf den Prinzipien Respekt, Freiwilligkeit, Existenzsicherung (kollektivvertragliche Entlohnung) und Nachhaltigkeit.

Unbezahlte Arbeit muss aufgewertet werden

Neben der Umverteilung innerhalb der Erwerbsarbeit besteht eine weitere Möglichkeit darin, zwischen Erwerbsarbeit (formeller Arbeit) und unbezahlten (informellen) Arbeitsformen umzuverteilen. Unbezahlte Arbeitsformen, wie Hausarbeit, Kinderbetreuung, ehrenamtliche Arbeit etc., stellen ebenfalls wichtige Grundlagen unseres Wirtschaftens dar und tragen wesentlich zum Funktionieren unserer Gesellschaft bei. In Österreich lag die durchschnittliche wöchentliche Gesamtarbeitszeit (unbezahlte Arbeit inklusive) für die gesamte Bevölkerung ab 18 Jahren im Jahr 2002 bei 40,3 Stunden pro Person.

Auf die Erwerbsarbeit entfielen dabei 22,3 Stunden pro Woche (55,4 %), während für unbezahlte Hausarbeit 12,7 Stunden (31,4 %) und Kinderbetreuung 5,3 Stunden (13,2 %) benötigt wurden (Statistik Austria 2003)[4].

Betrachtet man das Verhältnis zwischen der gesamten bezahlten und unbezahlten Arbeit, zeigt sich für Deutschland im Jahr 2001, dass 56 Milliarden Stunden Erwerbsarbeit 96 Milliarden Stunden unbezahlter Arbeit – das ist das 1,7-Fache – gegenüberstanden (Statistisches Bundesamt 2003). Die unbezahlten Arbeitsstunden im Ausmaß von 96 Milliarden verteilen sich unterschiedlich auf Männer und Frauen. So kommen Männer auf durchschnittlich 22,3 bezahlte Stunden pro Woche, Frauen hingegen nur auf 12 bezahlte Stunden. Männer leisten umgekehrt 19,5 unbezahlte Stunden, während Frauen 30 unbezahlte Stunden pro Woche arbeiten (Stiegler 2005). Diese Zahlen unterstreichen die Wichtigkeit unbezahlter Arbeit.

Umverteilung zwischen bezahlter und unbezahlter Arbeit

Sowohl bezahlte als auch unbezahlte Arbeit sind sehr ungleich in der Bevölkerung verteilt. Vor allem eine gleichberechtigte Verteilung von Familien- und Erwerbsarbeit zwischen Frauen und Männern ist noch nicht verwirklicht. Unbezahlte Arbeit wird hauptsächlich von Frauen verrichtet, während Männer in geringerem Ausmaß Arbeiten im Haushalt übernehmen, sich der Erziehung der Kinder oder der Alten- und Krankenpflege widmen. Um die gesellschaftliche Anerkennung informeller Arbeit zu begünstigen, sind bewusstseinsbildende Maßnahmen ebenso notwendig wie die Förderung von Väterkarenz sowie die verstärkte Übernahme von Betreuungspflichten durch Männer sowohl im Bereich der Kinderbetreuung und -erzie-

4 Andere Bereiche unbezahlter Arbeit – insbesondere ehrenamtliche Tätigkeiten – sind in diesen Zahlen nicht enthalten.

hung als auch bei der Pflege und Betreuung von pflege- und betreuungsbedürftigen Menschen.

Eine Möglichkeit, den hohen Anteil an unbezahlter Arbeit zu reduzieren, besteht in der Umwandlung von informeller Arbeit in Erwerbstätigkeit. Die Überführung bisheriger Haushaltsjobs in den Marktsektor ermöglicht ein breiteres, übersichtlicheres Angebot. Es können Größenvorteile genutzt (Dienstleistungen für mehrere Auftraggeber) sowie Qualifikationen definiert und verbessert werden. Die Tätigkeiten können – wenn sie außerhalb oder zusätzlich zur Familie erbracht werden und angemeldet sind – auch sozial abgesichert werden (Unfall-, Krankheitsrisiko, eigenständige Pension). Die Integration von informeller Arbeit in den Marktsektor ist in dem Maße zu begrüßen, als sie einer qualitativen Verbesserung der davon betroffenen Dienstleistungen dient und eine gleichmäßigere Verteilung der Erwerbsarbeit zwischen den Geschlechtern fördert. Sie darf jedoch nicht dazu führen, dass die Kindererziehung beziehungsweise Pflege von Familienangehörigen dadurch vernachlässigt werden, dass mehr Zeit in die Erwerbsarbeit investiert wird. In solchen Fällen kann zwar die Leistung an sich in den Markt integriert werden, daraus ergibt sich aber nicht unmittelbar die Möglichkeit, Zeit für sich selbst, die Familie oder Freunde zu schaffen. Es geht letztendlich darum, ein ausgewogenes Verhältnis zwischen professionellen Diensten (z. B. im Pflegebereich) und eigenem Engagement zu erreichen.

Mischarbeit unterstützt die Aufwertung unbezahlter Tätigkeiten

Das Konzept der **Mischarbeit** zielt auf den besseren Ausgleich von bezahlter und unbezahlter Arbeit ab. Das am Wissenschaftszentrum Berlin entwickelte Konzept verbindet dabei Erwerbsarbeit mit allen anderen, in einer Volkswirtschaft relevanten unbezahlten Arbeitsformen, wie Eigenarbeit (Haus- und Gartenarbeit), Versorgungsarbeit (Kinderbetreuung, Kranken- und Altenpflege) und Gemeinschaftsarbeit (unbezahlte Tätigkeiten in Selbsthilfegruppen, informellen Organisationen, gemeinnützigen Vereinen), und erkennt diese informellen Arbeiten als produktive Beiträge zur Zukunftsfähigkeit unserer Gesellschaft an (vgl. Hans-Böckler-Stiftung 2000). Diese wertvollen Leistungen, die wichtige Grundlagen des Wirtschaftens bilden, werden von der bestehenden Ökonomie nach wie vor als unbewertete Existenzbedingungen vorausgesetzt (vgl. Brandl und Hildebrandt 2001). Im Konzept der Mischarbeit werden sie explizit berücksichtigt und erlangen somit höhere Stellenwerte.

Mischarbeit in vertikaler Perspektive bedeutet, dass Arbeitnehmer im Laufe ihres Arbeitslebens nacheinander verschiedene Tätigkeiten ausführen. Individuelle Kombinationen verschiedener Arbeiten zur gleichen Zeit werden als horizontale Mischarbeit bezeichnet (Hans–Böckler-Stiftung 2000). Die Erwerbsarbeit bleibt zwar das dominierende Konzept, reduziert sich jedoch im Durchschnitt über die gesamte Lebenszeit – wie auch wöchentlich.

Der prominente deutsche Statistiker Carsten Stahmer hat dazu den provokanten Begriff **„Halbtagsgesellschaft"** geprägt (siehe z. B. Schaffer und Stahmer 2005). Die Halbtagsgesellschaft ist eine Form der Umsetzung der Mischarbeit, in der sich das Erwerbsarbeitsvolumen jedes/r Einzelnen reduziert und soziales Engagement Zeit und Raum bekommt. Die Lebensarbeitszeit in der Halbtagsgesellschaft verteilt sich in der Gruppe der Erwerbstätigen (18 bis 65 Jahre) breiter, auch die stillen Reserven sollen wieder in den Arbeitsmarkt integriert werden. Diese Gruppe erhält somit ein Plus an persönlich nutzbarer Freizeit, an der es ihr während „normaler" Arbeitsverhältnisse besonders mangelt. Ältere und jüngere Personen, die viel persönliche Freizeit haben, können ihr Potenzial für soziales Engagement außerhalb der Lohnarbeit nutzen. Durch die geringere individuelle Erwerbsarbeitszeit wäre es möglich, alle Erwerbsfähigen und -willigen am Arbeitsmarkt zu beteiligen. Sehr wichtig dabei ist lebenslange Bildung.

Neben einer positiven Wirkung auf den Arbeitsmarkt könnte eine merkliche Verkürzung der Erwerbsarbeitszeiten in der Eigen-, Gemeinschafts- und Versorgungsarbeit einen größeren Anteil am individuellen Stundenbudget einräumen. Überbeanspruchung und arbeitsbedingte Erkrankungen können vermindert und eine bessere Vereinbarkeit von Beruf und Familie erreicht werden.

Sind 50.000 Stunden Erwerbsarbeit im Leben genug?

Vollbeschäftigung bedeutet im Konzept der Mischarbeit beziehungsweise Halbtagsgesellschaft nicht eine Rückkehr zum „Normalarbeitsverhältnis für alle“, sondern eine Situation, in der alle, die eine Erwerbsarbeit möchten, diese auch bekommen können. Dies erfordert ein gewisses Maß an Flexibilität auf allen Seiten sowie eine Umverteilung von Erwerbs- und auch Nichterwerbsarbeit. Phasen mit langer Wochenarbeitszeit könnten sich so mit Phasen geringerer Erwerbsarbeit abwechseln – und das bis ins höhere Alter.

Empirische Studien haben gezeigt, dass gerade die **Gemeinschaftsarbeit** (Ehrenamt, gesellschaftliches Engagement) keineswegs vorwiegend von denen geleistet wird, die aufgrund von Erwerbsarbeitslosigkeit Kapazitäten frei haben. Im Gegenteil: Erwerbsarbeitslose scheinen sich eher zurückzuziehen, sich der Gesellschaft zu entfremden. So geht wertvolles Human- und Sozialkapital verloren. Es sollte für den Einzelnen keinen Zwang geben, mehr oder weniger zu arbeiten. Wenn es aber nicht genug „Erwerbsarbeit“ gibt, um die Bedürfnisse der Menschen zu befriedigen, um das zu produzieren, was wir für ein „gutes Leben“ brauchen, sollte die „Erwerbsarbeit“ so umverteilt werden, dass alle etwas davon haben. Ein Lebensarbeitszeitkonto von 50.000 Stunden pro Arbeitsleben wäre möglicherweise eine Leitlinie, an der man sich orientieren könnte. Es wären also die

50.000 Stunden pro Arbeitsleben genug. Sie würden Raum für andere Tätigkeiten lassen und gleichzeitig mehr Lebensqualität sichern.

Zwang zur Erwerbsarbeit überdenken

Gerade in einer Phase, in der weder quantitativ noch qualitativ Erwerbsarbeit für alle vorhanden ist, die den Bedürfnissen, Fähigkeiten, Interessen und Wünschen der Menschen entspricht, muss auch der gesellschaftlich verordnete Zwang zur Erwerbsarbeit überdacht werden. Ein garantiertes Grundeinkommen für alle wäre eine Möglichkeit, die Umverteilung der Arbeit zu begünstigen, sowohl zwischen Erwerbsarbeit als auch bezahlter und unbezahlter Arbeit.

Soziale (Ab-)Sicherung durch Grundeinkommen
Eine Umverteilung zwischen Erwerbs- und informeller Arbeit muss von einer entsprechenden Einkommenssicherung begleitet werden. Ein gutes Leben erfordert eine finanzielle Absicherung der informellen Arbeiten in Form einer allgemeinen Grundsicherung. Durch die Grundsicherung in Form einer negativen Einkommenssteuer können neue Ansätze für Arbeit in einem heute unterversorgten gemeinwohlorientierten Bereich initiiert, realisiert und finanziert werden – wenn auch nur auf vergleichsweise bescheidenem Niveau (Ziegler 2005).

Bei der negativen Einkommenssteuer werden, abhängig vom Einkommen, von den Bürgern entweder positive Steuerbeträge erhoben oder negative Steuerbeträge ausbezahlt. Mit steigendem Einkommen verringert sich zuerst sukzessive der gezahlte Transfer, um dann in einer Transfergrenze in eine zu zahlende Steuer umzuschlagen. Es handelt sich um die Kombination eines „garantierten Grundeinkommens“, wie es heute mit der Sozialhilfe bereits besteht, mit der Vereinfachung des Systems der sozialen Sicherung vor allem im Bereich der Sozial- und Notstandshilfe sowie des Arbeitslosengeldes.

Was ist uns die Arbeit wert?

Ein regelmäßiger Einwand gegen eine Verbreiterung, Vertiefung und betragsmäßige Erhöhung der Grundsicherung ist das Argument, Einkommen sei Anreiz, überhaupt erst eine Arbeit aufzunehmen. Dem ist einerseits entgegenzuhalten, dass der überwiegende Teil der Arbeit derzeit überhaupt nicht entlohnt, aber dennoch geleistet wird. Dennoch ist festzustellen, dass viele sinnstiftende Arbeitsmöglichkeiten oft nicht ergriffen werden, weil die Betroffenen es sich nicht leisten können. Ähnliches gilt etwa für die Vorbereitung auf Selbständigkeit, die derzeit einem starken Druck unterliegt, möglichst schnell in die „Gewinnzone" zu kommen. Richtig ist aber, dass eine Grundsicherung einen gewissen Lohndruck auf Bereiche ausüben würde, in denen Erwerbseinkommen derzeit eher gering sind, wie zum Beispiel die Arbeit an der Supermarktkassa. Dies gilt nicht nur für Arbeiten, die eine geringe Qualifikation erfordern, sondern auch für die Betreuung und Erziehung von Kindern sowie die Pflege von Kranken und Alten.

Der Produktionsfaktor Arbeit muss steuerlich entlastet werden

Unser derzeitiges Steuersystem ist durch eine hohe Besteuerung der Arbeit bei gleichzeitig niedriger Belastung des Ressourcen- und Energieverbrauchs sowie moderater Vermögensbesteuerung gekennzeichnet. Durch die hohe steuerliche Belastung wird Arbeit nicht mehr in ausreichendem Maße nachgefragt, wodurch es zu einer Verknappung der Arbeitsplätze kommt. Angesichts der steigenden Ressourcenknappheit und der Klimaproblematik ist auch die moderate Besteuerung des Energie- und Ressourcenverbrauchs nicht mehr zeitgemäß.

Eine Reduktion der steuerlichen Belastung bei gleichzeitiger Verteuerung des Ressourcen- und Energieverbrauchs, wie es das **Konzept der ökosozialen Steuerreform** vorsieht, könnte dazu beitragen, den gegenwärtigen Trend der steigenden Arbeitslosigkeit und der Ressourcenverschwendung zu senken. Trotz progressiver Lohn- und Einkommenssteuer geht vom österreichischen Steuer- und Abgabensystem kaum eine umverteilende Wirkung aus (Guger et al. 2009). Regressive Elemente, wie indirekte Steuern, die Deckelung der Sozialversicherungsbeiträge durch die Höchstbeitragsgrundlage und die geringe Besteuerung von Vermögen und Besitzeinkommen, sind dafür verantwortlich. Aus der Entwicklung der Lohnquote (sie ist von Ende der 1970er-Jahre bis jetzt von 70 auf 56 Prozent gesunken) wird deutlich, dass Vermögen und Besitzeinkommen zunehmend an Bedeutung gewinnen. Daher bringen Steuern auf Arbeit auch immer weniger Einnahmen. Die Besteuerung der unterschiedlichen Produktionsfaktoren (Arbeit, Land, Kapital und Unternehmenstätigkeit) wurde dieser Verschiebung nicht angepasst.

Aus sozialen Gesichtspunkten ist daher in Österreich vor allem die Vermögensbesteuerung zu erhöhen (z. B. über die Wiedereinführung der Erbschaftssteuer oder durch eine Vermögenszuwachssteuer). Sie macht 1,33 Prozent des Steueraufkommens aus, im EU-Durchschnitt jedoch 5 Prozent (Schratzenstaller et al. 2007).

Fazit

Mehr Lebensqualität für alle ist möglich, wenn es gelingt, die richtigen Rahmenbedingungen zu setzen. Dazu gehört, Arbeit auf mehr Menschen zu verteilen, das Steuersystem umzugestalten und die soziale Sicherheit so zu organisieren, dass das hohe, aber nicht unbedingt weiter steigende Sozialprodukt bestmöglich verteilt wird.

Durch die skizzierte Neuorganisation der Arbeit erhält nicht nur die geldfreie Wertschöpfung, sondern auch die Freizeit einen höheren Stellenwert. Mehr „Frei“-Zeit ermöglicht mehr Zeitwohlstand – zumal Lebenszeit die einzige nicht vermehrbare Ressource des Menschen darstellt.

Literatur

BRANDL, Sebastian / HILDEBRANDT, Eckart (2001): Expertise: Arbeit und Ökologie. Wissenschaftszentrum Berlin für Sozialforschung

European Foundation for the Improvement of Living and Working Conditions (2003): Working-time Preferences and Work-Life Balance in the EU: Some Policy Considerations for Enhancing the Quality of Life. Dublin

FINK, Marcel (2000): Atypische Beschäftigung und deren politische Steuerung im internationalen Vergleich. In: Österreichische Zeitschrift für Politikwissenschaft ÖZP 2000/4, S. 399–415

GUGER, Alois / AGWI, Martina / BUXBAUM, Adolf / FESTL, Eva / KNITTLER Käthe / HALSMAYER, Verena / PITLIK, Hans / STURN, Simon / WÜGER, Michael (2009): Umverteilung durch den Staat in Österreich. Wien: WIFO

Hans-Böckler-Stiftung (2000): Wege in eine nachhaltige Zukunft. Ergebnisse aus dem Verbundprojekt Arbeit und Ökologie. Düsseldorf

LAYARD, Richard (2005): Die glückliche Gesellschaft. Frankfurt: Campus Verlag, ISBN: 3593376636

LEITNER, Andrea / LITTIG, Beate / WROBLEWSKI, Angela (2006): Nicht-nachhaltige Trends in Österreich. Modul 4: Work-Life Balance zwischen Versprechen und Wirklichkeit. IHS Wien

SCHAFFER, Axel / STAHMER, Carsten (2005): Die Halbtagsgesellschaft – ein Konzept für nachhaltigere Produktions- und Konsummuster. GAIA – Ecological Perspectives for Science and Society, München: oekom Verlag

SCHRATZENSTALLER, Margit et al. (2007): Perspektiven der Erbschafts- und Schenkungssteuer in Österreich. Wien

Statistik Austria (2003): Haushaltsführung, Kinderbetreuung, Pflege, Ergebnisse des Mikrozensus September 2002. Wien

Statistik Austria (2005): Arbeitsorganisation und Arbeitszeitgestaltung. Modul der Arbeitskräfteerhebung 2. Quartal 2004. Wien

Statistik Austria (2006): Vereinbarkeit von Beruf und Familie. Modul der Arbeitskräfteerhebung 2005. Wien

Statistik Austria (2009): Arbeitsmarktstatistik. Jahresergebnisse, Mikrozensus-Arbeitskräfteerhebung. Wien

Statistik Austria (2009b): Einkommen, Armut und Lebensbedingungen. Ergebnisse aus EU SILC 2007. Wien

ZELLMANN, Peter / MAYRHOFER, Sonja (2009): Neues Arbeitszeit-/Gehaltsmodell? Weniger Verdienst für mehr Freizeit für viele eine Alternative. IFT Institut für Freizeit- und Tourismusforschung.

ZIEGLER, Rafael (2005): Die negative Einkommenssteuer nESt als Beispiel einer sozialen Grundsicherung. In: Spangenberg, J. (Hrsg.) (2005): Vision 2020. Arbeit, Umwelt, Gerechtigkeit: Strategien und Konzepte für ein zukunftsfähiges Deutschland. München. S. 187–202

Kapitel 9

Rad schlagen statt Tretmühle: Sozialkapital und intrinsische Motivation – die Zauberformel

Ernst Gehmacher

Die Metapher „Hamsterrad" entspricht treffend den wissenschaftlichen Gesellschaftsmodellen, welche die Zyklen wirtschaftlicher Konjunkturen, wie des geschichtlichen Aufstiegs und Niedergangs ganzer Imperien und Zivilisationen, als selbststeigernde Kreisläufe („Engelskreise") und selbstzerstörende Feedback-Schleifen („Teufelskreise"), analysieren. Ein solches „Radmodell" für die Lage der modernen Gesellschaft zu skizzieren bildet den ersten Teil dieses Aufsatzes.

Der zweite Teil beschreibt ein pädagogisches Forschungsprojekt – als aktuelles Beispiel: Wie man den positiven Zirkel praktisch bestärken kann und damit den Circulus vitiosus schwächt. Von einem „Ausbruch", wie aus einem Gefängnis, kann dabei allerdings nicht die Rede sein. So sehr das dem Traum von der plötzlichen Ankunft des Goldenen Zeitalters entspricht, läuft es doch den Gesetzmäßigkeiten des Kräftespiels zuwider, das unser Dasein determiniert. Die rationale Hoffnung liegt nicht in einer schlagartigen Befreiung oder Erlösung, sondern in immer besserem und intelligenterem Balancieren in diesem Wirkungsfeld gegenläufiger Energien. Ein Seiltanz zwischen Gut und Böse wird es „wohl oder übel" immer bleiben.

Doch genug von der Abstrahierung in Metaphern – kommen wir nun zu gängigen Alltagsbegriffen.

Wachstum, Macht, Vorteil – Erschöpfung, Konflikt, Angst

Das Rad der gesellschaftlichen Fortbewegung, des Fortschritts, wird von der fortlaufenden gegenseitigen Beschleunigung und Verstärkung der drei großen Dimensionen Wachstum, Macht und Vorteil angetrieben. Mit der Zunahme von Wissen, Technik und Produktion wächst die Macht über die Natur, die Konkurrenz im Wettbewerb sowie über das Vermögen an Besitz, Geld, Kultur und politischem Einfluss. Dies bringt der jeweils stärker wachsenden Gemeinschaft Überlegenheit auf dem Markt und in der Kampfstärke – und das verwandelt sich in Vorteile bei Prestige und Ansehen, Gemeinschaftsbindung und Anziehungskraft – also dem, was man heute Sozialkapital nennt. Dass sich diese drei Kraftfelder gegenseitig anfachen, ist leicht zu erkennen – und das ist der dominante Glaube unserer Zeit.

Der begleitende Teufelskreis beruht auf der Tatsache, dass jedes Wachstum auch Ressourcen der Natur sowie der menschlichen Motivation auffrisst und so zunehmend zur Erschöpfung wesentlicher Erfolgsbedingungen führt. Der aktuelle ökologische Diskurs befasst sich intensiv mit dem Naturverbrauch. Die Bemessung der Erschöpfung sozialer Bindungen (des Sozialkapitals) und der psychischen Antriebskräfte ist hingegen noch ein junges Wissenschaftsfeld, doch die Alarmglocken werden auch hier immer lauter.

Macht provoziert Konflikt. Dazu bedarf es nach zwei Weltkriegen, Kaltem Krieg und angesichts des neuen Terrorismus im Zeitalter der Atomwaffen kaum der Erläuterung.

Vorteil und Überlegenheit jeder Art wecken bei den Unterlegenen Angst, gepaart mit Wut und negativer Motivation – also mit Lähmung und passivem Widerstand. Die nüchterne Sprache der Ökonomie hat für die prekäre Balance zwischen dem Zuckerbrot sozialer Gerechtigkeit und der Peitsche des Leistungsantriebs den Terminus „equity-efficiency trade-off" erfunden.

Krise, Krieg, Kollaps

Aus dem gegenseitigen Hochspielen von Ressourcenerschöpfung, Konflikt und Angst ballen sich – gerade im Zenit einer herangewachsenen Vormacht – Krise und Krieg zusammen und steigern sich zum Kollaps, wenn nicht Hilfe aus einem gegenläufigen „Engelskreis" kommt. Davon ist viel in der Geschichte nachzulesen: Umweltkrisen, Seuchen, Sittenverfall, Kriege und Bürgerkriege, Aufstände und Rebellionen, Revolutionen und Invasionen, Untergang.

Bemühungen, den Unheilszyklus durch noch mehr Macht im Zwang zu Ordnung, Leistung und Moral, durch noch mehr Vorteil für die Eliten und die Kämpfer, zu durchbrechen, scheiterten fast immer – oder ließen Gesellschaften in hierarchischen Kulturen erstarren, bis sie von neuen Kulturen, die im „Engelskreis" der kulturellen Evolution zu einem neuen Zyklus aufgebrochen waren, unterwandert und übernommen oder besiegt und erobert wurden.

Die ethisch-moralischen Lehren aller Zivilisationen haben über ihre Prediger und Propheten zu allen Zeiten vor Macht und Stolz gewarnt, zu Mäßigung des Wachstums und der Begierden aufgerufen und die Angst mit Heilsversprechungen zu lindern gesucht. Damit gelang es oft, den Teufelskreis zu bremsen und „gute Zeiten" für eine Weile aufrechtzuerhalten, doch auf Dauer glückte das kaum, denn keine höher entwickelte Gesellschaft konnte im Wettbewerb auf Wohlstandswachstum, Machterweiterung und vorteilhafte Leistungsbelohnung verzichten.

Dafür gibt es einen guten Grund: Das Rad des gesellschaftlichen Fortschritts war bisher immer auf einen individuellen egoistischen Selbstbestärkungszirkel ausgerichtet, der sich durch raschere Bewegung gegenüber der nachhaltigeren Alternative durchgesetzt hat. Die Bewegungskräfte ganzer Gesellschaften beruhen schließlich auf den Motiven der einzelnen Menschen in ihrer Ballung. Eine Veränderung der sozialen Dynamik ist ohne Neuorientierung der Individuen unmöglich. Hier stehen jedoch zwei grundverschiedene Regelkreispaare einander unverträglich gegenüber.

Leistung, Lohn, Lust – Angst, Stress, Sucht

Das dominante Positiv-negativ-Paar der individuellen Feedback-Schleifen repräsentiert die wohlbekannte, allgemein benutzte und gleichzeitig gehasste Tretmühle aus Leistung, Lohn und Lust sowie den Teufelskreis aus Angst, Stress und Sucht.

Leistung bedeutet Mühe und Plage und ist mit Versagensangst und Zwang verbunden. Lohn für Leistung und Belastung bedeutet Stress, Wettbewerb und Ungleichheit, oft auch Korruption und Kriminalität, die Geißeln aller von außen auferlegten Antriebe – der „extrinsischen Motivation".

Ausgleich für diesen Stress bietet in Freizeit und Konsum gesuchter Lustgewinn in „Glückstechniken" von Genuss und Unterhaltung – als „mood repair". Solche Stimmungsreparatur wird aber, wenn natürliche Freude und Selbstentfaltung fehlen, leicht zur Sucht, also zur „Abhängigkeit" mit abnehmendem Glücksgewinn und wachsender Selbstschädigung.

Bei den Gewinnern in diesem Roulette häufen sich Geld und Ansehen als Entschädigung für die eingesetzte Lebenszeit. Die Verlierer jagen ihr – oft verkürztes – Leben lang den Tröstungen in ihren jeweiligen Süchten nach, immer tiefer in Angst, Wut und Verzweiflung (fachlich distanziert: Frustration, Aggression und Depression) sinkend. Das ist Säure und Dynamit für die Gesellschaft (wissenschaftlich: „negatives Sozialkapital").

Lernen, Liebe, Lebensfreude – Innovation, Sozialkapital, intrinsische Motivation

Dem steht ein auf dauerhaftes persönliches Glück ausgerichteter Engelskreis mit seinen eigenen Risiken und Gegenkräften gegenüber: Lernen, Liebe, Lebensfreude – das wache, für Erfahrungen offene und kreative Erleben menschlicher Beziehungen und „tiefer" Sinnfindung in Selbstentfaltung. Das ist auch nicht so neu. Die Heiligen und Erleuchteten aller Glaubensgemeinschaften haben es symbolisiert. Viele bescheidene selbstsichere Menschen – vielleicht mehr Frauen als Männer – lebten so ohne viel Aufhebens. Erst die moderne Wissenschaft beginnt jedoch, diese Kraftfelder auch zu „messen" und damit potenziell (also: vielleicht) in den Griff zu bekommen (zu „begreifen", für das Handeln „handlich" zu machen, also auch zu „manipulieren"). Und da heißt Lernen nun „Innovation", Liebe „Sozialkapital", Lebensfreude „Flow-Erlebnis" und „intrinsische Motivation". Der Output läuft unter den Sammelbegriffen „Gesundheit" und „Wohlbefinden". „Glück" ist kein eindeutiges Wort dafür. Die deutsche Sprache unterscheidet nicht – wie die englische – zwischen „happiness", dem Zustand inneren Glücks, dem „großen Glück" in Liebe und Selbstentfaltung, und „luck", dem Lotteriegewinn oder dem „gerade noch Glück gehabt" bei einem glimpflich verlaufenen Unfall.

Damit beginnt bereits die Schwierigkeit, zu diesem Muster eines „lernenden Systems“ in steter Offenheit, im Optimum sozialer Bindung und Gemeinschaft, mit Erfüllung und Genuss im selbstbestimmten Tun zu gelangen – persönlich wie gemeinschaftlich. Die Auffassung, dass das Lernen nur eine lästige, bestenfalls langweilige Notwendigkeit, oft auch angstgetriebene Quälerei sei, dass Liebe vorwiegend als Dienstleistung erkauft oder durch Familienbeihilfen staatlich produziert werden müsse, dass Lebensfreude ein Rauschzustand oder ein Reiseerlebnis sei, durchzieht seit den ersten Hochkulturen Ideenwelt und Sprache, Gesellschaftsordnung und Literatur, Glauben und Politik. Als „self-fulfilling prophecy“ trifft diese Erwartung dann auch zu und bestärkt den negativen Regelkreis von Angst, Stress und Sucht.

Ohne harte Realitäten hätte sich allerdings diese ungünstige Interpretation der psychischen und sozialen Wirkungssysteme wohl nicht so zäh gegen die immer vorhandenen Lebenswirklichkeiten des Engelskreises der kreativ-liebevollen Lebensfreude gehalten – und sich trotz Absturzes und Katastrophen auch in den erneuerten Kulturen immer wieder durchgesetzt, bis heute. Diese bitteren Wahrheiten lassen sich auf eine einfache Formel bringen: Innovation (Lernen) destabilisiert feste Ordnungen, Sozialkapital (Liebe) unterläuft Macht, Selbstentfaltung und intrinsische Motivation fügen sich nicht in hierarchische Arbeitsteilungen mit ungleicher Zuweisung von Plage und Freude, Zwang und Freiheit. Kurz: In Gesellschaften mit Sklaverei und Plackerei, mit repetitiv-öden Jobs, mit fortwährender Maschinenbedienung – also mit einer Arbeitsteilung, die Zwang und Lohn (extrinsische Motivation) voraussetzt – kann in ihrem Schaffen nicht allen Selbstentfaltung geboten werden. Das heißt, bisher konnte die Freiheit im Lernen, der Liebe und Lebensfreude nur wenigen und nur teilweise gewährt werden. Dieser Engelskreis hat für die Mehrheit einfach nicht existiert. Die Lehren, die diese Freiheit für alle gepredigt haben – vom Christentum bis zum Marxismus – mussten sich auf Teilerfolge beschränken, die aber die Evolution immer noch vorangetrieben haben.

Vieles deutet darauf hin, dass wir an einer Zeitenwende stehen, am kritischen Höhepunkt eines Zyklus mit ernsten Krisenzeichen, die den nächsten Absturz befürchten lassen. Doch mehr noch: Einige Phänomene dieser Wende sind einzigartig und endgültig, wie die Globalisierung in der Vereinigung der Menschheit zu einer Schicksalsgemeinschaft, die Drohung der Erschöpfung großer Naturressourcen, die technische Möglichkeit der Selbstvernichtung der Menschheit, eine beinahe grenzenlose Mobilitäts- und Informationstechnik (weit über die Erfindung von Rad und Wagen, Schrift und Buchdruck hinaus), die Ausdehnung der Wissenschaften in die hoch komplexen Systeme des Lebens (Biologie, Genetik, Medizin) und der Gesellschaft (Ökonomie, Soziologie, Sozialkapitalforschung). Es könnte sein, dass sich – angesichts der Größe der Bedrohungen und ermutigt durch die neuen Möglichkeiten – der selbstverstärkende Regelkreis von Innovation, intrinsischer Motivation, Sozialkapital, Selbstentfaltung, Wohl in einer globalen kulturellen Evolution mit unzähligen verschiedenen Kulturmustern und Experimenten fortlaufend verstärkt. Ein Zustand gesteuerter Balance zwischen wissenschaftlich beobachteten und evaluierten Regelkreisen und Zyklen wäre vorstellbar, im Wesen mit der politischen Machtbalance in funktionierenden Demokratien vergleichbar. Um jedoch dorthin zu gelangen, wird noch viel Innovation, soziale Bewegung und Begeisterung – an Lernen, Liebe und Lebensfreude – nötig sein. In Regelkreisen werden wir auch bleiben, doch sie könnten selbstbestimmt und lustvoll sein – fröhliches Radschlagen statt verzweifeltes Strampeln in der Tretmühle.

Das Beispiel des individualisierten Lernens

Ein Beispiel für ein solches Ausbrechen aus den alten Zwangsroutinen zur intrinsischen Motivation ist die pädagogische Bewegung zum „individualisierten Lernen".

Die Auseinandersetzung mit „individualisiertem Lernen" findet sich nicht erst in neueren Publikationen, sondern hat die Unterrichtspädagogik schon sehr früh beschäftigt. So haben sich namhafte Pädagogen, wie Maria Montessori oder Berthold Otto, bereits in den 1920er-Jahren dafür ausgesprochen, den gesamten Unterricht der Spontanität des Kindes anzupassen. Und für Albert Huth (1921) war die Frage, wie man den Massenunterricht individualisieren kann, die Kernfrage aller Unterrichtstätigkeit.

Wird der Begriff der Individualisierung im pädagogischen Kontext gebraucht, umfasst dieser eine Definition von Wolfgang Klafki (1961, 180 ff.), die wie folgt lautet: „Alle organisatorischen und methodischen Bemühungen, die darauf abzielen, den individuellen Begabungen, Fähigkeiten, Neigungen, Interessen einzelner Schüler oder Schülergruppen innerhalb einer Schule oder Klasse gerecht zu werden."

In einem experimentellen Ansatz hat Manfred Heitzer (1975) im Vergleich verschiedener Gruppen individualisierte Lernstrategien untersucht. Er hat dabei individuelle Begabungsmuster, die Lerngeschwindigkeit, das Instruktionsverständnis der Schüler sowie deren Lernmotivation berücksichtigt. Die Ergebnisse seines experimentellen Ansatzes zeigen, dass mit individualisierenden Lernstrategien – im Vergleich zu konventionellen – mehr als ein Drittel an Lernzuwachs verzeichnet werden konnte. Trotzdem sind die Unterschiede im Begabungsniveau der Schüler erhalten geblieben. Allerdings gelang es, alle Schüler im Maße ihrer Begabungen für gewisse Sachbereiche zu fördern.

Individualisierender Unterricht bedeutet aber auch, dass Schüler nicht nur einzeln agieren, sondern auch in Kleingruppen arbeiten und lernen. In diesem Zusammenhang kann die Methode des kooperativen Lernens als geeignetes Mittel angesehen werden, um den Unterricht zu individualisieren. Ludger Brüning und Tobias Saum (2009) empfehlen in diesem Zusammenhang eine Gruppengröße von drei bis vier Schülern, da Untersuchungen ergeben haben, dass damit die besten Lernergebnisse erzielt werden.

Bei der Umsetzung des „individualisierten Lernens" bringt Laura Holtbecker (2007) die einzelnen nationalen Schulsysteme als wichtige Rahmengrößen ins Spiel. In diesem Zusammenhang wird immer wieder nach Skandinavien geblickt, wo das individuelle Eingehen auf die Bedürfnisse der Schülerinnen und Schüler viel stärker institutionalisiert ist. Als Beispiel soll kurz auf die Situation in Schweden eingegangen werden: Der individualisierte Unterrichtsstil wird daraus ersichtlich, dass sowohl im Kindergarten als auch in der Schule viel mehr Personal eingesetzt wird. Im Kindergarten kommt auf vier Kinder eine Betreuungskraft, in der Schule arbeiten Lehrer mit einem großen Team aus Mitarbeitern, qualifizierten Helfern und Lehrern in der Ausbildung zusammen. Die Grundschulklassen (7 bis 15 Jahre) werden in zwei oder drei Gruppen unterteilt, die teils getrennte, teils gemeinsame Stundenpläne haben. Bestimmte Zeiten sind für intensive Kleingruppenarbeit reserviert (Gaunt/Nyström 2005, 157 ff.) (*Individualisierung der Unterrichtsform*). Die stärkere Institutionalisierung des „individualisierten Unterrichts" kommt auch im Beurteilungsmodus zum Tragen. Während der ersten sieben Jahre werden keine Noten vergeben, doch findet in jedem Trimester ein 15-minütiges Gespräch zwischen Eltern, Schüler und Lehrer statt, in dem über die Lernfortschritte des Kindes gesprochen wird. In Vorschulen sind solche Gespräche ebenfalls üblich (ebd.) (Individualisierung in der Leistungsbeurteilung). Weiters werden Eltern nachdrücklich aufgefordert, am Schulleben teilzunehmen, nach Wunsch können sie auch Schulstunden besuchen (ebd.).[5] Nimmt man also das „individualisierte Lernen“ ernst und soll es nicht nur darum gehen, einzelne Methoden anzuwenden, die der Individualität der Schüler mehr Rechnung tragen, sondern dieses als Prinzip im Unterricht etablieren, wird es notwendig sein, auch Maßnahmen auf institutioneller Ebene – etwa in der Gesetzgebung – zu ergreifen, die dies ermöglichen.

Dies ist umso dringender gefordert, als sich die Heterogenität der Schüler in den Klassenzimmern in den letzten Jahrzehnten stark erhöht, da die Spannweite der Lernvoraussetzungen mit der zunehmenden Zahl an Schülern mit Migrationshintergrund noch größer geworden ist. Sie bilden ein gesellschaftliches Problem von extremer Tragweite. Die Integration dieser Bevölkerungsgruppen wird wesentlich davon abhängen, inwieweit es gelingt, deren in zahlreichen Studien belegte Bildungsbenachteiligung aufzuheben. Ein individualisierter Unterricht dürfte dafür eine unabdingbare Voraussetzung sein.

Individualisierung – in drei Schulklassen

In Österreich hat sich in einem Projekt des BMUKK die pädagogische Initiative für das individualisierte Lernen mit der Sozialka-

5 Der individualisiertere Zugang zu Kindern kommt jedoch nicht nur im Schulalltag, sondern auch in anderen Bereichen zum Ausdruck. So ist jedes Viertel gesetzlich verpflichtet, adäquate Spielplätze für Kinder zur Verfügung zu stellen. Jeder Wohnblock mit 30 Familien muss einen Spielplatz für kleine Kinder haben, der vom Autoverkehr geschützt sein muss und nicht mehr als 50 Meter vom Hauseingang entfernt sein darf. Für größere Kinder sind größere Spielplätze und Felder für Ballspiele vorgeschrieben, die nicht weiter als 150 Meter vom Hauseingang entfernt sein dürfen (Gaunt/Nyström 2005, 158).

pitalforschung vereint. Es wurde eine fortlaufende Zusammenarbeit zwischen wissenschaftlicher Forschung und experimentierenden Schulen und Lehrern begonnen. Diese Vorgangsweise der Kopplung von Forschung und Entwicklung mit praktischer Anwendung geht schon in die Richtung der neuen Regelkreise hinsichtlich Schulen als „lernende Systeme".

Als Pilotstudie wurde in drei Schulklassen einer BHS im Burgenland eine anonyme schriftliche Befragung durchgeführt. Insgesamt wurden 82 Studierende erfasst, davon 72 Prozent Schülerinnen und 28 Prozent Schüler, 60 Prozent im Alter von 14 bis 16 Jahren, 40 Prozent über 16. Obwohl diese Jugendlichen keine repräsentative Stichprobe einer Grundgesamtheit darstellen, kann man annehmen, dass sich in ihren Angaben wesentliche Zusammenhänge (Korrelationen) von großen soziologischen Dimensionen grob spiegeln – und darauf kommt es in einer solchen Basisstudie, die auch der Entwicklung eines breiter verwendbaren Messinstruments dient, besonders an: ein theoretisch fundiertes Kausalmodell in Ansätzen zu messen.

Das wesentliche, subjektiv direkt erlebbare Merkmal und Produkt von Individualisierung, die intrinsische Motivation (INT), wurde – in Kontrast zur extrinsischen Motivation (EXT) – mit der Testfrage erfasst: „Wenn du für die Schule lernst, machst du das, weil es notwendig ist oder zum Vergnügen?" mit einer Skala von 1 bis 5. Die Ergebnisse lauten (Angaben in Prozent):

Tabelle 1: Intrinsische und extrinsische Motivation (in Prozent)

Lerne	**sehr oft**	**öfters**	**manchmal**	**selten**	**nie**
zum Vergnügen	01	03	28	45	24
weil es notwendig ist	43	41	11	05	0

Die extrinsische Motivation der Notwendigkeit dominiert. Zur Gänze intrinsisch zum Lernen für die Schule sind nur einzelne Ausnahmefälle, wahre Individualisten, motiviert.

Kann man jedoch auch noch bei jenen Respondenten, die wenigstens manchmal auch zum Vergnügen etwas lernen, was Schulstoff ist, ein gewisses Maß an innerem Antrieb und damit an selbst gewollter und selbstbestimmter Leistung annehmen? Für die weitere Analyse wurde deshalb der Prozentanteil der Deklarationen, wenigstens manchmal „zum Vergnügen für die Schule zu lernen", als einfacher Maßstab für intrinsische Motivation (INT) angenommen. Das Niveau der dominanten extrinsischen Motivation (EXT) wurde mit der Deklaration erfasst, vorwiegend („sehr oft") nur unter dem Zwang der Notwendigkeit zu lernen – das typische „Büffeln für die Prüfungen". So gemessen sind 32 Prozent deutlich intrinsisch motiviert, 43 Prozent deutlich extrinsisch.

Es gibt dabei Überschneidungen.

Tabelle 2: Motivationstypen

Motivation		**Anteil in Prozent**	**Motivationstyp**
intrinsisch	**extrinsisch**		
plus	minus	24	nur intrinsisch: Selbstentfaltung
plus	plus	08	beide Motive: teils – teils
minus	plus	35	nur extrinsisch: Notwendigkeit
minus	minus	33	wenig motiviert

Wenn man der intrinsischen Motivation die größere Bedeutung beimisst und sie, wenn vorhanden, als dominant betrachtet, lässt sich sagen: Je ein Drittel ist intrinsisch, extrinsisch und überhaupt wenig motiviert. Als Faustregel mag das taugen. Welche Zusammenhänge offenbart diese kleine Pilotstudie zwischen den individuellen Motivationsmustern und den sozialen Umständen?

Eindeutig ist der Einfluss des Familienhintergrunds. Die traditionelle Vater-Mutter-Kind-Gemeinschaft fördert das Leistungslernen mit Erfolgszwang und setzt das Lernen zum Vergnügen, die intrinsische Motivation, hinten an. Bei den nur mit der (alleinerziehenden) Mutter lebenden Jugendlichen ist der Leistungsdruck geringer und das Lernen zum Vergnügen häufiger. Jene (allerdings nur 6) Jugendliche, die sich schon ganz vom Elternhaus gelöst haben, sind am stärksten intrinsisch motiviert.

Tabelle 3: Motivation nach Wohngemeinschaft

	Anzahl	Intrinsisch in Prozent	Extrinsisch in Prozent	Differenz in Prozent
mit Eltern	59	29	42	-19
mit Mutter	17	35	24	+11
Sonstiges	6	50	33	+17

Wieweit dieses eindrucksvolle Ergebnis einer Schule in einem eher nicht urbanen Umfeld verallgemeinert werden kann, bleibt in weiteren Studien zu klären. Es ist hier jedenfalls eine noch sehr starke Verankerung traditioneller Sozialstrukturen sichtbar und folgende Regel wird bestärkt: Individualisierung der Kinder in eine bestimmte Kulturrichtung bedarf der Übereinstimmung mit den Eltern.

Überraschend erscheint das Ergebnis in Bezug auf den Bildungshintergrund der Eltern.

Tabelle 4: Motivation nach Bildung der Eltern

	Anzahl	Intrinsisch in Prozent	Extrinsisch in Prozent	Differenz in Prozent
beide Eltern Matura	13	23	42	–19
nur ein Elternteil Matura	28	30	48	–18
beide Eltern keine Matura	38	37	37	0

Eltern mit höherer Bildung, Matura und Hochschule, haben in dieser Studie Kinder mit weniger intrinsischer und mehr extrinsischer Motivation – im Vergleich zu Eltern ohne Matura, deren Kinder eher Vergnügen am Lernen und weniger den Druck der Notwendigkeit verspüren.

Hier ist allerdings die durch andere Studien (Gehmacher und Kroismayr 2008 – Berufsbildende Schulen in Wien) belegte Tendenz zu berücksichtigen, dass Bildungsschicht-Eltern eigene Kinder, die eine in ihren Augen geringer zu bewertende Bildungslaufbahn einschlagen, als vom „sozialen Abstieg" bedroht sehen und sie, gewollt oder unwillkürlich, unter Leistungsdruck setzen. Es scheint mit einiger Regelmäßigkeit zu gelten: Sozial aufsteigende, schulpflichtige Kinder erhalten von ihren Eltern mehr Freiheit zur Selbstentfaltung im Lernen, sozial absteigende oder vom Abstieg „bedrohte" Kinder erleben mehr familiären Stress und Individualisierung hemmenden Leistungsdruck.

Der wechselseitige Zusammenhang zwischen Individualisierung, Selbständigkeit und intrinsischer Motivation wird auch im Konnex mit der Hilfe bei Schulaufgaben deutlich.

Tabelle 5:

	Anzahl	**Intrinsisch in Prozent**	**Extrinsisch in Prozent**	**Differenz in Prozent**
durch Eltern oft	47	34	51	–17
durch Eltern selten	32	23	31	–08
Effekt		+11	+20	
durch Mitschüler oft	71	32	44	–12
durch Mitschüler selten	09	22	33	–11
Effekt		+10	+11	
in Schulgruppe oft/manchmal	27	38	41	–03
in Schulgruppe selten/nie	25	25	42	–17
Effekt		+13	–1	

Die Hilfe bestärkt zwar immer auch die intrinsische Motivation, die Lernlust – und zwar unabhängig davon, ob Eltern, Mitschüler oder eine Lerngruppe in der Schule das Lernen unterstützen. Wo die Eltern aber helfen, ist der äußere Erfolgsdruck offenbar so groß, dass die extrinsische Motivation überwiegt – vielleicht auch, weil die Eltern eher jenen Schülern helfen, bei denen die Notwendigkeit beim Lernen überwiegt.

Ein Randergebnis sei nicht verschwiegen, das einen kleinen Beitrag zur großen Diskussion um E-Learning und Computerspiele bringt: Häufiges Computerspielen, zu dem sich 71 Prozent der Befragten bekennen, ist sehr deutlich mit weniger Lernvergnügen verbunden.

Tabelle 6: Motivation nach Frequenz Computerspielen

Computerspielen	**Anzahl**	**Intrinsisch in Prozent**	**Extrinsisch in Prozent**	**Differenz in Prozent**
sehr oft/öfter	58	26	53	-27
manchmal/selten/nie	25	39	24	+15

Dies soll ebenfalls nicht nur monokausal in eine Richtung gehend interpretiert werden. Häufiges Computerspielen hat durch seinen Lustgehalt und seine intrinsischen Erfolgserlebnisse ohne Realitätsbezug, wie viele andere „Tröstungsmittel", Suchtcharakter: Es ist vergnüglich, doch lenkt es – je öfter, umso stärker – von erfolgreicher Aktivität im Lernen, in der Gemeinschaft, in anderen Selbstentfaltungsmöglichkeiten ab und schmälert die gesamte Glücksbilanz, was wiederum zu noch mehr Tröstung durch das Spiel verführt. Daran ist nicht der Computer schuld, der ebenso gut als sinnstiftendes und gemeinschaftsstärkendes Lernmittel taugt. Eher füllt das addiktive Computerspielen eine schon bestehende Lücke an intrinsischer Motivation für reale Selbstentfaltung.

Das neue Instrument der Sozialkapitalmessung wurde in dieser Pilotstudie ebenfalls angewandt, um den Zusammenhang zwischen den sozialen Bindungskräften und den Motivationsmustern zu ersehen. Die Ergebnisse für die drei Ebenen der sozialen Energien – MIKRO (die Nahbeziehungen), MESO (der Bekanntenkreis), MAKRO (die sinnstiftenden Identifikationen) – sind markant verschieden.

Tabelle 7: Motivation nach Sozialkapital

	Anzahl	Intrinsisch in Prozent	Extrinsisch in Prozent
MIKRO niedrig	29	18	38
hoch	43	36	40
sehr hoch	10	63	78
MESO bei keinem Verein dabei	41	34	44
bei mehreren Vereinen dabei	41	29	43
MAKRO keine Identifikation	22	28	41
Identifikation	60	36	44

Da Sozialkapital, wie es hier gemessen wurde – im Umfang des Vertrautenkreises, an der Vereinsmitgliedschaft und an der Verbundenheit mit wenigstens einer Ideengemeinschaft –, sehr konstant und nur langsam veränderlich ist, meist wohl langsamer als die Motivation, kann man von einer primären Wirkung der sozialen Einbettung auf die Motivation ausgehen. Die großen soziologischen Theorien vom historischen Effekt der „protestantischen Ethik" und der Auflösung der Kasten und Klassen in der Emanzipation der Moderne gehen auch davon aus, dass soziale Gemeinschaften und ihre normativen Kräfte (das Sozialkapital) in hohem Maß Kognition und

Emotion, Motivation und Verhalten bestimmen. Wirkungen in umgekehrter Richtung, alternative und innovative Ideen bekommen erst dann ihre große Chance, wenn sie sich zu neuen Gemeinschaften mit ihrem eigenen Sozialkapital vereint haben und die dominanten Kulturen in Sättigung und Krise an sozialer Kraft verlieren.

Aus dieser Sichtweise sei für die vorliegenden Detail-Zusammenhänge in unserer kleinen Studie einmal angenommen, dass Sozialkapital auf die Motivation wirkt.

Dann zeigen sich als eindeutige Effekte:

- Die Mikroebene der Nahbeziehungen – in Freundschaften wie in der Familie – motiviert stark, aber fast gleich in beiden Richtungen: extrinsisch (+ 40 %) wie intrinsisch (+ 45 %). Das deckt sich großteils mit der Lernhilfe von Eltern und befreundeten Mitschülern. Weiters scheint ein breiterer Vertrautenkreis über die Familie hinaus mit intrinsischer Motivation und echter Individualisierung zu korrelieren.
- Die Sozialkapital-Makroebene, die Identifikation mit ideellen Gemeinschaften in Kultur, Politik, Religion, bestärkt die intrinsische Motivation (+8 %; +3 %).
- Das Sozialkapital der Mesoebene – hier nur über die Teilnahme an Vereinsaktivitäten erfasst – zeigt überhaupt keine, im Bezug auf die intrinsische Motivation sogar eher negative Motivationswirkung. Bei genauer Analyse scheint es eine Trennung zwischen religiösen, politischen und anderen (Sport und Freizeit) Vereinen zu geben – wobei die ersteren noch, ihrer Makroebene entsprechend, intrinsische Motivation erzeugen, die reinen Freizeitvereine eher vom schulischen Leistungsbereich ablenken oder schulische Demotivation kompensieren.

Jedenfalls wird ersichtlich, dass die soziale Kraft von Gemeinschaft nicht einfach mit Motivation und Individualisierung gleichgesetzt werden kann. Wie der Begriff besagt: Sozialkapital bringt dort Ertrag, wo investiert wird – es ist reine Energie, für alles zu nutzen oder zu missbrauchen. Das geht aus dieser Studie klar hervor: Wo in schulischen Gruppen und im Familienkreis das individuelle Lernen zum Vergnügen wird, entsteht auch allgemein intrinsische Motivation. Dies ist ein großer Schritt zu einer Kultur der Selbstentfaltung.

Literatur

BRÜNNING, Ludger / SAUM, Tobias (2009): Erfolgreich unterrichten durch kooperatives Lernen. Neue Strategien zur Schüleraktivierung, Individualisierung – Leistungsbeurteilung, Schulentwicklung. Band 2

EDER, Ferdinand / GEHMACHER, Ernst / KROISMAYR, Sigrid (2006): Die Bedeutung von Sozialkapital für Wohlbefinden und Lernerfolg. In: Gehmacher, Ernst / Kroismayr, Sigrid / Neumüller, Josef / Schuster, Martina (Hrsg.): Sozialkapital. Neue Zugänge zu gesellschaftlichen Kräften. Wien. S. 106–134

GEHMACHER, Ernst / KROISMAYR, Sigrid (2008): Sozialkapital in Wiener Berufsschulen. Unveröffentlichter Bericht. Wien

HEITZER, Manfred (1975): Der Einfluss individualisierender Lehrangebote auf den Lernzuwachs bei Schülern. Dissertation: Universität Bochum

HOLTBECKER, Laura (2007): Individualisiertes Lernen. Ländervergleich Schweden – Deutschland. Studienarbeit: München

HUTH, Albert (1921): Förderung der Begabten durch Gruppenunterricht im Rahmen der Schulklasse. In: Die deutsche Schule. S. 25

Kapitel 10

Wissensbasierte Visionsentwicklung in Unternehmen und Systemen – Vikobama®

Alexander Kaiser

1. Einleitung und grundlegende Gedanken

Es scheint unbestritten, dass eine attraktive, anziehende und wegweisende Vision für ein Unternehmen eine äußerst positive Auswirkung hat. Mehr noch könnte man sagen – und wohl auch empirisch nachweisen – dass Unternehmen ohne Vision keine nachhaltige und erfolgreiche Zukunft haben werden.

Der Ausspruch von Mark Twain: „Als wir das Ziel aus den Augen verloren haben, hat sich unsere Anstrengung verdoppelt", könnte für die Vision eines Unternehmens noch radikaler formuliert werden, indem wir sagen: „Als wir die Unternehmensvision aus den Augen verloren haben, hat unser Unternehmen aufgehört, sich zu entwickeln und zu wachsen, stattdessen schrumpfte es."

Eine Vision verleiht sowohl einem einzelnen Individuum als auch einem Unternehmen oder einer Organisation Energie, um sich zu entwickeln. Diese Energie entsteht aus der kreativen Spannung zwischen der gegenwärtigen Realität und der Vision, die in der Zukunft liegt und noch nicht erreicht wurde.

Abbildung 1 zeigt dies recht anschaulich:

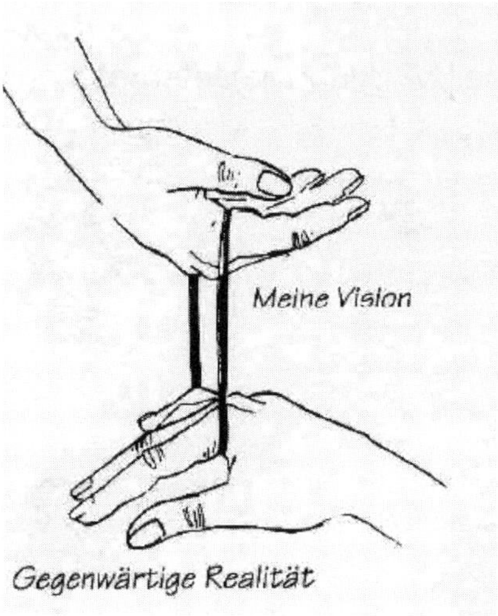

Abbildung 1:
„Kreative Spannung"
(Senge et al. 1996: 225)

Menschen wie auch Unternehmen verlieren ohne eine Vision sehr rasch diese kreative Spannung. Wenn man dieses kleine Experiment mit einem Gummiband ausprobiert und die nach oben ziehende Spannung der Vision einmal weglässt, merkt man, dass das Gummiband als Folge der Schwerkraft nach unten fällt, also sogar noch unter die gegenwärtige Realität – ein einfaches, aber eindrückliches Bild dafür, dass eine fehlende Vision nicht nur Stillstand auf dem Niveau der gegenwärtigen Realität bedeutet, sondern vielmehr sogar Rückschritt und Rückentwicklung.

Wenn wir etwas allgemeiner formulieren, können wir Unternehmen durch den Begriff Systeme ersetzen. Systeme stehen für Gruppen, Teams, Gemeinschaften mit mehr als zwei Mitgliedern – egal, ob sich diese Systeme jetzt im Profit-Bereich oder im Non-Profit-Bereich bewegen, ob sie Gemeinschaften in ideeller Hinsicht sind oder Gruppen oder Teams als Teil eines übergeordneten Systems oder Unternehmens. Für alle gilt im Wesentlichen dasselbe: Ein System ohne anziehende, attraktive und wegweisende Vision wird entweder bedeutungslos, nicht mehr wahrnehmbar oder wird schlussendlich überhaupt aufhören (sinnvoll) zu existieren. Eine Vision ist also lebensnotwendig für ein System und damit natürlich auch für jedes Unternehmen.

Wie kann jedoch eine Vision entstehen? Welche Methoden gibt es, Unternehmen und Systeme nutzbringend bei der Erstellung einer Vision zu begleiten? Es würde den Rahmen dieses Beitrags bei Weitem sprengen, auf bestehende Visionsbegleitungsmethoden im Detail einzugehen. An dieser Stelle sei daher auf gute Literatur (siehe Serviceteil am Ende des Buches) und insbesondere auf (Fordinal 2007) verwiesen.

In diesem Beitrag wird mit Vikobama® eine Methode der Visionsentwicklung vorgestellt, die in mehrerlei Hinsicht innovativ ist und sich in der Praxis bereits mehrfach bewährt hat. Vikobama® ist eine wissensbasierte Methode einer Visionsentwicklung in Unternehmen. Das Unternehmen lernt gleichsam, eine nachhaltige und anziehende Vision aus dem Inneren heraus entstehen zu lassen und damit allen beteiligten Mitarbeitern einen Sinnbezug zur Unternehmensvision zu ermöglichen. Im folgenden Abschnitt werden dazu einige grundlegende Aspekte des Lernens in Unternehmen dargestellt.

2. Lernen

Bei der Erzeugung von Wissen (egal, ob organisationelles Wissen – also Wissen eines Unternehmens oder eines Systems – oder individuelles Wissen) spielt vor allem die Lerntheorie eine wichtige Rolle.

2.1. Lernen aus der Vergangenheit

Durch das Lernen kann Wissen erzeugt und „gespeichert" werden. Man kann drei Formen von Lernen unterscheiden (Argyris/Schön 2008):

Das *„Single-Loop-Learning"* wird als die effektive Adaptation an vorgegebene Ziele und Normen durch die Bewältigung der Umwelt definiert. Das bedeutet, dass die Ziele unangetastet bleiben und dass Lernen lediglich darin besteht, die Handlungen zu verbessern, wenn die Ergebnisse nicht den gesteckten Zielen entsprechen.

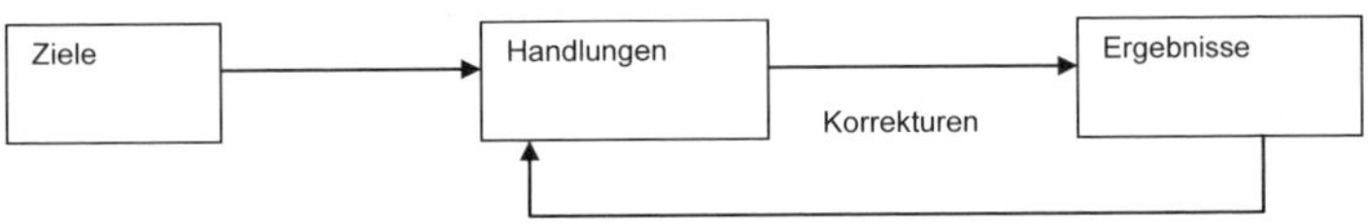

Abbildung 2: Single-Loop-Learning

„Double-Loop-Learning" wird als die Hinterfragung von organisationalen Normen und Werten sowie die Restrukturierung dieser in einem neuen Bezugsrahmen definiert. Das bedeutet, die (vorgegebenen) Ziele werden hinterfragt und ggf. auch verändert. Dadurch gibt es zwei Veränderungsmöglichkeiten: die Handlungen (wie beim Single-Loop-Learning) und die Ziele.

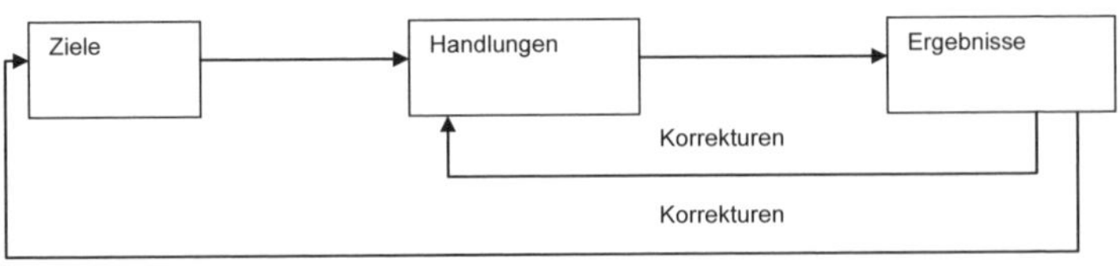

Abbildung 3: Double-Loop-Learning

„*Prozesslernen*" wird schließlich als die Einsicht über den Ablauf der Lernprozesse, worin das Lernen zu lernen der zentrale Bezugspunkt wird, definiert. Das heißt, der Hauptfokus ist darauf gerichtet, den Prozess des Lernens in einem System von einer Metaebene aus zu reflektieren. Dadurch kann sehr wertvolles Wissen entstehen, das – weil es eben auf einer Metaebene angesiedelt ist – auch in gänzlich anderen Bereichen und Kontexten eingesetzt und angewendet werden kann.

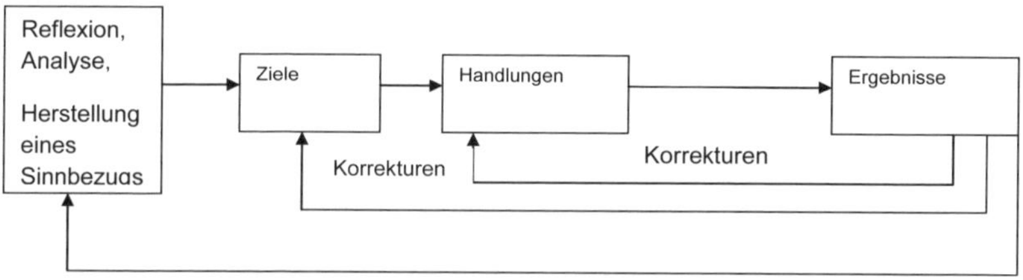

Abbildung 4: Prozesslernen

Allen drei vorgestellten und sowohl in Literatur als auch Praxis etablierten Lernformen ist eines gemeinsam: Es ist Lernen aus der Vergangenheit. Menschen und Organisationen sind gewohnt, vergangenheitsorientiert zu lernen. Wir lernen primär aus unseren Erfolgen und Misserfolgen in der Vergangenheit.

Lernen aus den Erfahrungen der Vergangenheit ist auch in vielen Situationen und Fällen einerseits ganz natürlich und „normal" und andererseits auch hilfreich. Wesentliche Lernerfahrungen des Kleinkindes basieren auf diesem Vorgang.

Im Kontext der Visionsentwicklung – und dabei insbesondere unter dem Blickwinkel, eine anziehende, wegweisende und nachhaltige Vision zu erstellen – greift das Lernen aus der Vergangenheit jedoch zu kurz. Es muss jedenfalls um das Lernen aus der Zukunft erweitert werden.

2.2. Lernen aus der Zukunft

Beim **Lernen aus der Zukunft** wird der Fokus des Lernens *auf die Zukunft* gelegt. Dadurch wird neues Wissen gewonnen, das als „Self-transcending knowledge" oder „Phronesis" bezeichnet wird und im Gegensatz zu implizitem oder explizitem Wissen noch nicht verkörpert ist.

Lernen aus der Zukunft wird dann möglich, wenn die eigenen Grenzen und die Grenzen des Unternehmens ausgelotet und überstiegen beziehungsweise erweitert werden. Aus dieser Position wird neues Wissen gewonnen, indem Zukunftsmöglichkeiten frühzeitig wahrgenommen, beschrieben und konkretisiert werden und im Hinblick auf diese Erkenntnisse gehandelt wird. Lernen aus der Zukunft ist damit – fast automatisch – mit einer Vision verbunden, die anziehend und wegweisend ist. Aus der Position der in den Blick genommenen, aber noch nicht realisierten Vision können wesentliche Erkenntnisse für Handlungen und Aktionen in der Gegenwart gelernt beziehungsweise erkannt werden. Self-transcending knowledge kann als das Wissen gesehen werden, das bei der Erstellung einer Vision erzeugt wird. Die Erfahrungen in der Praxis zeigen, dass

Self-transcending knowledge eng mit den substanziellen, wesentlichen Bedürfnissen sowohl eines Individuums als auch eines Systems beziehungsweise einer Organisation verbunden ist (vgl. dazu Beitrag „Der eigenen Berufung folgen" in diesem Buch).

Letztlich geht es darum, das Lernen aus der Zukunft mit dem Lernen aus der Vergangenheit gut zu verknüpfen, um zukunftsweisende und gute Schritte in der Gegenwart zu ermöglichen. Die folgende Abbildung versucht, diese Gedanken in einer Grafik darzustellen.

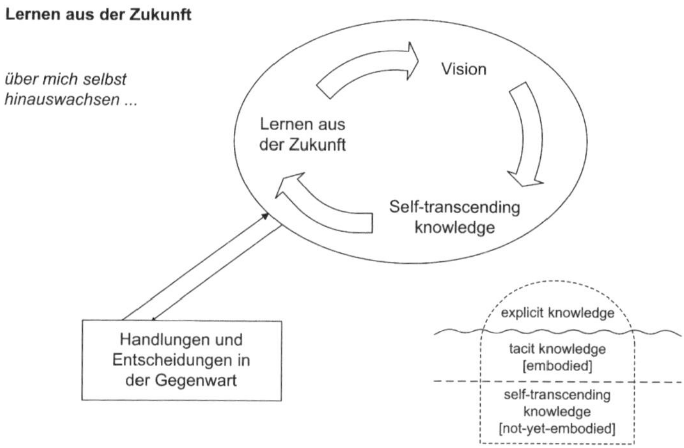

Abbildung 5: Lernen aus der Zukunft

2.3. Unternehmensvision und Lernen aus der Zukunft

Wenn wir nun wieder auf die Ebene von Unternehmen gehen, wird der Zusammenhang zwischen der Unternehmensvision und dem Lernen aus der Zukunft wahrscheinlich schon klarer sein:

Lernen aus der Zukunft …
- … ermöglicht das frühzeitige Wahrnehmen und aktive Gestalten von Zukunftsmöglichkeiten,
- … braucht eine attraktive und anziehende Zukunftsvision,
- … passiert entlang der Prozesskette eines gut begleiteten und strukturierten Visionsentwicklungsprozesses.

Eine nachhaltige Unternehmensvision …
- … braucht die Identifikation sämtlicher Mitarbeiter,
- … entsteht durch die Mitwirkung aller,
- … ermöglicht nachhaltiges Lernen aus der Zukunft.

Die Identifikation aller Mitarbeiter mit der Unternehmensvision ist eine ganz wesentliche Voraussetzung, um die Unternehmensvision auch im Alltag des Unternehmens zu integrieren und sie als eine Art grundlegenden Wegweiser für die Entwicklung und Zukunft des Unternehmens zu nutzen.

Diese Identifikation kann m. E. vor allem einerseits durch die Mitwirkung aller Mitarbeiter (oder wenigstens möglichst vieler) am Visionsentwicklungsprozess entstehen und andererseits durch die Herstellung eines Sinnbezugs. Der Sinnbezug wiederum wird nur dann hergestellt werden können, wenn sich die einzelnen Mitarbeiter mit ihren persönlichen Lebensvisionen in der Unternehmensvision wiederfinden. Damit werden aber auch die Bedeutung der einzelnen Mitglieder einer Organisation sowie ihre Interaktionen untereinander und mit allen Beteiligten dieser Organisation gestärkt. Erst durch diese Interaktionen – die auf der individuellen Ebene stattfinden – kann neues Wissen für die Organisation nachhaltig erzeugt werden.

3. Aufbau und Ablauf der wissensbasierten Visionsentwicklung mit Vikobama®

Im folgenden Abschnitt wird nun eine neue Methode eines wissensbasierten Visionsentwicklungsprozesses vorgestellt. Die Methode Vikobama® (VIsion development and KnOwledge-BAsed MAnagement) wurde bereits mehrfach in Unternehmen und Systemen erfolgreich eingesetzt und zudem auch wissenschaftlich begleitet und weiterentwickelt (vgl. dazu etwa Kaiser & Fordinal 2010a und Kaiser & Fordinal 2010b).

Das Ziel von Vikobama® ist, das jeweilige Unternehmen beziehungsweise System effizient und strukturiert so zu unterstützen, dass eine nachhaltige und anziehende wissensbasierte Unternehmensvision erstellt werden kann.

Drei Aspekte zeichnen Vikobama® aus und sind gleichermaßen innovativ und wichtig:

- ein spezieller Fokus auf die Erzeugung von *Self-transcending knowledge*,
- die Integration der persönlichen Visionen der Mitarbeiter in die Unternehmensvision,
- die Realisierung eines konsequenten und konsistenten Bottom-up-Vorgehens bei der Erstellung einer Unternehmensvision.

Diese drei Aspekte sind wesentliche Meilensteine, um eine nachhaltige und anziehende Unternehmensvision zu erstellen.

In einem ersten Schritt werden die Mitarbeiter begleitet, ihre *eigene persönliche Vision* zu erstellen, wobei diesem Schritt viel Raum und Zeit gegeben wird. Diese Zeitinvestition hat sich in allen bisherigen Praxiserfahrungen sehr bewährt, da dadurch die Basis für den angestrebten Sinnbezug in der Unternehmensvision geschaffen wird. Die persönliche Vision spielt im gesamten Prozess von Vikobama®

eine wichtige Rolle und kann immer wieder als Korrektiv herangezogen werden.

Basierend auf dieser Vision sind die Mitarbeiter sehr gut in der Lage, eine *persönliche Unternehmensvision* (bzw. Vision einer Organisationseinheit) zu erstellen.

In gemeinsamer Arbeit werden die erstellten Unternehmensvisionen ausgetauscht. In einem begleiteten Prozess kann eine *gemeinsame, tragfähige Unternehmensvision* erstellt beziehungsweise können die wesentlichen Themen und Aspekte der gemeinsamen Vision definiert werden. Sowohl die Erstellung der persönlichen Vision als auch die Entwicklung einer persönlichen Unternehmensvision werden stark von den wesentlichen Bedürfnissen geprägt. Dies hat wiederum zur Folge, dass sich die am Visionsprozess beteiligten Mitarbeiter auch in der Gesamtvision des Unternehmens wiederfinden, was eine starke Identifikation mit dem Unternehmen und einen Sinnbezug ermöglicht.

Neben der Erstellung einer gemeinsamen Vision, die konsequent *bottom-up* erfolgt, spielen auch wissensbezogene Aspekte eine wesentliche Rolle. Durch die gut strukturierte und begleitete Form des Visionsentwicklungsprozesses erfolgt – gleichsam automatisch – zwischen den am Visionsentwicklungsprozess beteiligten Mitarbeitern eine effiziente Wissensverteilung sowie ein Explizitmachen von implizitem Wissen. Dadurch wird auch organisationales Lernen unterstützt und begünstigt.

Zusammengefasst besteht das Prozessmodell von Vikobama® aus drei wesentlichen Abschnitten, die auch in der nachfolgenden Abbildung visualisiert werden:

1. Entwicklung einer persönlichen Vision,
2. Entwicklung einer persönlichen Unternehmensvision, basierend auf der eigenen persönlichen Vision,
3. Entwicklung einer gemeinsamen Unternehmensvision.

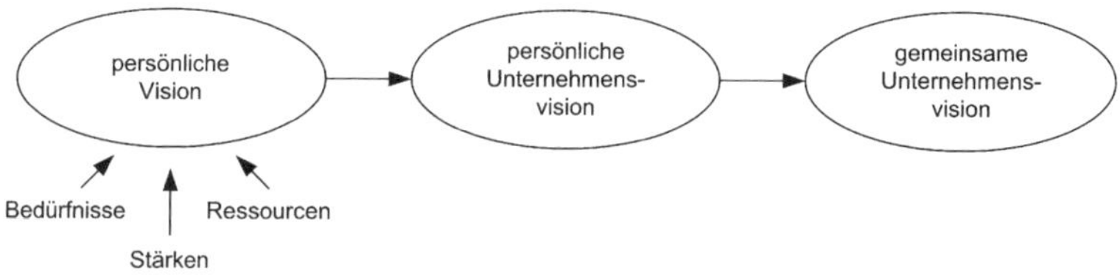

Abbildung 6: Wesentliche Schritte im Prozessmodell Vikobama®

Insbesondere beim ersten Schritt von Vikobama® – der Entwicklung einer persönlichen Vision für jeden Mitarbeiter – greift diese Methode auf wesentliche Schritte, Werkzeuge und Erfahrungen von Berufungscoaching$_{WaVe}$® zurück. Diese Vorgehensweise wird im Kapitel „Der eigenen Berufung folgen“ in diesem Buch ausführlich beschrieben.

Vikobama® ist eine Methode einer wissensbasierten Visionsentwicklung, die einerseits ausreichend Raum gibt, um eine gemeinsame tragfähige Unternehmensvision zu erstellen und andererseits auch dem Aspekt der Wissenserzeugung, -umwandlung und -weitergabe Rechnung trägt. Darüber hinaus war das Ziel, mit Vikobama® eine Methode zu entwickeln, die es erlaubt, eine intrinsisch motivierte, von allen Mitarbeitern mitgetragene und daher auch nachhaltige Unternehmensvision zu erstellen. Diese Ziele können dadurch erfüllt werden, dass Vikobama®

- eine Bottom-up-Vorgehensweise ist, die
- Workshops mit allen Mitarbeitern genauso vorsieht wie
- ausreichend Raum für die Erstellung der persönlichen Vision.

Daher ist Vikobama® vom methodischen Gesichtspunkt her eine Kombination aus Workshop-Arbeit mit allen Mitarbeitern und Einzelcoachings (basierend auf der Methode Berufungscoaching$_{WaVe}$®) für jeden einzelnen Mitarbeiter. Sollte es die Anzahl der Mitarbeiter jedoch nicht erlauben, dass Einzelcoachings sinnvoll eingesetzt werden, können auch die Schritte und Inhalte der Einzelcoachings in Workshop-Form umgesetzt werden.

Für ein Unternehmen mit bis zu 20 Mitarbeitern hat sich folgende Struktur von Vikobama® in der Praxis bewährt:

Workshop 1 (1 Abend oder halber Tag)	Inputs und Informationen über Methode, Ablauf, Haltung, zugrunde liegende Theorie etc., Get-together
Workshop 2 (1 Tag)	Schwerpunkt ist die Erarbeitung der wesentlichen Bestandteile für eine persönliche Vision je Mitarbeiter. Darüber hinaus werden Highlights und Erfolgsgeschichten aus der Vergangenheit des Unternehmens miteinander geteilt.
2-3 Einzelcoachings, basierend auf der Methode des Berufungscoaching*WaVe*®	Weitere Schritte zur Erstellung einer persönlichen Vision. Darauf aufbauend Begleitung bei der Erstellung einer persönlichen Unternehmensvision.
Workshop 3 (2 Tage)	Erstellung einer gemeinsamen Unternehmensvision basierend auf den persönlichen Unternehmensvisionen (die miteinander ausgetauscht werden)
Optional: Workshop 4 (1 Tag)	Entwicklung eines Umsetzungsplans, um die gemeinsame Unternehmensvision in Zukunft zu realisieren

4. Praxiserfahrungen mit der Methode Vikobama®

Bis jetzt wurden mit Vikobama® Klein- und Mittelbetriebe, Gruppen innerhalb von Abteilungen großer Unternehmen sowie Forschungsgruppen im Universitätsumfeld begleitet. Aufgrund der Möglichkeit, die Struktur von Vikobama® flexibel zu gestalten und dabei trotzdem die vorhin beschriebenen wesentlichen Grundsätze zu befolgen, ist der

Ansatz der wissensbasierten Visionsentwicklung sowohl in kleinen und mittleren Unternehmen beziehungsweise Systemen als auch in größeren Unternehmen und Systemen möglich. In größeren Unternehmen ist hierbei die Arbeit mit Teilen des Unternehmens (Abteilungen, Gruppen, Teams etc.) sinnvoll. Die Ergebnisse je Unternehmensteil können in einem Gesamtkontext weiterverwendet werden.

Besonders gut eignet sich Vikobama® sicherlich für Unternehmen, die

- am Beginn einer Neuorientierung stehen (z. B. im Zuge von Umstrukturierungsmaßnahmen, Änderungen in der Unternehmensgröße oder Unternehmensausrichtung etc.).,
- sich in der Gründungsphase befinden (Start-up etc.),
- Interesse haben zu überprüfen, ob ihre derzeitige Ausrichtung beziehungsweise Unternehmensvision noch passend und zukunftsweisend ist,
- eine bestehende Unternehmensvision im Sinne der Qualitätssicherung auf Gültigkeit und Aktualität überprüfen wollen.

Basierend auf den bisherigen Praxiserfahrungen konnten unter anderem folgende positive Effekte beziehungsweise folgender Nutzen festgestellt werden:

- Neues Wissen wird erzeugt, wodurch zukünftige Entwicklungen und Möglichkeiten frühzeitig erkannt werden → Vorsprung gegenüber Mitbewerbern.
- Die bestehenden Grenzen des Unternehmens werden ausgelotet und überstiegen („über sich selbst hinauswachsen“) → Weiterentwicklung des Unternehmens.
- Das „Wir-Gefühl“ steigt → größere Identifikation der Mitarbeiter mit dem Unternehmen und damit verbunden eine allgemeine Steigerung der Produktivität.

- Bestehendes Wissen im Unternehmen wird ausgetauscht → verbesserte Kommunikation untereinander.

5. Zusammenfassung und Bezug zum Ausbruch aus dem Hamsterrad

Menschen befinden sich vor allem dann im Hamsterrad, wenn (Erwerbs-)Arbeit und Leben weit auseinanderklaffen und die wesentlichen und substanziellen Bedürfnisse einer Person in ihrem beruflichen Betätigungsfeld keine Rolle spielen. Vielfach geht dann der Sinnbezug der Arbeit gänzlich verloren.

Genau dieser Gefahr wirkt die in diesem Beitrag vorgestellte wissensbasierte Visionsentwicklungsmethode Vikobama® entgegen. Gerade durch die starke Verknüpfung der persönlichen Vision – und der darin integrierten wesentlichen Bedürfnisse, Stärken und Ressourcen auf individueller Ebene – mit der Unternehmensvision wird der Sinnbezug der Arbeit in einem hohen Maße unterstützt. Ein Ausbruch aus dem Hamsterrad wird dadurch möglich.

Darüber hinaus gibt es noch zwei Aspekte, die für den Ausbruch aus dem Hamsterrad hilfreich sind:

1. Die Beschäftigung mit der persönlichen Vision (als Grundlage der Unternehmensvision) ermöglicht den Menschen ein Explizitmachen derjenigen Bedürfnisse, Wünsche und Sehnsüchte, die lebensfördernd sind, und ein Explizitmachen derjenigen Stärken und Ressourcen, die bereits vorhanden sind. Die zugrunde liegende Haltung, „die Stärken zu stärken" – sowohl auf der individuellen Ebene als auch auf der Unternehmensebene – ist für ein zukunfts- und lösungsorientiertes Vorgehen für Menschen ermutigend und fördert die Eigeninitiative und ein proaktives Handeln.

2. Durch den großen Anteil an Workshop-Arbeit im Rahmen der Methode Vikobama® werden sowohl der Wissensaustausch zwischen den einzelnen Mitarbeitern als auch die Wissensumwandlung (von implizitem Wissen zu explizitem Wissen) unterstützt. Das ist eine der Grundlagen für die Erstellung einer intrinsisch motivierten Unternehmensvision. Dadurch dass die so erstellte Vision nicht auf etwas außerhalb des Unternehmens reagiert, sondern in ganz starkem Maße aus dem entsteht und wächst, was innerhalb des Unternehmens bereits vorhanden ist, wird den Mitarbeitern eine hohe Aufmerksamkeit sowie ein großer Respekt und große Wertschätzung gegeben. Dies alles sind Faktoren, die gegen ein Hamsterrad und für einen Lebensweg sprechen.

Weitere Informationen zu Vikobama®: www.wave.co.at

Literatur

ARGYRIS, Chris / SCHÖN, Donald A. (2008): Die lernende Organisation. Stuttgart: Schäffer-Poeschel

FORDINAL, Birgit (2007): Berufungscoaching im Visionsentwicklungsprozess. Master Thesis: Donau-Universität Krems

KAISER, Alexander / FORDINAL, Birgit (2010a): Creating a *ba* for generating self-transcending knowledge. Accepted for publication. In: Journal of knowledge management

KAISER, Alexander / FORDINAL, Birgit (2010b): VIKOBAMA – introducing a new approach of a knowledge-based vision development process. Proceedings of the 11th European Conference of Knowledge Managemnet (ECKM), S. 520–529

SENGE, Peter (1996): Die fünfte Disziplin. Kunst und Praxis der lernenden Organisation. Stuttgart

Kapitel 11

Gemeinde- und Regionalpolitik als Ansätze für Innovationen im ländlichen Raum

Michael Fleischmann

Einleitung

Wenn wir uns die Verbindung von Leben und Arbeiten genauer ansehen, sehen wir, dass die Trennung zwischen Leben und Arbeiten in der Menschheitsgeschichte erst sehr jung ist. Das Leben der Menschen war lange Zeit untrennbar mit Arbeit verbunden: Wer nicht arbeitete, musste verhungern – so einfach war es in früheren Zeiten.

Arbeit ist in diesem Zusammenhang als jede menschliche Tätigkeit zu sehen, die für menschliche Grundbedürfnisse sorgt (Sammeln, Jagen, Ackerbau, Schaffung von Behausungen etc.), unabhängig von Geschlecht, Alter, Aufgabenteilung und Ähnlichem. Diese Verbindung prägte bis vor wenigen Jahrzehnten das Leben der Menschen. Etwas wie Freizeit gab es nur in geringem Maße. Diese war sehr stark von der Bevölkerungsschicht abhängig, in die man hineingeboren worden war. Je weniger Reserven – ökonomische oder finanzielle – gegeben waren, desto weniger Freizeit stand zur Verfügung.

Das historische regionale Erleben war von gleichmäßigen Abläufen geprägt, die im Laufe der Wochen, Monate, Jahreszeiten und Jahre relativ stabil blieben, aber an die äußeren Gegebenheiten und

Veränderungen angepasst wurden. Das Leben bestand aus stark vom Jahresverlauf geprägten Zeitspannen, die bei den Menschen in Alltag (Zeiten der Aussaat/Pflege/Ernte/Vorbereitung für neue Saat) und relativ wenig Freizeit getrennt war. Freizeit wurde, soweit vorhanden, mit starkem spirituellen und religiösen Hintergrund (Erntedank/ Bittgänge/Wallfahrten) gelebt. Arbeit und die gegebene Freizeit wurden also gelebt. Dies wurde, wenn ausreichende Reserven zum Überleben gegeben waren, aber nicht als belastend erlebt, sondern war ein Teil des Alltags und damit überlebensnotwendig.

(Siehe auch Beitrag von Hinterberger und Stocker: Arbeit und Mischarbeit)

Diese Traditionen veränderten sich nur wenig und langsam, das heißt, Veränderung war nur über längere Zeiträume möglich und wurde so auch sensibel durchgeführt. Menschen erlebten diese Abläufe als hilfreich und strukturierend, fast nie als einengend und beschränkend. Dies wurde auch durch kirchliche und gesellschaftliche Traditionen verstärkt und unterstützt.

Ein Ausbruch aus dem Hamsterrad, aus diesen Abläufen, war nicht notwendig, weil diese Form des Lebens einfach nicht in Frage gestellt wurde. Die Menschen hatten nicht die Möglichkeit, sich alternative Lebensweisen auszusuchen, sondern dieses Leben wurde als sinnvolle und gute Abfolge von einzelnen Schritten am individuellen Lebensweg erkannt und hingenommen. Trotz dieser eher eingeschränkten persönlichen Sichtweise konnte sich in der Gesellschaft ein gutes kollektives historisches Wissen in Gemeinden und Regionen entwickeln und wurde auch (meist auf informellem Weg) gepflegt und weitergegeben. Dies führte zu Wissen und Weisheit, welche die Menschen auch weitergaben und wodurch regionale Erfahrungen wuchsen. Örtliche Erfahrungen im Alltag, die es bei den einzelnen Tätigkeiten zu beachten gab, waren in diesem Kontext etwas Selbstverständliches.

Bedeutung der Region als Lebens- und Arbeitsraum aus historischer Sicht [6]

Historisch gesehen lebten Menschen für lange Zeiträume in überschaubaren regionalen Einheiten. Dies begründete sich aus der geringen Mobilität der Menschen, die über lange Zeiträume hinweg wenige Bewegungsspielräume hatten. Veränderungen waren nur durch meist traumatisierende Umstände (Umsiedlung aus politischen, religiösen Gründen/Krieg und Kampfhandlungen/Hungersnöte etc.) gegeben. Persönliche Veränderungen ergaben sich durch Berufsausbildungen, bei denen die Gesellen auf die Walz gingen und damit in anderen Regionen neue Erfahrungen sammelten, oder auch durch persönliche Veränderungen, wie Hochzeiten und den damit verbundenen Übersiedlungen. Insgesamt führte dies zu einem sehr stabilen lokalen und regionalen Zustand, der nur in Einzelfällen durch Wissen von außen ergänzt und befruchtet wurde.

Wohnen und Arbeiten als die wesentlichsten Teile des täglichen Lebens der Vergangenheit waren nicht nur inhaltlich und persönlich, sondern auch räumlich extrem eng begrenzt, weil die Mobilität der Menschen sehr eingeschränkt war – wobei grundsätzlich zwischen landwirtschaftlicher Beschäftigung und Handwerk unterschieden werden muss. In der vorindustriellen Zeit gab es praktisch nur diese beiden Möglichkeiten der Beschäftigung.

Der maximale räumliche Radius der Menschen ergab sich aus den unterschiedlichen Verkehrsmitteln und der zur Verfügung ste-

---

6 Wenn in diesem Zusammenhang von „Region" gesprochen wird, ist dies als Synonym zu lesen, das in leicht abgeänderter Form auch Gemeinden im ländlichen Raum und städtische Strukturen beinhaltet. Ein Begriff wie „regionale Verantwortung" wäre im städtischen Kontext in „Stadtteilverantwortung" zu übertragen, um dem jeweiligen Kontext zu entsprechen.

henden Reisezeit in Relation zum zeitlichen Aufwand für Arbeiten und Wohnen. Die Menschen arbeiteten dort, wo sie wohnten, beziehungsweise wohnten dort, wo sie arbeiteten. In Zeiten des Mangels an Arbeit zogen die Menschen in Gegenden, wo es Arbeit gab. Dies führte (und führt in der Dritten Welt) bei Hungersnöten zu einer Landflucht und zum Aufstieg der Städte. Unter der Annahme, dass die tägliche Reisezeit (in eine Richtung) zwischen 45 und 60 Minuten beträgt, ergibt sich beim Gehen ein Einflussradius zwischen 4 und 6 Kilometern, bei Verwendung eines Reitpferdes oder einer Kutsche bis zu 15 Kilometern. Diese privilegierte Transportmöglichkeit war aber (aufgrund der damit verbundenen Kosten) nur für einen Teil der Bevölkerung möglich.

Die räumliche Nähe bedeutete auch ein großes Maß an regionaler Verbundenheit und regionaler Verantwortung. Für die Menschen war das direkte Umfeld Arbeitsplatz und Nahrungsmittellieferant, daher wurde auf diese Fläche große Aufmerksamkeit gelegt. Diese Achtsamkeit äußerte sich in einem nachhaltigen und naturverbundenen Lebensstil, denn es war für die Menschen wesentlich, ihren Lebensraum gesund zu halten, weil dieser die Basis für ihren Alltag darstellte und zur Befriedigung ihrer Bedürfnisse erforderlich war.

In der Entwicklung der Menschheit ergab sich, historisch betrachtet, erst im letzten Jahrhundert die Möglichkeit zu räumlichen Veränderungen – und dies vorerst auch nur in beschränktem Ausmaß. Im städtischen Kontext war die Entwicklung weniger stark eingeschränkt, weil die Entfernungen geringer waren und sich die Möglichkeit zu räumlicher Veränderung dadurch vergrößerte. Aber auch in städtischen Räumen war der direkte Einflussbereich sehr eng begrenzt. Dies zeigt sich in der Entwicklung von Verwaltungseinheiten, wie städtischen Bezirken einerseits, und in der Verbundenheit mit dem „Grätzel", der unmittelbaren Wohnumgebung, andererseits.

Durch die Industrialisierung wurde diese räumliche Verbundenheit unterbrochen und in eine Negativspirale verwandelt. Dies ergab sich natürlich auch durch Arbeitsteilung (heute würde man dies als „Outsourcing" bezeichnen) und die damit einhergehende geringere Verbundenheit mit der Natur. Die natürliche Umwelt wurde als Rohstofflieferant gesehen, der ausgebeutet und genutzt werden sollte. Rücksichtnahme war in Zeiten des Wachstums und beginnenden globalen Wettbewerbs nicht vorgesehen. Auch im Kontext der Beschäftigung wurde im Zuge der Industrialisierung die räumliche Verbundenheit unterbrochen. Die Beschäftigung fand immer seltener im Heimatort statt, es entwickelten sich Standorte mit optimaleren Voraussetzungen (aufgrund der Lage oder des Zugangs zu Energie und Transportwegen). Diese Standorte wiesen überdurchschnittliches Wachstum auf und wurden zu den Hotspots der damaligen Zeit. Es handelte sich dabei einerseits um die großen Städte, die bereits um 1900 enormen Zuzug erlebten, andererseits auch um regionale Bereiche – Industrieviertel in Niederösterreich, Obersteiermark, Eisenstraße im niederösterreichisch-oberösterreichischen Grenzgebiet, Vorarlberger Textilindustrie etc.

In diesen Regionen wurden wichtige Produkte hergestellt und dementsprechend Menschen als Arbeitskräfte benötigt. Obwohl die Menschen dazu vielleicht ihre unmittelbare Heimat verlassen mussten, waren sie dennoch in einen regionalen Kreislauf eingebunden, der sicherstellte, dass es nur zu geringen Veränderungen an der Lebensumwelt kam. Diese Verbundenheit drückte sich in allen Lebensbereichen aus. Lebensmittel, alle Güter und die wichtigsten Dienstleistungen kamen aus der Region und wurden in der Region genutzt. Diese regionalen Traditionen beruhten auf dem Wissen, welches in der Region gewonnen, an Veränderungen langsam und harmonisch angepasst wurde und welches zu den regionalen Voraussetzungen den bestmöglichen Bezug hatte. Erst mit Entwicklungen, die – vom

Bürgertum ausgehend – sukzessive die gesamte Bevölkerung umfassten, wurden Veränderungen eingeleitet und ein anderes Bewusstsein und damit auch eine andere Bewertung von Arbeit und Freizeit entstanden.

Die ersten Schritte in Richtung Veränderung

Die ersten Schritte in Richtung Veränderungen wurden durch Sommerfrische und Fremdenverkehr ausgelöst, wobei die räumliche Veränderung temporär erfolgte und Menschen sich räumlich nur geringfügig veränderten. Diese Erfahrungen führten in der Folge sowohl bei den Touristen als auch bei den Gastgebern zu neuen Erwartungen und Sichtweisen.

Als Beispiel für eine dadurch ausgelöste Veränderung kann der regionale Baustil erwähnt werden, der in Österreich erst seit den 60er-Jahren durch andere Einflüsse gewandelt wurde. So wurden in einem Gebiet, in dem traditionell Steildächer üblich und sinnvoll waren, durch Erfahrungen aus anderen Gegenden Flach- und flach geneigte Dächer (Tiroler Almhütten) errichtet. Diese Einschnitte waren nicht regionstypisch und führten zu sprunghaften, wenig vorteilhaften Veränderungen im Ortsbild, aber auch zu einer Beeinflussung des Landschaftsbildes. Damit gingen eine Geringschätzung der eigenen Qualitäten und eine Überbewertung der wenig bekannten, aber angestrebten fremden Formen einher. Wenn das Eigene nichts wert ist, wird das Fremde automatisch überschätzt. Gleichzeitig wird das Eigene, weil es nichts wert ist, nicht geachtet, nicht geschützt und sogar abgelehnt.

In jüngster Vergangenheit wurde diese Entwicklung durch die Globalisierung, sowohl im Hinblick auf Arbeit als auch in Bezug zur Freizeit, zur Gänze umgestoßen, denn es ergaben sich immer größere und komplexere Auswirkungen, die von den Menschen nicht mehr wahrgenommen wurden. Vor allem erlebten sich die Menschen in den seltensten Fällen als Verursacher dieser Veränderungen, sondern diese wurden entweder externalisiert (die anderen) oder globalisiert (USA oder China als große Ressourcenverbraucher und Klimasünder). Die Globalisierung stellt somit die Potenzierung der Idee der Industrialisierung dar. Es werden, unabhängig von den räumlichen Voraussetzungen, Schritte gesetzt, die eine lokale Veränderung und Zerstörung verursachen. Der räumliche Bezug geht verloren und die Menschen sehen ihr persönliches Umfeld nicht mehr mit verantwortungsvollen Augen, sondern mit dem Blick auf Gewinn und Steigerung.

Wir (in Europa) befinden uns inmitten einer Veränderung: weg von der industriellen Gesellschaft hin zur Dienstleistungs- und Wissensgesellschaft. Wir zerstören unsere Umwelt nicht, sondern die negativen Aspekte unserer gesamten Gesellschaft werden ausgelagert. Stahl wird in China oder Indien erzeugt, auch wenn es dort keine Umweltschutzstandards gibt – oder gerade deswegen. Wir lagern unsere Verschwendung aus, indem wir Mülltourismus betreiben. Dies tun wir völlig skrupellos und ohne schlechtes Gewissen, im Gegenteil: Wir stehen noch gut und sauber als Klimaschützer da und können den anderen Vorwürfe machen. Gleichzeitig begeben wir uns damit in die völlige Abhängigkeit von globalen Tätigkeiten, ohne dass wir dafür die globale Verantwortung übernehmen. Diese Entwicklung bedeutet in Europa den Verlust von Arbeitsplätzen in der Industrie. Gleichzeitig besteht damit am tertiären Sektor die Chance, Dienstleistungen, Forschung, Gewerbe und andere personengebundene Tätigkeiten, die lokale, regionale und globale Aufgabenstellungen erfüllen und Veränderungen im regionalen Umfeld ermöglichen, zu stärken. Damit geht eine Veränderung von der industriellen Gesellschaft zur Dienstleistungs- und Wissensgesellschaft einher.

Dieser Trend zur Globalisierung war in der Vergangenheit bestimmend und hat unsere Aufmerksamkeit beansprucht.

Trendumkehr

In den letzten Jahren ist glücklicherweise zum Teil eine Trendumkehr zu beobachten, die Hoffnung auf Veränderung macht. Diese Trendumkehr ist auch darauf zurückzuführen, dass Entscheidungen über die zukünftige Entwicklung einer Region verstärkt durch die Beteiligung der Regionsbewohner erfolgen und so das Wissen und auch die Bedürfnisse aller Beteiligten miteinbezogen werden können. Regionale Entwicklungsstrategien, welche die Prinzipien von Partizipation berücksichtigen, fördern die Vernetzung des politischen, wirtschaftlichen und gesellschaftlichen Handelns und tragen zu einem neuen Regionsbewusstsein bei. Nicht zuletzt durch diese Maßnahmen werden sich immer mehr Menschen wieder ihrer lokalen, regionalen und auch globalen Verantwortung bewusst und versuchen, ihr Leben (Wohnen, Konsum und Arbeiten) so zu gestalten, dass es zu möglichst wenig negativen Auswirkungen auf die natürliche Umwelt kommt und der Ressourcenverbrauch möglichst gering gehalten werden kann.

Das Bewusstsein, dass ich als Mensch mit jeder meiner Aktivitäten zu einer Veränderung meines Lebensumfeldes beitrage, wächst, wenngleich die reale Umsetzung für viele Menschen eine große Herausforderung bedeutet. Als Bewohner einer Region trägt jede/r Verantwortung für den unmittelbaren regionalen Kontext. Dies beginnt beim alltäglichen Leben: Wo wird der Einkauf getätigt? Wird dieser eher im Ort (sofern noch vorhanden) bewerkstelligt oder in der nächstgelegenen Gemeinde mit Supermarkt durchgeführt? Aktivitäten wie die Initiative „Fahr nicht fort, kauf im Ort!“ sind als positive Initiativen zu erwähnen, wenngleich dieser Werbung der zentrale Einkauf und die Konzentration im Handel entgegenwirken. Der scheinbar billigere Einkauf im nächstgelegenen Supermarkt wird relativiert – einerseits durch die Fahrzeiten und andererseits durch die Tatsache, dass meistens größere Mengen eingekauft werden, für die kein aktueller Bedarf besteht.

Die Erfahrungen und Erlebnisse, die wir alle in unserem Leben bereits gemacht haben, verlangen aber auch in unserem Alltag nach Abwechslung, was häufig von den Gewerbetreibenden und Handelsbetrieben nicht befriedigt werden kann. Die Erfahrungen aus Urlauben in fremden Ländern führen zu einer Nachfrage, zum Beispiel nach frischem Fisch, die in der Regel von einem kleinen Handelsbetrieb nicht tagtäglich befriedigt werden kann, weshalb hier ganz neue Modelle der Versorgung zu entwickeln sind, damit einerseits ein wirtschaftlicher Betrieb und andererseits die Befriedigung individueller Bedürfnisse auch im regionalen Kontext gesichert werden können.

Zusammenhang Unternehmen – Region

Der überwiegenden Masse der Menschen ist jedoch der Zusammenhang zwischen Unternehmen und dem Wohlergehen einer Region nicht bewusst. Der lokale Gewerbebetrieb ist einerseits Versorger, andererseits auch Arbeitgeber und sorgt dafür, dass Menschen in ländlichen Räumen Arbeit haben und vor Ort bleiben können, weil häufig nur ein Pendlerdasein die Alternative darstellt.

Diese Zusammenhänge zwischen Menschen und der Befriedigung ihrer Bedürfnisse beziehungsweise Unternehmen und ihrer Bedeutung für den regionalen Wohlstand und das Wachstum sind uns zu wenig bewusst. Es ist daher dringend erforderlich, geeignete

Schritte zu setzen, um dieses Bewusstsein zu schaffen und in der Folge entsprechende Veränderungen zu ermöglichen.

Historisch gesehen waren Gewerbetreibende und Unternehmer wesentliche Mitglieder der lokalen Gesellschaft und sich in der Vergangenheit auch ihrer gesellschaftlichen Verantwortung bewusst. Diese Verantwortung wurde wahrgenommen und es wurde durch die Lehrlingsausbildung ein Potenzial an Facharbeitern geschaffen, das als regionale Ressource wesentlich war und zum Wohlstand einer Region entsprechend beitrug.

In den letzten Jahren wurde für eine attraktive Lehrlingsausbildung wenig getan. Die Probleme werden wieder externalisiert: Die anderen sollen ausbilden. Dass damit aber ein Problem nur vor sich hergeschoben wird, ist vielen Menschen (auch den Verantwortlichen in den Interessenvertretungen) nicht bewusst. Durch lobenswerte Initiativen, die zu einem Regionalbewusstsein beigetragen haben, sind in den letzten Jahren bereits Veränderungen und Verbesserungen erfolgt. Regionale Marken, die das Besondere – ein Produkt aus der Region – hervorheben und gleichzeitig eine gemeinsame Identität schaffen, sind gute Beispiele für ein neues Regionalbewusstsein (Waldviertler Mohn/Styria Beef/Kärnten – Urlaub bei Freunden etc.).

Die regionale Verantwortung der Unternehmen für das Wohlergehen und den Wohlstand einer Region wird aber von der Bevölkerung zu wenig wahrgenommen. In Zeiten der Globalisierung und der Beschleunigung des täglichen Lebens wird es vor allem für kleine Betriebe immer schwieriger, diesen Entwicklungen zu folgen. Die Vermarktung von Prinzipien („Geiz ist geil") führt von der Qualität weg und hin zu „Konsum um jeden Preis". Einzig und alleine der Preis ist der bestimmende Faktor, wobei die damit einhergehenden Auswirkungen (Energieverbrauch/Umweltbelastung/Arbeitsplätze/Ressourcenverbrauch) nicht im Detail bedacht und bewertet werden.

Der kleine Handelsbetrieb kann – ebenso wie der lokale Tischlereibetrieb – mit globalen Unternehmen nicht konkurrieren, aber diese Betriebe sichern regionale Arbeitsplätze und erhalten und stützen regionale Einheiten. Eine Rückbesinnung auf lokale und regionale Werte würde verhindern, dass das einzige Bewertungskriterium der Preis des Gutes ist.

Globalisierung und Beschleunigung

Der fortschreitende Trend zu Globalisierung hat den Ausbruch aus bisherigen Verhältnissen extrem beschleunigt. Die meisten Menschen streben nach Dingen, die in der Vergangenheit (und zurzeit immer noch in der Dritten Welt) wenig Bedeutung haben. Das Immer-mehr und Immer-besser sind Bestandteile des Zeitgeistes geworden. Die Gesellschaft der Vergangenheit oder andere Kulturen der Dritten Welt sind mit einem Genug (zu essen / zu trinken / zum Leben) schon mehr als zufrieden. Wir wollen mehr und mehr, unser bisheriges „gesundes“ Verständnis für das, was uns guttut und für uns genug ist, ist verloren gegangen und wir müssen es wieder (er)finden. Aus diesem Verständnis von „anything goes“ muss ein Wandel werden, weil die globalen Ressourcen eine Beschränkung erforderlich machen. Das Hamsterrad wird durch Mangel an Rohstoffen und Energie zu einem plötzlichen Stopp gezwungen sein, wenn es uns nicht gelingt, diesen Schritt bewusst und mit einem anderen Verständnis und einer anderen Sichtweise zu setzen.

Wie kann ein Weg aus dieser (Fehl-)Entwicklung erfolgen?

Wesentlich scheinen Rückbesinnungen auf die Region, das Dorf oder das Grätzel zu sein. Dort liegen unsere Vergangenheit, aber auch unsere Stärke(n) und unsere Chance. Wir müssen den Bezug zu unseren Werten, zu den Werten der Region, wiederfinden. Diese Werte (Verbundenheit / Nähe / Bezogensein auf / einfaches, gesundes Leben/ Lebensfreude etc.) dienen als Richtschnur für die weitere Entwicklung. So unterschiedlich die Werte sind, können wir sie dennoch als Ausgangspunkt für unterschiedliche Lebensstile nutzen.

Wenn wir uns diese Form der Verantwortung wieder zu eigen machen und dies gemeinsam als Kollektiv tun, haben wir damit eine herausragende Entwicklungschance für Regionen und Gemeinden. Ausgehend von Einzelpersonen sollte sich diese Entwicklung verstärken und mittelfristig zu einer gesellschaftlichen Bewusstseinsänderung führen. In diesem Fall wird es gelingen, das Wissen und die Erfahrungen der Region wiederzubeleben und für die Zukunft nutzbar zu machen. Es gibt dafür keinerlei Pauschalrezepte: Wenn es in der Region A die Ressource einer bestimmten Frucht ist, kann es in einer anderen Region ein Mineralstoff sein und in der Region C eine langjährige Erfahrung in der Verarbeitung eines Produktes. Diese Stärken sind herauszuarbeiten und mit neuen (durchaus globalen) Sichtweisen zu verbinden oder zu kombinieren, sodass ein aktuelles und zukunftsträchtiges Produkt herauskommen kann.

Dieser Schritt ist unserer Erfahrung nach der einfachere Teil der Entwicklung, im nächsten Schritt sind der Aufbau und die Konkretisierung erforderlich. Dazu braucht es Konsequenz, finanzielles Durchhaltevermögen und die Gewissheit sowie das Vertrauen auf ein positives Ergebnis. Es braucht Menschen, die bereit sind, ein Risiko einzugehen, die bereit sind, den Raum des bisherigen Denkens zu verlassen und außerhalb ihrer Komfortzone neues und zukunftsträchtige Dinge zu entwickeln. Es braucht aber auch ein Potenzial in der Region: Menschen, die diese Entwicklung unterstützen, bei neu entstandenen Betrieben kaufen und mit neuen Unternehmen Kooperationen eingehen.

Nur wenn dieses Miteinander von Gründerpersönlichkeiten und einem regionalen Potenzial gegeben ist, kann etwas Kraftvolles zur Stärkung des ländlichen Raumes entstehen. Ausgehend von „Corporate Social Responsibility", also der sozialen Verantwortung von Unternehmen für Menschen (Mitarbeiter und Kunden), muss sich etwas entwickeln, das den räumlichen Kontext berücksichtigt. Wir brauchen eine Entwicklung von „Regional Social Responsibility", in der jeder Bewohner der Region dieses Bewusstsein mitträgt und entsprechend agiert. Diese Veränderung erfordert von uns aktives Handeln: Wir müssen jetzt agieren, anstatt immer nur auf äußere Veränderungen zu reagieren.

Wenn diese Entwicklung in Gang gesetzt wird, erleben Situationen der Vergangenheit ein zeitgemäßes Wiederaufleben. Dann gibt es kurze Wege als Chance in der Region, um den Bedarf zu decken. Dann entstehen neue Arbeitsplätze, wo zuvor niemand Chancen gesehen hat. Dann können aus kleinen Samenkörnern neue innovative Ergebnisse heranwachsen.

Diese Entwicklung bedeutet aber auch, dass andere unterstützende Schritte gesetzt werden müssen, die eine Selbstverstärkung mit sich bringen. Es braucht mehr Bewusstsein für die globalen Veränderungen, wir müssen aus der Geschichte lernen und unsere heutigen zeitgemäßen Schlüsse daraus ziehen. Wir müssen aber auch von der Dritten Welt lernen, globale Veränderungen mittragen und unterstützen, damit weltweit Wachstum in guter Form möglich wird. Nachhaltigkeit und entsprechendes Handeln sind dann Teile eines regionalen und globalen Bewusstseins und verändern unser Leben, das unserer Mitmenschen und erzeugen positive Erlebnisse, welche die Entwicklung wieder verstärken können.

Menschen in Gemeinden und Regionen, die sich als Teile regionaler und globaler Verantwortung sehen, können räumliche Lebensumstände verändern, Verbesserungen bewirken, die – gemeinsam mit den anderen Schritten – einen sich selbst verstärkenden Regelkreis in Gang setzen, der positive Veränderungen mit sich bringen und insgesamt zu einem erfüllteren Leben sowie mehr Freude und Glück führen wird.

Ausbruch aus dem Hamsterrad

Was hat das jetzt mit unserem Leben und dem täglichen Laufen im Hamsterrad zu tun? Wir könnten einmal darauf schauen, was wir alles an positiven Ressourcen und Möglichkeiten haben und wie wir diese nutzen können, damit es für uns und die Menschen in unserer Umgebung anders werden könnte. Veränderungen sind im Kleinen und im Großen möglich und, wenn auch die Veränderung nur einen kleinen Puzzlestein darstellt, ist das Bild danach ein anderes. Jede/r von uns hat es in der Hand, etwas zu verändern. Es ist die Frage: Helfen und unterstützen wir uns dabei oder bauen wir uns gegenseitig Hindernisse auf, damit auch der/die andere im Hamsterrad gefangen bleibt?

Literatur

BAUER-WOLF, Stefan / PAYER, Harald / SCHEER, Günter: Erfolgreich durch Netzwerkkompetenz – Handbuch für Regionalentwicklung, Wien 2008

IVANISIN, Marko: Regionalentwicklung im Spannungsfeld von Nachhaltigkeit und Identität, Wien 2005

UKOWITZ, Martina / GROSS, Horst-Peter / STROHMEIER, Gerhard: Zukunftsgestaltung als Prozess: Kulturell nachhaltige Regionalentwicklung am Beispiel des Kärntner Lavanttales, München 2009

REITHOFER, Andreas: Pilgertourismus an der Via Sacra: Eine Chance für die regionale Entwicklung? Pilgerwege als touristische Modellprojekte für eine nachhaltige Regionalentwicklung, Wien 2008

Forschungsverbund „Blockierter Wandel?“: Blockierter Wandel?: Denk- und Handlungsräume für eine nachhaltige Regionalentwicklung, München 2007

WARREN, Robert: Vitale Gemeinde: Ein Handbuch für die Gemeindeentwicklung, München 2007

SAMHABER, Thomas / TEMPER-SAMHABER, Brigitte: Regionen sind auch nur Menschen, Öhling 2008

Kapitel 12

Eine Orientierung im Dschungel der Tatsachen und Möglichkeiten: Spiral Dynamics integral (SDi)

Robert Pražak

Einleitung

Der Beginn des 21. Jahrhunderts ist geprägt von Turbulenzen, zunehmender Komplexität und wachsenden Ungleichgewichten in Politik, Wirtschaft und Gesellschaft. International und global treten unterschiedliche Vorstellungen von Strategien, Vorgangsweisen und notwendigen Maßnahmen immer deutlicher hervor. Gleichzeitig verändern und verschieben sich Machtmechanismen. Diversitäten werden nicht nur als Chancen für neue Kreativität gesehen, sondern ebenso auch als Ballast, der bestehende Systeme behindert. Unsicherheit und Unverständnis tun ein Übriges, um Belastungen in die Höhe zu treiben. Wie können wir mit dieser Vielzahl an unterschiedlichen, einander widersprechenden und irritierenden Tatsachen umgehen? Gibt es Orientierung im Dickicht unterschiedlichster Strömungen? Sehen wir ein Licht am Ende des Tunnels?

Spiral Dynamics integral gibt Antworten, indem es erklärt, warum Menschen bei unterschiedlichen Bedingungen unterschiedlich denken – und zwar, wie sie denken, nicht, was sie denken. Die Natur des Menschen ist nicht von Geburt an definiert. Vielmehr hat der Mensch mit seinem Gehirn und seinem Geist die Fähigkeit, im Laufe seiner Entwicklung neue konzeptionelle Welten zu schaffen. Neue, veränderte Lebensbedingungen und die damit verbundenen Anforderungen werden mit neuem Denken, neuen Werten, neuen Lebensregeln und neuem Verhalten bewältigt. Gleichzeitig ändern wir unsere Welt aber auch ständig, weil unsere Intelligenz – also unsere kognitive Leistungsfähigkeit – Probleme verstehen, abstrahieren und lösen kann.

Die Ebenen der Entwicklung oder „eine neue Matrjoschka"

Matrjoschkas sind aus Holz gefertigte und bunt bemalte, ineinander verstaubare, eiförmige russische Puppen. Innen befindet sich die kleinste, diese wird in die nächstgrößere gestellt, diese wiederum in die nächstgrößere und so fort. Am Schluss sieht man nur noch eine Puppe, die alle kleineren in sich verbirgt. Genauso verhält es sich mit den Ebenen der Entwicklung: Jede weitere Ebene der Entwicklung schließt alle vorherigen mit ein, verlässt sie also nicht oder lässt sie gar beiseite.

Abb. 1: Matrjoschkas – ineinander verstaubare Holzpuppen aus Russland

Neue Lebensbedingungen oder auch neue Systeme treten nicht wahllos auf, sondern folgen einer bestimmten definierten Abfolge, den Ebenen der Entwicklung. Wenn eine neue Ebene aktiviert wird, verändern wir unsere Werte und Lebensregeln, um uns dieser neuen Ebene anzupassen.

Derzeit sind acht Ebenen bekannt, eine neunte zeichnet sich ab und es wird angenommen, dass weitere Ebenen folgen. Damit leben wir in einem potenziell offenen System mit einer unendlichen Zahl von Lebensweisen. Die Entwicklung des Menschen ist also nicht endlich und es gibt kein Endstadium, das angestrebt werden muss. Diese Ebenen der Entwicklung machen auch keine qualitativen Aussagen, denn sie beschreiben die menschliche Natur in einem universalen Sinn und nicht hinsichtlich einer Bindung an Persönlichkeitsmerkmale oder -typen. Damit gelten die Ebenen der Entwicklung nicht nur für Individuen, sondern auch für Organisationen, Unternehmen und Gesellschaften. Diese Ebenen der Entwicklung sind nicht getrennt voneinander zu betrachten, denn mit der Aktivierung einer neuen Ebene bleiben die bisherigen Ebenen erhalten („Matrjoschkas"), womit die Komplexität zunimmt. Grafisch wird dies als sich nach oben erweiternde Spirale dargestellt (Abb. 2).

Abb. 2: die sich nach oben erweiternde Spirale

Ein Individuum, ein Unternehmen, eine Gesellschaft kann nur auf das positiv reagieren, was gerade der eigenen Ebene der Existenz entspricht. Zum Beispiel werden Werte der eigenen Ebene vorrangig sein und Werte einer anderen Ebene nicht anerkannt oder verstanden werden können.

Spiral Dynamics basiert auf den wissenschaftlichen Arbeiten von Clare W. Graves, Professor für Psychologie am Union College in New York. Graves machte bereits in den 1950er-Jahren die Beobachtung, dass Menschen an Probleme unterschiedlich herangehen und zu ihrer Lösung unterschiedliche Gedanken und Verhaltensweisen zeigten. Nach dem Tod von Clare W. Graves 1986 wurden diese Arbeiten von Don Beck und Chris Cowan unter dem Begriff Spiral Dynamics weitergeführt. 2001 erweiterte Don Beck in Zusammenarbeit mit dem Philosophen Ken Wilber Spiral Dynamics um den Begriff integral, um die Gestaltung von persönlichen, unternehmerischen und gesellschaftlichen Abläufen in dessen AQAL-Modell zu beschreiben und zu ermöglichen (siehe Kapitel „Spiral Dynamics integral – SDi").

Graves war es ein Anliegen, biologische, psychologische und soziale Aspekte zu vereinen, die gemeinsam einen Code für das Verhalten der Menschen darstellten. Er schuf den „bio-psycho-sozialen" Code mit der Bezeichnung „ᵛMemes" (= englisch: meme, gesprochen „miem") für kollektive Intelligenz. Der Begriff Meme stammt von dem Evolutionsbiologen Richard Dawkins und wurde von Graves mit dem Buchstaben v (englisch: value = Wert) ergänzt, um zu zeigen, dass es sich auch und vor allem um Wertesysteme handelt. Somit entstehen mit neuen Lebensbedingungen neue ᵛMemes, also neue Intelligenzen, um diese Lebensbedingungen zu bewältigen, und gleichzeitig formen diese neuen ᵛMemes ihrerseits die Entwicklung der Kultur.

ᵛMemes sind Denkstrukturen, bilden Systeme, bestimmen menschliches Verhalten und können gesunde und ungesunde Eigenschaften hervorbringen. ᵛMemes beschreiben unter anderem Werte, Lebensstile, Gemeinschaftssinn und Bewältigungsmechanismen einer Kultur. In der Folge wird daher nicht von Ebenen der Entwicklung gesprochen, sondern von ᵛMemes.

Struktur und Beschreibung der ᵛMemes

Von den derzeit acht bekannten ᵛMemes befinden sich die ersten sechs in der sogenannten ersten Ordnung, die auch die „Ordnung der Existenz" genannt wird. Die siebente und achte Ebene stehen am Anfang der darauffolgenden zweiten Ordnung, welche die „Ordnung des Seins" genannt wird (Abb. 2). Die einzelnen Ebenen sind durch Farben symbolisiert, um die Kommunikation zu erleichtern. Ausgehend vom ersten ᵛMeme mit der Farbe BEIGE, werden darauf folgend PURPUR, ROT, BLAU, ORANGE und GRÜN innerhalb der ersten Ordnung verwendet sowie GELB, TÜRKIS und KORALLE in der zweiten Ordnung. Diese Farbzuordnungen wurden bereits in den 1970er-Jahren in den USA getroffen und haben daher keinen bewussten Bezug zu gegenwärtigen Parallelen.

Eine weitere Besonderheit aller ᵛMemes ist, dass sie zwischen einem Ich- und Wir-Bezug hin- und herpendeln: Auf eine Ebene mit Ich-Bezug folgt eine mit Wir-Bezug und umgekehrt. Warme Farben (BEIGE, ROT, ORANGE, GELB) kennzeichnen Ich-Bezug, kalte Farben (PURPUR, BLAU, GRÜN, TÜRKIS) Wir-Bezug. Dies zeigt, dass wir alle entweder uns selbst in den Mittelpunkt stellen (Ich-Bezug) oder die Gruppe (Wir-Bezug), bei der wir selbst in den Hintergrund treten.

Im Folgenden werden nicht nur die einzelnen ᵛMemes beschrieben, sondern auch die Übergänge und Auslöser für den Wechsel von einem ᵛMeme zum anderen.

BEIGE – das automatisch-instinktive ᵛMeme

Grundthema: „Ich überlebe!“

Menschen kämpfen – wie auch die Tiere – um das nackte Überleben und befriedigen physiologische Bedürfnisse. Vor etwa 100.000 Jahren setzte dieser erste menschliche Schritt ein und verband Einzelindividuen zu unorganisierten Horden, die Nahrung suchten und Räuber abhielten. Instinktive Intelligenz und erhöhte Sinneswahrnehmungen sicherten das Überleben.

- Instinkt und Gewohnheiten ermöglichen das Überleben
- Nahrung, Wasser, Wärme, Sexualität und Sicherheit haben Priorität
- Lose Horden bieten mehr Schutz, als allein umherzustreunen

Beispiele

- ▸ Naturvölker in Indonesien und Afrika
- ▸ z.T. auch Obdachlose und Opfer von Unfällen und Katastrophen, die ganz auf sich gestellt sind

Übergang zu PURPUR

- Es bildet sich ein bewusstes Selbst
- Ursache und Wirkung werden erkannt
- Angst und Gefahr werden bewusst wahrgenommen
- Die Gruppe wird als Schutz erkannt

PURPUR – das magisch-animistische ᵛMeme

Grundthema: „In der Gruppe / Im Stamm sind wir sicher!“

Die Menschen organisieren sich in einem Stamm/in einer Gruppe und genießen damit Schutz gegen Konkurrenz. Das Gefühl der Zugehörigkeit und der geistig-seelischen Verwandtschaft entsteht: „Ich bin jemand, weil ich zu einem bestimmten Stamm gehöre!" Vor etwa 50.000 Jahren wurde dieser Prozess während der Eiszeit eingeleitet, da Lebensraum knapp war und die Konkurrenz hoch. Mit dem Akzeptieren der Gemeinschaft wird das Individuum gleichzeitig untergeordnet, der Häuptling wird von allen geachtet. Ebenso erwacht erstmals das metaphysische System durch Erkennen von Ursache und Wirkung: Wenn zum Beispiel bei Vollmond ein Schaf stirbt, muss etwas Höheres dafür verantwortlich sein – Geister und Mythen entstehen.

- Das Individuum wird der Gruppe untergeordnet
- Wir sind gegenüber Häuptling, Ältesten, Ahnen und Clan loyal
- Heilige Objekte, Orte, Ereignisse und Erinnerungen werden bewahrt
- Wir befolgen Riten, jahreszeitliche Zyklen und Stammessitten
- Glaube und Gehorsam gegenüber Geistern und mystischen Zeichen

Beispiele

- ▸ Stammesformen
- ▸ Blutsverwandte
- ▸ (Sport-)Vereine
- ▸ landwirtschaftliche Familienbetriebe

Übergang von PURPUR zu ROT

- Entstehen eines dominanten Egos, das sich in der Gemeinschaft eingeengt fühlt
- Der Einzelne ist stärker als die Gruppe
- Gegenspieler und gefährliche Kräfte können durch Konfrontation kontrolliert werden
- Die Auswege und Möglichkeiten in der Gruppe sind beschränkt

ROT – das impulsiv-egozentrische ᵛMeme

Grundthema: „Ich herrsche!"

Der Mensch bricht aus der Gruppe aus, möchte herrschen und Macht demonstrieren, getrieben von dem Gefühl: „Ich bin jemand!" Vor zirka 10.000 Jahren war PURPUR so erfolgreich, dass das Leben im Stamm langweilig wurde. Besonders jüngere Menschen fühlten sich eingeschränkt und begrenzt. Ein unausgebildetes Ich begann, sich freizusprengen.

- Die Welt ist ein „Dschungel" voller Gefahren und Räuber, aber auch voller Abenteuer
- Machtvolles Handeln und Eingreifen dominieren; der Stärkere gewinnt
- Befreiung von jeder Vorherrschaft und jedem Zwang, um selbst nach eigenem Wunsch weiterzukommen
- Ich ist dominant, erwartet Aufmerksamkeit, fordert Respekt und kommandiert Aktionen
- Sinnliche und lustvolle Vergnügen werden intensiv, sofort und ohne Schuldgefühle ausgelebt

Beispiele

- ▸ Feldherren, Eroberer, Entdecker, Pioniere
- ▸ feudalistische Königreiche
- ▸ einige afrikanische Staaten
- ▸ Bandenanführer
- ▸ Strukturvertriebe, Akkordlohn-Prinzip

Übergang von ROT zu BLAU

- Erkennen der eigenen Sterblichkeit
- Streben nach Bedeutung & Sinn im Leben
- erweitertes Verständnis für Zeit und Zukunft
- logisches Denken entsteht
- Wechsel von Egozentrik zu Soziozentrik

BLAU – das absolutistisch-heilige ᵛMeme

Grundthema: „Wir sind prinzipientreu!"

Die Menschen organisieren sich in Systemen, die Sinn und Ordnung schaffen. Sinn bedeutet hier auch eine höhere Autorität wie zum Beispiel der Glaube. Man opfert das eigene Ich zum Wohle der Gemeinschaft und zu einem höheren Zweck. Die Gesellschaft konnte auf Dauer mit der Anwesenheit von ROT nicht mehr zurechtkommen. Dauernde (Wett-)Kämpfe und Kriege lasteten schwer auf den Menschen. Vor etwa 5.000 Jahren erschien BLAU, um einerseits ein System zum Wohle aller zu schaffen (Ordnung, Rechtschaffenheit, Disziplin, Verantwortung etc.), aber auch, um ROT mit teilweise drakonischen Maßnahmen in die Schranken zu weisen (Auge um Auge, Zahn um Zahn).

- Man opfert sich für die Wahrheit, den rechtschaffenen Weg, das, „woran wir alle glauben"
- Ordnung erzwingt einen Verhaltenscode, der auf absoluten Prinzipien beruht
- Gehorsamkeit erzeugt Stabilität in der Gegenwart und garantiert Belohnung in der Zukunft
- Schuldbasierte Gehorsamkeit gegenüber höheren Autoritäten
- Gesetze, Regeln und Disziplin sind wichtige Grundlagen und formen den Charakter und moralisches Rückgrat

Beispiele

- ▸ „Ismen" (z. B. Glaubenssysteme, Ideologien)
- ▸ Bürokratien
- ▸ manche großen nationalen Konzerne (z. T. aus dem Bank- und Versicherungswesen)
- ▸ westliches Militär

Übergang von BLAU zu ORANGE

- Streben nach einem besseren Leben für einen selbst im Hier und Jetzt

- Anzweifeln höherer Autoritäten, um konkrete Ergebnisse zu produzieren
- Suche nach dem einen, besten Weg unter den vielen Optionen

ORANGE – das erfolgreich-strategische ᵛMeme*Grundthema:*
„Handle im eigenen Interesse, verbessere dich und gewinne!"

Die Menschen streben nach Verbesserung, Fortschritt und Förderung. Das Einzelindividuum hat es in der Hand, seine Situation zu verbessern. Bei so vielen Möglichkeiten und Alternativen kann jeder den bestmöglichen Erfolg anstreben. Vor etwa 300 Jahren war BLAU so erfolgreich geworden, dass sich das Einzelindividuum unterdrückt fühlte. Dem Wunsch nach Autonomie und Gestaltungsfreiheit für die Einzelnen stand der Druck, „in der Reihe zu bleiben", gegenüber. Wissenschaft und Forschung werden wichtiger als unbedingter Glaube. Sachliche Beweise, Fakten und Aufklärung werden nun wichtige Werte.

- Veränderung und Verbesserung gehören zum Schema aller Dinge
- Persönliche Weiterentwicklung durch Lernen von der Wissenschaft und Streben nach den besten Lösungen
- Manipulation der Ressourcen der Erde, um ein „gutes" Leben im Überfluss zu kreieren und zu verbreiten
- Verdienter Erfolg für optimistische, risikofreudige und selbstsichere Menschen
- Gesellschaften gedeihen aufgrund von Strategie, Technologie und Wettbewerb

Beispiele

- ▸ Mobilität, Individualität, (Wirtschafts-)Wissenschaft
- ▸ internationale, strategische Konzerne
- ▸ große Dienstleister
- ▸ Börse

Übergang von ORANGE zu GRÜN

- Entdecken, dass materieller Reichtum weder Glück noch Frieden bringt
- Neuerliches Bedürfnis nach Gemeinschaft und erfüllterem Seelenleben
- Sensitivität für vorhandene Unterschiede gegenüber und zwischen anderen

GRÜN – das gemeinschaftlich-egalitäre vMeme

Grundthema: „Wir sind gleich!"

Im Mittelpunkt steht der Mensch. Wir alle sind gleich und streben nach Gemeinschaft und Konsens. Unser Inneres ist wichtig und Materialismus, Wissenschaft und Technologie sind nur oberflächliche Formen des Erfolgs. GRÜN ging aus dem Zeitalter der Industrie hervor und zeigte, dass der Mensch vernachlässigt wurde. Persönliche Ziele verändern sich in GRÜN zu gemeinschaftlichen Zielen.

- Harmonie, Liebe und gegenseitige Unterstützung bekommen einen hohen Stellenwert
- Gefühle und Sensitivität ersetzen kalte Rationalität
- Achtung der Ressourcen der Erde, Chancenverteilung gleichmäßig unter allen
- Unterschiede zu anderen werden respektiert
- Entscheidungen werden über Prozesse von Ausgleich und Konsens erreicht
- Spiritualität und menschliche Entwicklung werden wichtig

Beispiele

- Menschenrechte, Freiheit, Kollektivismus
- Greenpeace
- Ärzte ohne Grenzen

- ▸ Soziale Netzwerke, NPOs, einige NGOs

Übergang von GRÜN zu GELB

- Überdruss am wirtschaftlichen und emotionalen Preis der Zuwendung
- Konfrontation mit Chaos und Regellosigkeit
- Bedürfnis nach greifbaren Ergebnissen
- Eigene Gefühle, Ansichten und Ziele passen nicht mehr zum Kollektiv

Die Ordnung des Seins

Erst in den 1970er-Jahren wurden neue Denkmuster entdeckt, die damals durch ihre Komplexität und neue Lösungsansätze auffielen. Unter anderem spielten Status, Macht oder Prestige bei Entscheidungsfindungen keine Rolle. Vor allem aber fiel auf, dass Angst verschwunden zu sein schien, zum Beispiel die Angst von PURPUR der Gemeinschaft scheinbar nicht mehr angehörte – ebenso wie die Angst von ROT, keine Macht mehr zu haben; die Angst von BLAU, in der Zukunft keine Erlösung zu bekommen; die Angst von ORANGE, keine persönlichen Erfolge zu haben, und die Angst von GRÜN, nicht mehr akzeptiert zu werden. Diese neuen Denkmuster unterschieden sich so sehr von allen bisherigen, dass die Vermutung nahelag, hier entstünde etwas grundlegend Neues und nicht nur ein weiteres, neues ᵛMeme. Graves publizierte diese Beobachtung in einem Artikel mit dem Titel „Human Nature Prepares for a Momentous Leap" (The Futurist, April 1974, p. 72-87) zu einem Zeitpunkt, an dem sich der politische, technologische und wissenschaftliche Stand der damaligen Gegenwart bedeutend vom heutigen unterschied.

Dieser „bedeutende Sprung" ist der Sprung von der Ordnung der

Existenz in die Ordnung des Seins. Voraussetzungen für den Wechsel in die Ordnung des Seins sind die Integration aller sechs vMemes der ersten Ordnung und die Akzeptanz all dieser vMemes. Wie bereits vorhin beschrieben, können Individuen, Organisationen und Gesellschaften nur dann positiv reagieren, wenn die an sie gestellten An- und Herausforderungen ihrem aktuellen vMeme entsprechen. Andere werden nicht oder nur schwer erkannt und verstanden oder können nicht erkannt und verstanden werden. Das heißt also, dass alle vMemes der ersten Ordnung davon ausgehen, dass sie selbst die richtigen Lösungen für alles kennen. Aber erst wenn alle sechs vMemes der ersten Ordnung durchlebt, integriert, akzeptiert und letztlich als mangelhaft erkannt wurden (im Sinne von: „Ich alleine bin richtig“), ist ein Sprung in die zweite Ordnung möglich. Ich bezeichne die erste Ordnung auch als die Ordnung des Egos und die zweite Ordnung als die der Seele und des Geistes.

Aktuelle Schätzungen gehen davon aus, dass kaum ein Mensch das siebente und achte vMeme in voller Ausprägung lebt. Allerdings gibt es Komponenten, Teile oder Versionen von GELB und TÜRKIS in einzelnen Menschen, sodass ein gemeinsamer Dialog dieser „kreativen Köpfe“ auf breiter Basis hilfreich und wahrscheinlich sogar notwendig wäre, um die weitere Entwicklung des Menschen zu gestalten, denn die gute Nachricht ist: Es wird besser – und es geht gar nicht anders!

GELB – das integrative vMeme

Grundthema: „Lerne und lebe ein erfülltes und verantwortungsvolles Leben!“

- Das Leben ist eine bunte Mischung aus natürlichen Hierarchien, Systemen und Formen

- Die Existenz und das Sein werden höher geschätzt als materieller Besitz
- Ich habe keine Angst
- Flexibilität, Spontaneität und Funktionalität haben die höchsten Prioritäten
- Unterschiede können in einem miteinander verbundenen, natürlichen Flow integriert werden
- Chaos und Veränderung sind natürlich

Übergang von GELB zu TÜRKIS

- Erkennen von Ordnung im Chaos
- Suche nach Leitprinzipien
- Ein gesamtheitliches Problem für die Erde entsteht, wenn Technologie alles und alle vernetzt
- Spiritualität erscheint in der Wissenschaft (z. B. Physik)
- Erkenntnis, dass die großen Fragen von GELB nicht von Einzelnen beantwortet werden können

TÜRKIS – das holistische vMeme

Grundthema: „Wir erfahren die Ganzheit der Existenz durch Geist [mind] und kosmisches Bewusstsein!“

- Die Welt ist ein einziger, dynamischer Organismus mit einem eigenen, kollektiven Geist
- Das Selbst ist sowohl ein eigenständiger als auch mit einem größeren, mitfühlenden Ganzen verbundener Teil
- Alles ist mit allem in ökologischer Ordnung verbunden
- Energie und Information durchdringen das gesamte Umfeld der Erde
- Holistisches, intuitives Denken und kooperatives Handeln von allen

KORALLE – das (derzeit) unbekannte ^{v}Meme

Genaueres über dieses ^{v}Meme ist (noch) nicht bekannt. Während die beiden vorhergehenden ^{v}Memes für Synergie und Integrieren einerseits und Ganzheitlichkeit und Weisheit andererseits stehen, wird KORALLE vielleicht für andere da sein (es ist ein Ich-^{v}Meme), bei der Umsetzung von GELB und TÜRKIS helfen oder transpersonal, transzendent und erleuchtet sein oder …?

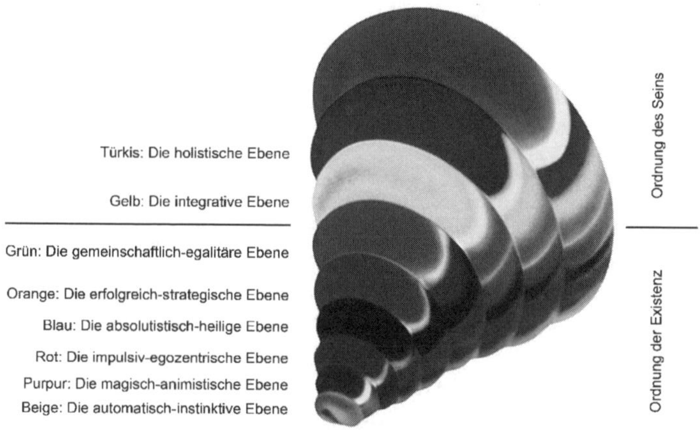

Abb. 3: Acht Ebenen in zwei Ordnungen
(Quelle: Dr. Beck, National Center, Denton, Texas)

Tatsächlich verläuft die Entwicklung über alle ^{v}Memes nicht zwangsläufig linear (das heißt, jeder Mensch und jedes System beginnen nicht unbedingt bei Beige und durchlaufen Schritt für Schritt weitere ^{v}Memes). Verschiedene Umstände können ^{v}Memes zurückdrängen, überspringen oder nur kurz erleben lassen. Wenn vorhergehende ^{v}Memes nicht durchlebt und damit integriert wurden, können sich in den höheren kein dauerhafter Erfolg, keine Zufriedenheit und kein Wohlbefinden einstellen. Nicht durchlebte vMemes sind unbekannt und werden (meist) abgelehnt. Dies gilt auch für vMemes, die auf der Spirale noch vor einem liegen.

Jedes vMeme zeigt sowohl gesunde als auch ungesunde Ausprägungen. Diese ungesunden Ausprägungen stehen am Ende der jeweiligen vMeme-Phase und leiten die Aktivierung eines neuen vMemes ein. Beispiel: ORANGE strebt nach persönlichem Erfolg, lernt und bildet sich weiter. In der ungesunden Ausprägung entstehen Rücksichtslosigkeit, Gier und Egoismus. Die Reaktion darauf ist die Aktivierung von GRÜN, in dem Gemeinschaft, Gerechtigkeit und Menschlichkeit im Mittelpunkt stehen. Weitere ausgewählte Beispiele für ungesunde Ausprägungen einzelner vMemes:

PURPUR	Aberglaube, Gewalt, Fügsamkeit
ROT	Grobheit, Egoismus
BLAU	Intoleranz, Vorurteile, gewalttätige „Ismen"
ORANGE	Materialismus, Gier, Ausbeutung
GRÜN	Ablehnen von Hierarchie, Narzissmus, Geringschätzung von ORANGE und BLAU

Die Verteilung der Menschheit über alle vMemes kann derzeit nur geschätzt werden. Konkrete Zahlen sind entweder veraltet oder erst in Ausarbeitung. Aktuelle Schätzungen gehen davon aus, dass sich die Mehrheit der Menschen in Nordamerika und Europa überwiegend in ORANGE befindet, die anderen Regionen der Erde in ROT und BLAU leben.

SDi ermöglicht zu erkennen, wer wo innerhalb der Spirale steht. Mit diesem Wissen um die Position innerhalb der Spirale und den sich daraus ergebenden Unterschieden in den Wertesystemen, im Denken und Handeln werden das Umgehen und Auskommen miteinander leichter. Gemeinsame Ziele werden erfolgreich erreicht, weil

Unterschiede respektiert und integriert werden. „Ich weiß, wo ich stehe, ich weiß, wo du stehst, und ich weiß, wie wir damit umgehen können – damit wird vieles leichter!“

Spiral Dynamics integral (SDi)

Während Spiral Dynamics sehr erfolgreich die Entwicklung von Individuen, Organisationen und Gesellschaften beschreibt und verständlich macht, geht SDi weiter und verwendet das AQAL-Modell von Ken Wilber, um Spiral Dynamics in gesamtheitliche persönliche, organisatorische und gesellschaftliche Abläufe zu integrieren. Damit wird es möglich, strategische und systemische Verknüpfungen und Ansätze zu schaffen, die eine neue Gestaltung der Gegenwart und Zukunft unter den veränderten Bedingungen gewährleisten. Integraler Ansatz bedeutet, in jeder Situation des beruflichen, privaten oder gesellschaftlichen Lebens alle Hilfsmittel und Möglichkeiten zur Verfügung zu haben, um Aufgaben zu bewältigen oder Probleme zu lösen.

Das AQAL-Modell (All Quadrants, All Levels – alle Quadranten, alle Ebenen) beantwortet die Frage, wie ein System aussehen muss, indem alle Menschen mit ihren Meinungen, Theorien und Aussagen (zumindest zum Teil) recht haben. Ausgehend von Einzelindividuum („Ich“) und Gruppe („Wir“) einerseits und der Wahrnehmung innerlich („Es“) oder äußerlich („Es‘s“) andererseits, entstehen – matrixartig übereinandergelegt – vier Quadranten. Mit dem Zusatz von Bewusstseinsebenen, Entwicklungslinien, Bewusstseinszuständen und Typen ergibt sich eine integrale Methode, die auf jedes Ereignis und jede Situation angewendet werden kann (Abb. 4).

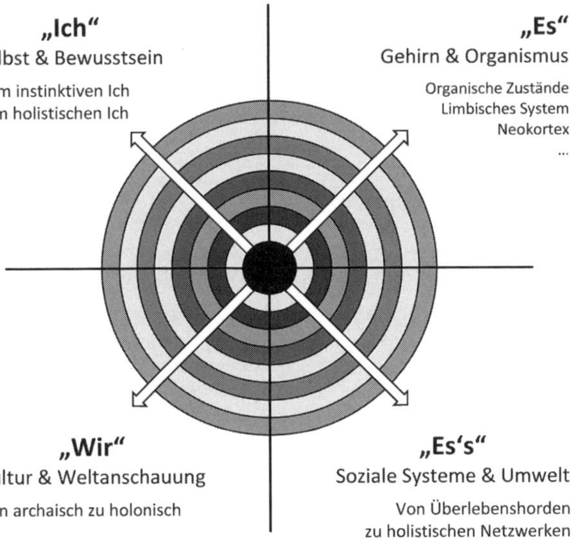

Abb. 4: Die integrale Methode von SDi

Beispiele von ORANGE und GRÜN

In den USA wurde 2008 vom damaligen Präsidentschaftskandidaten und heutigen Präsidenten, Barack Obama, der Slogan „Change“ geprägt. Zufall? Tatsache ist, dass Don Beck Kontakt zu den Wahlkampfberatern von Barack Obama hatte. Damals wurde in den USA ausgesprochen, was nicht nur dort die Menschen bewegte: notwendige Veränderung. In der westlichen Welt haben die Menschen genug von den ungesunden Ausprägungen von ORANGE und neue Lösungen sind gefragt. Aus der Sicht von SDi sind die am Ende der Periode von ORANGE sichtbaren ungesunden Ausprägungen Anzeichen für die Aktivierung eines neuen ᵛMemes – GRÜN. ORANGE zeigt durch Gier, Finanzkrise, Ausbeutung, Jobunsicherheit (die Medien sind voll davon) nicht nur sein negatives Gesicht, sondern auch seine momentane Unfähigkeit, die Probleme mit neuen Ansätzen wirklich anzugehen. Die teilweise gelungenen Versuche der Problemlösung, wie zum Beispiel Garantien vom Staat zu bekommen, sind Rückschritte von ORANGE zu BLAU, doch GRÜN steht vor der Tür. Das heißt nun nicht, dass sich ein Unternehmen in ORANGE mehr oder weniger einfach in GRÜN verwandeln kann, denn GRÜN kennt keine Gewinnorientierung und -maximierung. Allerdings können Unternehmen in ORANGE sehr wohl Elemente von GRÜN übernehmen und integrieren. Sie schaffen damit menschliche Unternehmen, die guten Gewinn machen und trotzdem den Menschen und sein Wohlbefinden in den Mittelpunkt stellen. Sehr erfolgreiche Beispiele dafür wurden im Jänner 2010 in Wien bei der internationalen Konferenz „Wachstum im Wandel" vorgestellt (www.wachstumimwandel.at). Dabei zeigt sich klar, dass Unternehmen als gewinnorientierte Organisationen sehr wohl ORANGE sind und dies auch gut ist (nicht umsonst steht schon im Handelsgesetz sinngemäß, dass ein guter Kaufmann Gewinne machen muss), allerdings sind die verantwortlichen Führungskräfte zumindest großteils in GELB und damit in der Lage, die Spirale in ihrer ganzen Bandbreite auszunützen.

Wie hieß es vorhin: „Nicht durchlebte vMemes sind unbekannt und werden abgelehnt. Dies gilt auch für vMemes, die auf der Spirale noch vor einem liegen." Wie kann ORANGE GRÜN verstehen und akzeptieren? Und wieso kann GRÜN ORANGE nicht ansprechen?

GRÜN hat eine distanzierte Haltung zu ORANGE, aber es nutzt und verlangt die von ihm geschaffenen Ressourcen, um für alle sorgen zu können. Viele gut gemeinte Programme des Sozialstaates sind dabei allerdings missglückt und haben sich ebenfalls als nicht geeignete Lösungen gezeigt. GRÜN ist natürlich ein ausgezeichnetes System, aber es nimmt an, dass sich alle an dem Wohlstand erfreuen, den es selbst erreicht hat, denn nur wer in ORANGE erfolgreich war, kann beginnen, in GRÜN zu denken – sofern die Entwicklung entlang der Spirale kontinuierlich verlief, sofern also GRÜN ORANGE durchlebt und integriert hat. Allerdings verhindern eine Verteufelung oder ein Ausblenden der ökonomischen Strukturen von ORANGE und der autoritären Systeme von BLAU nicht nur eine Stabilisierung, sondern ermöglichen auch ROT, sich auszubreiten (erinnern wir uns: BLAU hält ROT durch Autorität und Disziplin und ORANGE hält ROT durch Zielbewusstsein in Schach). Unkontrolliertes ROT ist egozentrisch und impulsiv und in Verbindung mit GRÜN die Basis für die ungesunden Ausprägungen von GRÜN: Narzissmus, Predigten mit erhobenem Zeigefinger und egoistische Glaubenssysteme rund um „political correctness" sind nur einige Beispiele dafür.

Wie betont, ist GRÜN ein wunderbares ᵛMeme, das in seiner gesunden Ausprägung die Tür zur zweiten Ordnung aufhalten kann, wenn es alle vorhergehenden ᵛMemes als gleichwertig erkannt, akzeptiert und integriert hat. GRÜN steht für einen Wandel der Werte vom rein Äußerlichen zum Inneren, Menschlichen. GRÜN steht für Bruttonationalglück statt Bruttonationalprodukt – für eine Veränderung vom Wachstum des Materiellen zum Wachstum des Wohlbefindens.

Bunt gewürfelt: weitere Beispiele

- Auf die spätmittelalterliche und frühneuzeitliche Inquisition folgte etwa ab dem 17. Jahrhundert das Zeitalter der Aufklärung: BLAU hatte durch ungesunde Ausprägungen (Drohungen, wie z. B.: „Du wirst nicht in den Himmel kommen!") oder drakonische Strafen (Inquisition, Hexenprozesse) die Basis für die Aktivierung von ORANGE geschaffen. Dem unbedingten Glauben, der brutal eingefordert wurde, folgte das aufklärerische „Wissen ist alles" mit hohem Stellenwert für Beweise, Sachlichkeit und Fakten, denn „Glauben ist zu wenig".

- Rapper begrüßen sich unter anderem mit „Respect, man, respect!": ROT herrscht und dominiert und fordert Ehrfurcht.
- Im Nationalsozialismus des 20. Jahrhunderts waren auch germanische Symbole und Riten Bestandteile der Massenmanipulation: Obwohl damals alle ᵛMemes bis ORANGE vorhanden waren, hat die Politik (bewusst oder unbewusst?) das erste gemeinschaftliche ᵛMeme – nämlich PURPUR – verwendet, um mit dessen Werten (Stamm, Familie, Volk) und Ängsten (z. B., nicht mehr dazuzugehören) möglichst alle Menschen zu erreichen.
- Klimagipfel in Kopenhagen 2009 gescheitert: Europa ist Vorreiter in Sachen Klimaschutz (GRÜN), andere Regionen der Welt sind ORANGE (USA) oder ROT und BLAU (Afrika, Asien). Ein ᵛMeme, das in der Spirale weiter oben liegt, wird nicht verstanden oder kann nicht verstanden werden. Ein Kommentator in deutschen Medien berichtete damals: „Europa wird erkennen, dass es seine Botschaft nicht transportieren konnte, und es wird notwendig sein, dazu andere Wege und Möglichkeiten zu finden." GRÜN konnte mit der ihm eigenen Art zu kommunizieren in anderen Regionen nicht ankommen.
- Outdoor- und Überlebensseminare boomen: bewusste und unbewusste Sehnsucht nach BEIGE, der Überlebensebene, durch intensives Erleben von Grundbedürfnissen.
- Große Unternehmen, die in finanziellen Schwierigkeiten stecken, rufen nach Hilfe vom Staat: ORANGE sucht Hilfe im davorliegenden BLAU (Staat), weil es GRÜN beziehungsweise Elemente davon als neue Möglichkeit(en) (noch) nicht erkennt oder erkennen kann.
- Unternehmen in ORANGE scheitern bei Akquisitionen in anderen Ländern, weil die Sprache von ORANGE andere ᵛMemes nur

schwer erreicht. ROT braucht Respekt und Eigennutzen, BLAU Hierarchien und Regeln, GRÜN den Gemeinschaftssinn und das Egalitäre, während ORANGE von Erfolg, Chancen und Status für jeden, der flexibel ist, spricht.

Und wenn es mir selber schlecht geht – Bowling am Tennisplatz?

Wenn es mir selber schlecht geht und ich „im Stress" bin, sind damit konkret Distress oder Überforderung gemeint. Meine Aufgaben überlasten mich, vielleicht komme ich auch mit meinem Umfeld nicht zurecht und laufende Veränderungen belasten mich zusätzlich. SDi hilft, meine eigene Position innerhalb der Spirale zu sehen, meine eigenen Prioritäten und Wertesystem zu erkennen und auch die mich umgebenden und beeinflussenden Wertesysteme.

Aus dieser Analyse meiner eigenen Position und der meines Umfeldes innerhalb der Spirale können Konflikte erkannt werden. Beispiel: Ich befinde mich mehrheitlich in BLAU und mein Umfeld ist mehrheitlich ORANGE. Ich brauche und suche klare Strukturen, Hierarchien und definierte Abläufe. ORANGE aber erwartet von mir, dass ich flexibel alle sich mir bietenden Möglichkeiten nutze, um zum Ziel zu kommen. Da ist es auch okay, einmal – am Chef vorbei – gleich zur nächsten Abteilung zu gehen oder Mails an alle Leute zu schicken, von denen ich glaube, dass sie mir nützen könnten. Dieses ORANGE ist mir unangenehm.

Daraus ergeben sich zwei Möglichkeiten: 1) Ich suche aktiv für mich eine Aufgabe, Position oder ein Unternehmen, das mir das bietet, was meine stärkste Ausprägung – BLAU – braucht. 2) Wenn das, aus welchen Gründen auch immer, nicht oder nicht so schnell möglich ist, erkenne und verstehe ich die Spielregeln von ORANGE. Das verhindert schon einmal einen großen Teil der negativen Energien, die dieser Konflikt verursacht, und ich kann bewusst die Spielregeln von ORANGE lernen. Wenn nun ORANGE – symbolisch gemeint – ein Tennisplatz wäre und BLAU eine Bowlingbahn repräsentieren würde, kann ich also lernen – vielleicht nicht gut, aber leidlich – Tennis zu spielen. Wenn ich aber bei meinem Spiel – Bowling – bliebe, würde ich Bowling auf dem Tennisplatz spielen.

Veränderungen? Veränderungen!

Menschen können gezielt Veränderungen herbeiführen, um sich und Systeme an neue Situationen anzupassen. In der täglichen Managementpraxis zeigen Change-Prozesse dabei nicht immer den erwünschten Erfolg: Gute Konzepte werden nicht umgesetzt, Mitarbeiter wehren sich bewusst oder unbewusst oder der Wille ist da, aber das Können fehlt und umgekehrt etc. SDi kennt zehn Regeln der Veränderung, die alle eingehalten beziehungsweise vorhanden sein müssen, um eine Veränderung erfolgreich durchzuführen.

- Im System, in der Kultur oder im Land muss ein *Potenzial* für Veränderungen vorhanden sein. Da eine Veränderung neues Denken verlangt, sind auch die Fähigkeiten und Strukturen notwendig, dieses neue Denken zu verstehen und eine Umsetzung daraus abzuleiten. Geschlossene oder blockierte Systeme werden zwangsläufig nicht offen gegenüber Veränderungen sein.
- Bestehende oder vergangene *Probleme* und Gefahren sind vorher *beseitigt* worden. Wenn „die Hunnen vor den Toren stehen", gibt es keinen Fortschritt, denn alle Energien werden für die Lösung bestehender Probleme benötigt. Nur positive Zustände ermöglichen komplexes und freies Denken und haben die notwendige freie Energie, die auch an neuen Dingen interessiert ist.
- *Dissonanzen* müssen im System vorhanden sein. Solche Unstim-

migkeiten ermöglichen erst das Erkennen, dass etwas „schiefläuft". Die Kluft zwischen den Lebensbedingungen und den bisherigen Methoden zur Problembewältigung wird bewusst wahrgenommen, denn alte oder bisherige Lösungen versagen.

- Nach dem Erkennen der Unstimmigkeiten ist das Verständnis für die wahrscheinlichen *Ursachen* notwendig – das Verstehen neuer *Notwendigkeiten* und ihrer *Alternativen*. Dazu gehört auch zu verstehen, wie und warum Systeme entstehen, verfallen und reformiert werden können.
- *Kraft und Energie* sind notwendig, um Menschen, Systeme und Ressourcen zu aktivieren. Um Veränderungen zu erreichen, ist nicht nur eine Initialzündung notwendig, sondern es sind auch laufende Anstrengungen zu unternehmen, um den Veränderungsprozess nicht nur aufrechtzuhalten, sondern auch immer wieder neue Stimuli zu liefern.
- *Planung* des „Von-wo-nach-wohin". Planung zeigt Möglichkeiten auf und gibt Richtungen vor. Sie zeigt somit auch, welche Veränderungen sein werden – den Unterschied zwischen dem Jetzt und dem Danach. Solche Veränderungen können neue oder andere Lebensinhalte, die Entwicklung von Ebenen oder auch neue Inhalte sein. Wenn in der Planung auch ein klares und offenes „Warum?" definiert ist, werden mit den richtigen Werten und der passenden Sprache Anreize zu Bewegung und Veränderung geschaffen werden.
- Einsetzen und *ausnützen von Wendepunkten* im Veränderungsprozess. Ungewöhnliche und neue Situationen sowie Momente (vom erreichten Zwischenziel bis zu unerwarteten Schwierigkeiten) bieten Chancen zur weiteren Potenzialnutzung und können visionäres Denken erhöhen und neuerliches Handeln einleiten. Überraschungen und unerwartete Ereignisse bieten die Gelegenheit, den Prozess weiter zu klären, zu aktualisieren und neuen Schwung in die Sache zu bringen.

- *Interne und externe Hindernisse* müssen erkannt und beseitigt werden. Wie stehen zum Beispiel Menschen, Strukturen, „das System“, Familie/Freunde, die Gesellschaft etc. der geplanten Veränderung gegenüber? Gibt es Ablehnungen und Vorwände? Sind diese offen oder versteckt? Werden sie gemeinsam offen angesprochen? Das Beseitigen von Hindernissen kann auch mit Schmerzen verbunden sein, dessen Folgen müssen einkalkuliert werden, denn letztendlich kann nur auf einer festen Basis, auf der alles geklärt ist, neu gebaut werden.
- *Unterstützung* und *Konsolidierung* des neuen Denkens und der neuen Vorgehensweise nach der Veränderung. Wenn alles gelaufen ist, können die Hände nicht in den Schoß gelegt werden. Um die neue Situation zu stabilisieren, sind oft emotionale, finanzielle, strukturbezogene oder soziale Unterstützungen notwendig. Ebenso sind Anlaufschwierigkeiten einzuplanen: Verwirrung, Fehlstarts, schwierige Anpassung und andere. Schließlich ist noch kein Meister vom Himmel gefallen und es kann bei anfänglichen Schwierigkeiten Angriffe „aus dem Untergrund“ geben. Rechnen Sie damit und planen Sie das ein, denn Enttäuschung und Frustration sind gute Nährböden für Subversionen.
- Vorausschauend abschätzen, welche *neuen Probleme* aus der Veränderung entstehen könnten. Auch wenn die Veränderung gelungen und neues Denken etabliert ist, heißt das nicht, dass nun für alle Zeiten alles gut ist. Welche neuen Probleme könnten aus der erfolgreichen Lösung der alten Probleme entstehen? Hier bereits erfolgreiche und integrale Lösungen anzudenken, ermöglicht es künftig leichter, neue Veränderungen anzugehen.

Clare W. Graves hat schon früh festgestellt, dass der Geist *[mind]* jedes ᵛMemes der ersten Ordnung überzeugt ist, bereits alle Lösungen zu kennen. Dies kann zusätzlich ein Verständnis für Veränderungen in neue vMemes erschweren und es erklärt auch, warum ein vMeme nicht in der Lage ist, die Probleme zu lösen, die es selbst verursacht hat.

Zusammenfassender Überblick

- SDi ist keine Typologie, um Menschen und Systeme in Schubladen zu stecken
- SDi beschreibt Veränderungen aufgrund von aufeinander aufbauenden Ebenen der Entwicklung, sogenannten vMemes
- Es gibt bisher acht vMemes, von denen sechs in der ersten Ordnung („Existenz“) und zwei in der zweiten Ordnung („Sein“) sind (der Einfachheit halber werden sie durch Farben symbolisiert)
- In jedem vMeme denken Menschen anders, aber nicht etwas anderes!
- SDi ist nach oben offen, es gibt voraussichtlich weitere vMemes, die wir heute noch nicht kennen
- SDi sagt nichts über Intelligenz, Alter, Geschlecht, Herkunft oder andere demografische Faktoren aus
- Kein vMeme ist besser oder schlechter als andere, vMemes werden lediglich komplexer, weil sie aufeinander aufbauen und vorherige vMemes einschließen
- vMemes schließen einander nicht aus; eine Person (Organisation, Kultur etc.) kann in mehreren Ebenen gleichzeitig sein (z. B. beruflich in ORANGE, privat in BLAU, in der Freizeit in PURPUR) leben
- vMemes werden nicht immer linear durchlaufen und nicht immer von BEIGE bis TÜRKIS
- Veränderungen können unter bestimmten Regeln und Bedingungen herbeigeführt werden

So einfach SDi in seinen Grundzügen zu verstehen ist, so komplex und vielschichtig ist es im Detail. Clare W. Graves sprach von einem „sich entwickelnden, zyklischen Doppel-Helix-Modell der erwachsenen, menschlichen bio-psycho-sozialen Systeme". Trotzdem zeigt die jahrzehntelange, weltweite Erfahrung, dass damit ein äußerst praxisnahes Modell vorliegt, das bei Individuen, Organisationen und Gesellschaften erfolgreich eingesetzt werden kann.

Sie werden daher an dieser Stelle keine speziellen Verweise zu anderen Autoren in diesem Buch finden. Lesen Sie alle Beiträge, denn überall gibt es die eine oder andere mit SDi erklär- und beschreibbare Information! Ich wünsche Ihnen viel Lesevergnügen!

Literatur, Weblinks

BECK, Don; Website: http://www.spiraldynamics.net

BECK, Don Edward / COWAN, Christopher C. (2007): Spiral Dynamics – Leadership, Werte und Wandel – Eine Landkarte für Business und Gesellschaft im 21. Jahrhundert. Bielefeld: J. Kamphausen Verlag & Distribution GmbH. ISBN 978-89901-107-4

BECK, Don Edward / COWAN, Christopher C. (1996): Spiral Dynamics – Mastering values, leadership and change. Oxford: Blackwell Publishing. ISBN 1-4051-3356-2

BECK, Don. Die endlos aufwärts führende Suche – Die praktische und spirituelle Weisheit der Spiral Dynamics. Ein Interview mit Dr. Don Beck von Jessica Roemischer. IN: WIE - What is enlightenment, Magazin http://www.wie.org/de/j8/beck.asp

BÄR, Martina et. al. (2007): Unternehmen verstehen, gestalten, verändern – Das Graves-Value-System in der Praxis, Wiesbaden: Betriebswirtschaftlicher Verlag Dr. Th. Gabler | GWV Fachverlage GmbH. ISBN 978-3-8349-0291-7 Wiesbaden

GRAVES, Clare W. (2005): The Never Ending Quest. COWAN, Christopher / TODOROVIC, Natasha (Hrsg.). Santa Barbara, CA: ECLET Publishing. ISBN 978-0-9724742-1-4

MCINTOSH, Steve (2009): Integrales Bewusstsein und die Zukunft der Evolution. Hamburg: Phänomen-Verlag. EAN 978-3933321-75-6

WILBER, Ken (2001): Ganzheitlich handeln – Eine integrale Vision für Wirtschaft, Politik, Wissenschaft und Spiritualität. Freiamt: Arbor Verlag. ISBN 3-924195-69-2

Kapitel 13

Newplacement – ein Weg aus der Hamsterrad-Falle

Alexander Norman

Einleitung

Eigentlich hat alles so gut begonnen und sich natürlich entwickelt: Wirtschaftliches Wachstum hielt sich lange Zeit in Grenzen, nach den Weltkriegen hat ein rasanter Wiederaufbau ein globales Wettrennen in vielen Disziplinen ausgelöst, das fast kein Thema ausließ und bis zur Mondlandung führte. Grenzenloses Wachstum war angesagt und scheint es noch heute zu sein – trotz der kritischen Hinweise auf begrenzte Ressourcen und die ökologische Verwundbarkeit unseres Planeten. Nun sehen wir uns in einer Arbeitswelt, die von Gier und Habsucht getrieben ist, von grenzenloser Machtausübung und ungerechten Verteilungsmechanismen – betriebswirtschaftlich salonfähig als „Gewinnmaximierung" und „Shareholder Value-Orientierung" ausgedrückt. Ein unübersehbares Auseinanderdriften von Finanz- und Realwirtschaft hat das Gleichgewicht nicht nur zerstört, sondern die unterschiedlichen Gesetzmäßigkeiten beider haben die noch vorhandenen gesunden Strukturen verletzt. Eine massive Arbeitsverdichtung als Mittel zur Produktivitätssteigerung hatte einen massiven Abbau von Arbeitskräften, zunächst in der Realwirtschaft, zur Folge – Stichwort: Handy-Formel (nach Charles Handy). Die Hälfte der Mitarbeiter produziert die doppelte

Menge (wenn auch unter Einsatz neuester Technologien und kassiert das dreifache Gehalt), begeisterte nicht nur Unternehmer, sondern motivierte auch jene, die zu diesem Kreis „Auserwählter" gehörten, welche die Nutznießer dieses Gesetzes waren. Entsprechend dem von Handy entworfenen Modell des „Shamrock", reduzierte sich die Stammbelegschaft auf einen Bruchteil. Allenfalls wurden Zeitarbeiter zur Spitzenabdeckung eingesetzt, Dienstleistungen wurden an externe Anbieter „outgesourced" und fallweise Projekte an Außenstehende abgegeben. Dies war insbesondere dann der Fall, wenn es sich um einmalige Arbeiten und Aufträge, die in der Regel befristet waren, gehandelt hatte. Diese Entwicklung hat sich bis zu jenen Phänomenen, die wir in unseren Tagen erleben, unaufhörlich fortgesetzt – beispielsweise eine Überproduktion an Gütern und Dienstleistern, die niemand mehr in dem Umfang benötigt (z. B. von Automobilen). Eine Fortsetzung von Restrukturierungen, Verlagerungen und Cost Cuttings, um am Weltmarkt wettbewerbsfähig zu sein. Die Unfähigkeit der Verteilung von Gütern an Länder der Dritten Welt und gleichfalls die Unfähigkeit, gesunde Strukturen in unterentwickelten Ländern aufzubauen und damit politisch stabile Regierungen und Verwaltungen zu errichten, sind ebenfalls Konsequenzen. Es ist wichtig, diese Dimension makroökonomischer Einflüsse beziehungsweise Tatsachen zur Kenntnis zu nehmen, denn dadurch wird einerseits die Komplexität des Hintergrundes klar und andererseits kann man daraus die Schwierigkeit einer Veränderung in Richtung gerechterer Verteilung und Bewältigung damit verbundener Probleme und Krisen besser verstehen.

Gerade deshalb ist es wichtig, den einzelnen Betrieb, den Unternehmer und das Individuum zu fokussieren. Jeder ist in irgendeiner Weise betroffen und hat mehr oder weniger die Chance, aus diesem Getriebe auszubrechen beziehungsweise es im Rahmen seiner Möglichkeiten zu verändern, denn je genauer man die Vorgänge, Regeln und Rahmenbedingungen betrachtet, desto leichter lassen sich Handlungsspielräume, Veränderungsmöglichkeiten und Weichenstellungen für Entwicklungen, die in eine andere Richtung gehen, erkennen.

Newplacement – eine Möglichkeit des Ausbruches

Newplacement steht für eine berufliche Neuorientierung, die aus den verschiedensten Motiven ausgelöst werden kann. In unserem Kontext ist es die Weigerung, sich meist aufgrund ökonomischer Zwänge in ein vielfach unmenschliches System einzugliedern und unterzuordnen. Es kann mit dem üblichen Stress beginnen, der durch Überforderung entsteht, die nicht rechtzeitig und adäquat bearbeitet wird. Möglichkeiten, dagegen etwas zu tun, sind Pausen, Auszeit und Erholung, Abbau von Überstunden oder Qualifizierungsmaßnahmen, Trainings und Coachings, um den fachlichen Anforderungen gerecht zu werden. Wichtiger als die Bekämpfung der Symptome ist auch hier die **Aufdeckung der Ursachen**, die Stress und Burnout auslösen. Meist liegt es in der Aufgabe selbst, der hohen Erwartungshaltung des Vorgesetzten oder Kunden oder auch in den Rahmenbedingungen, wie etwa einer zeitlich engen Vorgabe, der wohl häufigsten Ursache für Stress. Alles soll sofort beziehungsweise in kürzester Zeit erledigt werden. Schließlich – und das ist inzwischen durch viele Studien belegt – ist Burnout die Folge von nicht beachtetem Disstress, was dem Unternehmen wie der Volkswirtschaft viel Geld kostet. Es wäre daher mehr als nur vernünftig, sich den Ursachen dieser Entwicklungen zuzuwenden und Gegenmaßnahmen zu ergreifen.

Newplacement kann eine solche konkrete Maßnahme darstellen. Dieses repräsentiert ein personalwirtschaftliches Instrument, das eine besondere Qualität von Kommunikation auf gleicher Augenhöhe darstellt, die das Ziel einer einvernehmlichen Lösung verfolgt – in mehrfachem Sinn. Sei es durch Veränderung von Aufgabe, Standort, Rahmenbedingungen oder im arbeitsrechtlich gemeinten engeren Sinn einer einvernehmlichen Auflösung des Dienstverhältnisses. Sei es im Falle von Über- oder Unterforderung, im Falle eines Abgleitens in Routine, Energieverlusts aufgrund eines mobbenden Kollegen oder einfach des Wunsches, etwas anderes, etwas Neues zu machen. Wesentlich ist das Herstellen dieser Einvernehmlichkeit, was einerseits kommunikative Fähigkeiten erfordert und andererseits eine Grundeinstellung beider Partner, einen konkreten Grund für eine Veränderung offen anzusprechen und diesen, ohne Furcht vor einer negativen Reaktion, aus beider Sicht zu bearbeiten.

Das gute Gespräch:
All diese können und sollten Gründe für ein Gespräch darüber sein, wie die Situation zu verbessern ist. Allerdings werden gut geführte Gespräche immer seltener, wofür es viele Gründe gibt – und hier klinken wir uns wieder in die anfangs geschilderte Negativspirale ein: Der Vorgesetzte hat einfach weniger Zeit, weil die Führungsspanne eine viel größere ist, keine Zeit für Vorbereitung vorhanden ist und der Vorgesetze dafür nicht die Qualifikation mitbringt. Wann hätte er denn diesem Thema die Priorität zuordnen können, wo doch alles andere wichtiger war? Außerdem lernt man nicht an der Uni, solche Gespräche zu führen, und auch selten in Seminaren, aber schon gar nicht aus Büchern. Hier kann höchstens dafür geworben, sensibilisiert werden, aus eigener Erfahrung des Autors versichert werden, welch substanziellen Beitrag ein gutes Gespräch im beruflichen Kontext leisten kann. Mitarbeitergespräche, Konfliktgespräche, Veränderungsgespräche, wie immer man sie bezeichnen mag, stellen die zentralen Mittel für ein erfolgreiches **Newplacement** dar, das entsprechend vorbereitet werden muss, dessen Gewicht durch das Bei-

ziehen eines externen Experten an Bedeutung und Ernsthaftigkeit, aber auch an Professionalität und Anzahl von Chancen und Alternativen gewinnt.

Schon aus dem Gesagten ergibt sich, dass es wichtig ist, diesem Thema die nötige Zeit zu geben, Zeit zur Reflexion über den eigenen Werdegang, die Bedeutung von Veränderung, die sich für alle ergibt, und die Inanspruchnahme von Hilfen, die von vielen Seiten kommen können, weil meist mehr Optionen vorhanden sind, als man gemeinhin annimmt. Meist läuft es so ab, dass man sich überlegt, ob man ein bestimmtes Angebot annehmen soll, aber kaum in Erwägung zieht, dass es auch andere Möglichkeiten geben könnte. Man bezweifelt in den wenigsten Fällen, ob der Headhunter (welch eine entlarvende Bezeichnung!) die eigene Person tatsächlich besser kennt – schließlich hat er doch die Auswahl getroffen, um den Richtigen für den Job anzusprechen.

Daher kann nur eine **umfassende Situations- und Potenzialanalyse** zu dem für beide Seiten richtigen Ergebnis führen. Bei Einschätzung der Situation ist einerseits eine Selbstbild-/Fremdbildanalyse ein wirksames Mittel, um zu einer möglichst realistischen Bewertung aller relevanten Vorgänge zu kommen, andererseits ist es die Bearbeitung all jener Themen, die nur in einer vertrauensvollen Kommunikation zur Sprache kommen. Dabei ist ein professionelles Coaching von großer Hilfe. Diese Phase dauert in einer guten Newplacement-Beratung einige Wochen und stellt gleichzeitig das Fundament für eine nachhaltige Veränderung dar, weil hier viel an Wahrnehmung und mehr noch an Austausch von verarbeiteten Erkenntnissen und Beobachtungen erfolgen. Gerade für diese Phase sind viele Instrumente und Methoden aus der Coaching-Praxis transferierbar, angefangen von „Potential Transformation“ bis zur Verhaltensänderung nach Fritz Simon oder dem Wertequadrat von Schulz von Thun. Wichtig sind die gleichzeitige Loslösung von alten Mustern und Abhängigkeiten sowie das Erkennen der eigenen Veränderungsfähigkeit und dem Willen nach Verwirklichung von Wünschen. Dabei stellen das Vertrauen zum Coach sowie die Offenheit und Ehrlichkeit auch zu anderen, in diesen Prozess involvierten Menschen die Grundvorrausetzungen dar.

Für das Unternehmen sind es außerordentliche Herausforderungen, diese Kommunikation zuzulassen und die Führungskräfte in diese Richtung zu qualifizieren (das große Manko in diesem Bereich wurde schon angesprochen). Ferner sind auch Zeit und Mut zu Experimenten und Versuchen nötig, denn in diesen Fällen gibt es keine Garantie. Deshalb ist auch ein Szenario für einen „Rückzug" zu entwickeln, was manchmal schon zu einer Ablehnung eines derartigen Versuches führt. Diese Phase ist auch von der Aufgabe, die Eigenverantwortung, den Selbstwert und die Eigeninitiative in Richtung eines beruflichen Zieles zu entwickeln, begleitet, was eine intensive Beschäftigung mit der eigenen Person, der bisherigen Entwicklung, der Beziehung zu anderen Menschen und deren Werten mit sich bringt. Gerade die intensive Auseinandersetzung mit den Werten birgt große Chancen für eine Veränderung, eine Neuausrichtung und eine **Verbesserung der Work-Life-Balance**. Diese Dimension ist den meisten Unternehmen fremd und zuweilen unangenehm, weil diese ein Mitarbeiterbild pflegt, das von einer Unterordnung hinsichtlich der Unternehmensziele ausgeht und den Menschen als funktionales Mittel zur Erreichung dieses Zieles versteht und behandelt. Ein Abgehen von dieser Praxis wird oft als mehr als nur eine Demokratisierungstendenz empfunden. Andererseits liegt gerade darin dieses ungeheuerlich große Potenzial an Veränderungswilligkeit, Motivation, Innovation und innerer Erneuerung, das bislang nicht wirklich messbar gemacht werden konnte, sich aber in vielen Beispielen von Reorganisation dokumentiert.

Methoden der Talentmessung

Mittels der Methode von AUTONOM TALENT®, einer medizinisch-wissenschaftlichen Messmethode, können ein **individuelles Talentprofil** und die Leistungsfähigkeit erkannt und analysiert werden. Darauf lassen sich gezielte Maßnahmen zur Optimierung der Potenziale ableiten beziehungsweise umsetzen. Verstärkt werden diese Ableitungen durch andere Methoden, die ergänzend das Bild der Möglichkeiten absichern – sei es die Frage nach Teamfähigkeit, Kreativität und anderen Eigenschaften, die in der heutigen Arbeitswelt große Bedeutung haben. Letztlich sind es aber immer nur Hilfsmittel, die zu einer Entscheidung für oder gegen eine Veränderung führen. Die Entscheidung selbst bleibt beim Betroffenen und liegt zu 100 Prozent in seiner Eigenverantwortung – so sehr auch der Wunsch besteht, diese abzuwälzen.

Gerade in einer Zeit, in der wir die Beschleunigung „anbeten", in der nichts schnell genug gehen kann, in welcher der Schnellere den Größeren besiegt, vielleicht sogar den Schlaueren, sind die Orientierung nach dem eigenen Körper, das Horchen auf seine leisen, aber meist doch hörbaren Signale, das Hören auf die innere Stimme – im wahren Sinne des Wortes – Notwendigkeiten. Diese Sensibilisierung ist erforderlich, um eine konsequente Weichenstellung vorzunehmen, um zu erkennen, dass es höchste Zeit ist, die lang hinausgeschobene Veränderung zu vollziehen, den Job zu wechseln – wobei es vielleicht nur die Tatsache ist, dass man als Produktionsleiter im Ausland nicht die erforderliche Unterstützung aus dem Mutterhaus bekommt. So etwas kostet nicht nur unnötige Energie, es baut systematisch jene Frustration auf, die letztlich zu einem Bruch führen muss.

Was ist aber die richtige Aufgabe, das richtige Umfeld, die permanente Herausforderung, die Kraft spendet und nicht zum Burnout führt? Wo erlebt man auf Dauer noch Begeisterung und Motivation, jenen Flow, von dem Mihály Csíkszentmihályi in seinem gleichnamigen Bestseller als das Kriterium für die Chance des Lebens, den richtigen Beruf, die Berufung, die als Dauerbrenner die eigene Motorik in Bewegung setzt, spricht?

Newplacement – eine Lösung

Newplacement stellt auch insofern eine innovative, herausfordernde Methode dar, als sie nicht bloß Alt gegen Neu, sondern grundsätzlich jede Variante in Erwägung zieht, das heißt: Aus einer **Vielfalt von Möglichkeiten** wird diejenige ausgewählt, die dem aktuellen Potenzial am ehesten entspricht. Es macht nur Sinn, von Potenzial zu sprechen, wenn es auch die Chance einer Verbesserung, einer Veränderung gibt. Damit ist der geheimnisvolle Inhalt dieses Begriffes gemeint, vor dem man nicht zurückzuschrecken braucht – ist er doch dem eigenen Ich verbunden. Biblisch gesprochen geht es um das Ausgraben der Talente, die Nutzung der Fähigkeiten und deren gezielte Förderung, um den bewussten Einsatz unter Gefahren und Risiken. Mit dieser Veränderung ist auch ein kreatives Ideenmanagement verbunden, das so früh und umfassend wie möglich begonnen werden sollte. Geht es doch um das Finden einer neuen Aufgabe, um die Aufwertung tradierter Prozesse und Dienstleistungen, um begriffliche Erweiterungen und Vertiefungen.

Nicht nur die Aufgabe ist jedoch wichtig, sondern auch das entsprechende Umfeld, die **Rahmenbedingungen**, die vom Vorgesetzten festgelegt werden und über räumliche Bedingungen bis zu zeitlichen Regelungen reichen. Es gibt eine Fülle von Einflussfaktoren, die auf die Arbeit und deren Realisierung wirken, die den Unterschied ausmachen, die oft entscheidend dafür sind, ob wir eine bestimmte Arbeit überhaupt verrichten wollen. Es sind die Kollegen, die Mitarbeiter, die

„Zulieferer" und „Abnehmer" dieser Arbeit, die Förderer, vor allem aber die Führungskräfte, die besondere Verantwortung für die Erbringung der Leistung haben. Newplacement muss sich daher auch um diese Nebenbedingungen kümmern, um eine realistische Einschätzung all dieser Einflussgrößen und Parameter, die sich im Laufe der Zeit natürlich verschieben. Immer ist darauf zu achten, wie der eigene Körper, die eigene Seele darauf reagieren und ein halbwegs stabiles Gleichgewicht hergestellt werden kann. Es bedarf dabei immer eines gewissen Maßes an Flexibilität, Mut und Demut – zwei Begriffe, die in dieser Situation den eigentlichen Stamm, die darin steckende Tugend zum Ausdruck bringen. Die geistige Einstellung zu Unterordnung, aber auch zum Risiko und zu einem Lernprozess, der es gleichzeitig spannend macht, Neues in Angriff zu nehmen, ist ebenfalls nötig. Auch das ist, im doppelten Sinn des Wortes, Angriff. Wir müssen es angreifen, fast so wie Kinder, wir müssen es in Angriff nehmen wie eine Kampftruppe, bei der es um Mobilisierung aller Kräfte geht, allerdings nicht um zu vernichten, sondern etwas Neues zu schaffen.

Die Flucht aus dem Hamsterrad, die nachhaltige Burnout-Prävention, selbst die Sucht nach Erfolg sind nichts anderes als die Suche nach Sinn und der Möglichkeit, ein erfülltes Leben zu führen, das in einer Arbeitswelt, wie sie sich uns derzeit präsentiert, so gut wie ausgeschlossen scheint. Arbeitgeber haben verlernt, auf jene Faktoren bewusst zu achten, die bereits früher als Hygienefaktoren in einen Wertekatalog zur Gestaltung von Arbeitsbeziehungen und Arbeitsbedingungen aufgenommen wurden (Frederick Herzberg).

Hier gelten ebenfalls Konsequenz, Kreativität und Kommunikation als die drei wesentlichen Eigenschaften, mittels derer die Krise bewältigt werden kann, die vornehmlich eine Wertekrise ist. Der oft zitierte Wertewandel hat es nicht geschafft, eine neue Basis für eine Sicherung von Wohlstand und konfliktfreiem Zusammenleben zu schaffen, obgleich so viel Kapital, so viele Chancen und Möglichkeiten wie nie, sich für die verschiedensten Themen zu interessieren und zu engagieren, vorhanden waren.

Die menschliche Kreativität ist beinahe unerschöpflich. Diese Kreativität sollte uns aus diesem Dilemma herausführen. Unserem gesunden Menschenverstand sollte es gelingen, eine Arbeitswelt zu gestalten, die unserem menschlichen Naturell entspricht. Bislang jagen wir am Ziel vorbei. Die Strategie des Newplacements stellt diese Intentionen in den Vordergrund. Die dabei einsetzbaren Methoden bieten eine echte Chance, der Arbeitswelt wieder menschliche Züge zu verleihen.

Newplacement in der Praxis

Plötzlich tauchte das Gerücht auf, dass es keinen weiteren Bestand der Abteilung Personalentwicklung geben würde, weil diese aufgrund der Fusion mit einem größeren Konzern wegfalle und das Einsparungspotenzial genutzt werden sollte. Also setzte man sich mit dem Personalleiter und der Geschäftsführung zusammen und dachte über verschiedene Szenarien nach, die dadurch entstehen könnten. Der Schock saß bei den drei Mitarbeitern sehr tief, zumal sie schon lange im Unternehmen waren und bereits mehrere Geschäftsführerwechsel überstanden hatten. Es gab schon immer die Einsicht, dass die Abteilung Personalentwicklung wichtig wäre, und folglich schien auch die Annahme berechtigt, dass die neue Führungsspitze diese Bewertung übernehmen müsste. Wer sollte denn etwas infrage stellen, das so lange Bestand hatte und sicherlich auch einen Teil des Erfolges ausmachte? Offensichtlich gab es jedoch noch eine andere Ansicht und nachdem der kausale Zusammenhang zwischen Umsatzzahlen und Weiterbildungskosten nicht im Geschäftsbericht ausgewiesen wurde, konnte es zu dieser Entscheidung kommen.

Es war zu spät, um der neuen Führung den Wert dieser Abteilung nahezubringen und dadurch den Weiterbestand zu sichern. Aber diesmal war es anders, da es von oben eine klare Entscheidung gab, dieses offensichtliche Einsparungspotenzial zu nutzen. Man hatte auch vor, die Unternehmenskultur der anderen unterzuordnen, weil man das Sagen behalten beziehungsweise auf das erworbene Unternehmen ausdehnen wollte. Zudem kam eine Übersiedlung an den neuen Konzernstandort für zwei der Betroffenen aus familiären beziehungsweise beruflichen Gründen nicht infrage. Man bot den drei Betroffenen – einem Mann und zwei Frauen – eine Newplacement-Beratung an. Die anfängliche Skepsis gegen diese, von der neuen Firma angebotene Unterstützung klärte sich in einem Gespräch mit dem Berater, der keinesfalls als Erfüllungsgehilfe des Unternehmens auftrat, sondern in ausführlichen Gesprächen seinen neutralen und zielorientierten Ansatz erläuterte. Als erstrebenswertes Ziel wurde die rasche Wiedereingliederung in ein Unternehmen definiert, das weitgehend den Wunschvorstellungen der Betroffenen entsprach, nämlich eine sinnvolle Aufgabe zu finden, bei der sie ihr erworbenes Wissen bestmöglich einsetzen konnten.

Herr Neumeier (Name geändert), der Älteste und Erfahrenste, wollte jedoch im Unternehmen bleiben und erfuhr über sein internes Netzwerk, welches er bald nach seiner Entscheidung reaktivierte, dass es im Ausland eine offene Stelle für einen Projektleiter gab, die genau auf sein Kompetenz- und Erfahrungsprofil passte. Das vom Berater erstellte Kompetenzprofil bestätigte die Annahme, dass dies eine ideale Aufgabenstellung für ihn sein würde. Deshalb erkundigte er sich, ob es von der Konzernzentrale ausgeschlossen wäre, sich zu bewerben. Dies wurde verneint, weshalb sich die Betreuung auf die Vorbereitung eines öffentlich ausgeschriebenen Assessment-Centers konzentrierte. Durch intensives Training für diese Präsentation und das Sammeln einschlägiger Informationen, die für dieses Projekt hohe Relevanz hatten, gelang es Herrn Neumeier, diese Funktion trotz seines fortgeschrittenen Alters zu bekommen beziehungsweise seine Mitbewerber bei diesem AC auszustechen. Es wurde nicht nur erkannt, dass seine hohe Identifikation mit dem Unternehmen gerade in seiner Außenwirksamkeit von Bedeutung sein würde, sondern dass er auch die manchmal nicht leicht durchschaubaren Abläufe und Internas in einem Maße beherrschte, das ihn anderen Mitbewerbern gegenüber klar hervorstechen ließ.

Für **Frau Heinrich** (Name geändert) war die Situation deshalb schwieriger, weil sie nicht so qualifiziert war wie Herr Meier und vor ihrem Einsatz in der Personalentwicklung für ein Franchise-Unternehmen auf selbständiger Basis im Verkauf tätig war. Eine berufliche Neuorientierung an einem weiter entlegenen Standort kam für sie wegen des Berufs ihres Mannes nicht infrage. Außerdem wollte sie den Kontakt zu ihren beiden Kindern, die schon studierten, nicht verlieren. Für sie war das Suchen nach Alternativen eine besondere Herausforderung, da sie sich ihrer eigenen Fähigkeiten nicht wirklich bewusst war und nur die Zielsetzung verfolgte, mit Menschen zu kommunizieren. Ein Persönlichkeitstest, der gleichfalls am Anfang ihrer Newplacement-Beratung stand, wies sie als einen besonders empathischen und kommunikativen Menschen aus. In den Gesprächen mit ihrem Berater wurde diese Fähigkeit, mit anderen Menschen gut umgehen zu können, immer deutlicher, wobei sich dies nicht nur aus der Bewertung vergangener Ereignisse ableiten ließ, sondern auch in den Gesprächen und Kontakten für den Aufbau beziehungsweise die Erweiterung ihres Netzwerkes erkennbar wurde. Zudem kamen die Fremdbilder, die ihr von Kollegen und Kolleginnen geliefert wurden, als Bestätigung dieser Einschätzung hinzu und stärkten ihr Selbstbewusstsein derart, dass sie sich entschloss, ein eigenes Unternehmen zu gründen. Schließlich wurde als Berufsziel, der Verkauf von Dienstleistungen mit gleichzeitiger Betreuung von Kunden, definiert und sie bot dem alten/neuen Unternehmen diese Leistungen im Bereich Aus- und Weiterbildung als selbständige Unternehmerin an. Daneben hatte man sie als Kontaktperson zu einer Sprachschule schätzen gelernt, weshalb es ihr gelang, für diese Sprachschule auf Werkvertragsbasis Akquisition und Betreuung von Sprachschülern zu betreiben. Sie verstand es, mit der Hilfe und Unterstützung ihrer bisherigen Kollegen, als externe Bildungsberaterin die richtigen Maßnahmen auszuwählen und zusätzlich auch andere Firmen in ihrer Umgebung bei der Abwicklung von Qualifizierungsmaßnahmen zu unterstützen.

Die wichtigste Erkenntnis war jedoch die selbstbewusste Ansprache suchender und fragender Menschen, denen sie helfen konnte, ihre eigenen Potenziale zu erkennen und ehrgeizige Ziele zu verfolgen. Auch machte sie die Distanz zum alten Unternehmen wie die ungezwungene Herangehensweise zu neuen Firmen sicherer und erweiterte ihre Sichtweise. Durch die täglichen Herausforderungen wurde sie immer professioneller und erfolgreicher. Dies führte sie nicht zuletzt auch auf die intensiven Vorbereitungsgespräche mit ihrem Newplacement-Coach zurück, der sie nicht nur auf die unterschiedlichsten Situationen, Typen und Anforderungen vorbereitete, sondern diese Erkenntnisse auch in der Nachbearbeitung absicherte. Für sie war es ein umfassender Lernprozess, der sie aus einer „verstaubten und stagnierenden Arbeitswelt“ in ein attraktives Aufgabenfeld führte, das durch die erweiterte Gestaltungsmöglichkeit und das tiefer empfundene Erfolgserlebnis in einer Weise verändert wurde, wie sie es nicht für möglich gehalten hatte. Hilfreich waren der neue Geist, die Visualisierung eines Zieles und die konsequente Verfolgung und Umsetzung aller Maßnahmen, die oft sehr detailliert diskutiert und schriftlich ausgearbeitet wurden. Sie hatte ein neues Berufsbild geschaffen und vermochte dieses Image auch bei KMUs und anderen Institutionen, die sie über ihr erweitertes Netzwerk ausfindig gemacht hatte, erfolgreich zu etablieren.

Frau Eder (Name gleichfalls verändert), eine langgediente Bürokauffrau, hatte zunächst die meisten Bedenken und Vorbehalte, befürchtete sie doch, wegen ihres Alters (über 45) und eines aufgrund von Übergewicht nicht gerade attraktiven Äußeren keine besonders guten Chancen am Arbeitsmarkt zu haben. Eine Frühpensionierung kam für sie jedoch ebenso wenig in Frage wie der Weg in die Selbständigkeit. Über mehr als zwei Jahrzehnte hatte sie loyal für die Firma gearbeitet und auch mehrere Positionen inne, war vor drei Jahren von der Einkaufsabteilung in die Personalabteilung gewechselt. Sie hatte gehofft, damit auch selbst einen Entwicklungssprung zu machen und ihre kaufmännische Kompetenz zu erweitern. Das gelang ihr, indem sie ihre kommunikativen Fähigkeiten durch Kurse verbesserte und sich in der Folge auf das Thema Bildungscontrolling spezialisierte.

In dem Erstgespräch mit dem Newplacement-Coach wurde sie mit der Tatsache konfrontiert, dass sie nur dort gut und erfolgreich sein könne, wo sie die Möglichkeit habe, ihre besonderen Talente, ihre Begeisterung und einen erkennbaren Sinn zu finden und auszuleben. Neben dem offenen sollte sie auch den verdeckten und potenziellen Stellenmarkt bearbeiten – Begriffe, mit denen sie bislang noch nichts zu tun gehabt hatte. Insbesondere der potenzielle Stellenmarkt erregte ihre Aufmerksamkeit, ging es dabei um etwas gänzlich Neues – nämlich um etwas, das auch für das neue Unternehmen neu war. Sie sollte, so die mit dem Coach abgesprochene Strategie, etwas anbieten, was es im neuen Unternehmen noch nicht gebe, wofür aber ein latenter Bedarf bestünde. Das herauszufinden, war quasi ihre Gesellenarbeit. Die Überlegung, durch eigene Fähigkeiten, Wissen und Erfahrung in einem anderen Unternehmen einen konstruktiven und auch ökonomisch beachtlichen Beitrag zu leisten, kam ihr zunächst verwegen und unrealistisch vor. Nach dem Vergleich mit der Situation am offenen Stellenmarkt, wo sie gegen bis zu 150 Mitbewerbern in Konkurrenz treten musste und wenig bis gar keine Chancen hatte, schien diese Variante doch einen gewissen Charme zu haben. Durch eine umfassende Potenzialanalyse durch gemeinsam mit dem Coach bewertete Fremdbilder formte sich ein immer klareres Selbstbild heraus, das sie konsequent und von Mal zu Mal immer selbstsicherer präsentierte.

Ihr Ziel war es, in einem Klein- oder Mittelbetrieb als Administrativkraft beziehungsweise rechte Hand des Chefs sowohl Verwaltungsaufgaben als auch Einkauf und Personalverwaltung zu managen. Dabei kam ihr das Netzwerk zu Hilfe, das sie zu diesem Zweck aufbaute und konsequent erweiterte. Über eine ehemalige Mitarbeiterin erfuhr sie von einem erst jüngst gegründeten Unternehmen in der Nähe ihres Wohnortes. Nach gründlicher Recherche und dem Einholen entsprechender Referenzen schrieb sie an den Firmenchef ein Bewerbungsschreiben, in dem sie ihre Vorstellungen genau darlegte, wie sie ihm beim Aufbau beziehungsweise der Expansion seiner Firma tatkräftig unterstützen würde. Dazu gehörten der Einkauf, die Personalverwaltung und auch das Recruiting mit der besonderen Aufgabe der Einschulung und Integration neuer Mitarbeiter. Nach einem dritten Gespräch, einer ausführlichen Besichtigung des Betriebes und einer detaillierten Aufgabenbeschreibung entschied sich Frau Eder für dieses Unternehmen. Zwischenzeitlich baut sie die Personalorganisation auf und betreut die eintretenden Mitarbeiter. Die ausschlaggebenden Kriterien waren der vertrauensvolle Umgang und die breite Gestaltungsmöglichkeit, der wertschätzende Führungsstil ihres Chefs und die direkte Umsetzungsmöglichkeit ihrer Ideen und Erfahrungen. Die Vielfalt der Aufgabenstellungen, der Freiraum an selbst zu verantwortenden Entscheidungen und der direkte Kontakt zu den Mitarbeitern begeistern sie auch noch in der Phase der Konsolidierung beziehungsweise Veränderung und Anpassung an die neuen Herausforderungen.

Diese Beispiele, die hier in aller Kürze geschildert wurden, zeigen die wesentlichen **Kriterien eines innovativen Personalentwicklungsinstruments,** das es so früh wie möglich einzusetzen gilt. Newplacement beschreibt eine klare Veränderungsstrategie, die insofern weit über das „Loslassen-Können" hinausgeht, als es Voraussetzung für eine auch radikale Neuorientierung sieht und nicht bloß das schlechte Gewissen bei einer Kündigung zu reduzieren hilft. In diesem Instrument steckt in Form der einvernehmlichen Lösung schon ein **anderes Menschenbild**, eine Wertschätzung des Mitarbeiters auch in der Weise, ihm die Rechte für eine für beide Seiten faire Vereinbarung zuzugestehen. Diese Vereinbarung auf „gleicher Augenhöhe" ermöglicht, ein Verständnis für die Situation des Arbeitgebers zu schaffen, der eine Trennung wohl nicht aus irgendeiner Laune anstrebt, sondern triftige Argumente für ein solches Vorgehen ins Treffen bringt. Wichtig dabei ist auch die Bereitschaft, Alternativen ernsthaft zu prüfen und sie offen mit dem/den Betroffenen zu besprechen.

Dieses **„Veränderungsgespräch"** sollte besonders gut vorbereitet sein und mit einem Commitment über die weitere Vorgehensweise beendet werden. Es ist einsichtig, dass für gute Lösungen auch entsprechend Zeit erforderlich ist. Es kann auch sein, dass es bei der Ausarbeitung zusätzlicher Experten bedarf und andere davon Betroffene in einen Change-Prozess eingebunden werden müssen. Mit der Komplexität erhöhen sich der Zeitbedarf und die professionelle Beschäftigung mit den darin gestellten Fragen und Themen.

Die **Besonderheiten im Newplacement** sind das Suchen und Finden von Fähigkeiten und Kenntnissen, die für neue Aufgaben von entscheidender Bedeutung sind, wobei individuelle Persönlichkeitsmerkmale hier großen Einfluss haben. In der kreativen Gestaltung neuer Berufsbilder, die sich aus der Erfüllung spezifischer Aufgaben sowie der selbst- und fremdkritischen Bewertung des Potenzials ergeben, entstehen die Chancen für eine erfolgreiche Bewältigung dieser neuen Aufgaben. Diese Strategie ist besonders am potenziellen Stellenmarkt einzusetzen und vermag Vorgesetzte von dem darin liegenden Nutzen zu überzeugen.

Wie es so schön heißt, führen viele Wege nach Rom – und dies gilt auch für den Weg zum richtigen Job, zu der Aufgabe, die auch die Dimension einer Lebensaufgabe (oder auch nur Lebensphasenaufgabe) oder echten Berufung annehmen kann. Für die Erreichung dieses Zieles gilt auch die 3K-Regel: Kreativität, Kommunikation und Konsequenz.

Die **Kreativität** spielt im Newplacement eine besondere Rolle, da dadurch erst wirklich Neues geschaffen wird – sei es, weil man die Nische entdeckt, um sein eigenes USP („unique selling proposition") oder einfach nur den Mehrwert seiner Dienstleistung, seines Produktes entsprechend darstellen zu können. Kreativität ist ein besonders wirkungsvoller Beitrag, weil sie oft etwas in Schwung bringt, jenen Flow erzeugt, von dem das Unternehmen und der Mitarbeiter selbst am meisten profitieren. Gerade diese emotionale Seite der Kreativität, auch „Empowerment" genannt, beschleunigt die Neuorientierung, hilft aus einem oft unbemerkten Burnout und vermag auch das Umfeld mitzureißen. In der Kreativität liegt die Methodenvielfalt, die Individualisierung all jener Instrumente und Vorgehensweisen, die gleichsam die am besten geeigneten Vehikel darstellen, um das Ziel zu erreichen, denn nicht nur die Zahl der Wege ist groß, sondern auch die Art und Weise, wie man dort hingelangt: zu Fuß, mit dem Fahrrad, dem Auto, vielleicht auch per Schiff oder Flugzeug.

Kommunikation ist die Kunst, diese Vehikel zu betreiben, um dieses Bild beizubehalten. Es geht um die Präsentation von Zielen sowie die Darstellung von Stärken, aber auch um das Herausfinden des „Tipping Points" – der kritischen Stelle, der oft nicht gleich erkennbaren Chance. Gerade im potenziellen Stellenmarkt ist eine gute Kommunikation essenziell, sie macht letztlich den Erfolg aus – und sei es durch nonverbale Signale der eigenen Überzeugungskraft. Diese Fähigkeiten können trainiert und verbessert werden und so wird jedes wichtige Gespräch vor und nachbereitet, verschiedene Szenarien werden durchgespielt und mögliche Reaktionen vorbereitet. Dabei hat auch der Berater eine wichtige Funktion zu übernehmen, worin Glaubwürdigkeit und Zielorientierung in Einklang gebracht werden müssen.

Schließlich ist die nötige **Konsequenz** aufzubringen, um dieses anspruchsvolle Ziel zu erreichen, Durststrecken zu überwinden – im Kontext der Neuorientierung heißt das, Absagen zu verdauen – Mut und Selbstbewusstsein zu tanken und das Ziel nicht aufzugeben oder aus dem Auge zu verlieren. Ausdauer und Beharrlichkeit, Selbstdisziplin bei der Umsetzung und der Anwendung verschiedener Methoden sind die Bestandteile dieser Konsequenz, auf die der Newplacement-Coach gleichfalls zu achten hat. Wenn sich ein derartiger Prozess über Monate erstreckt, sind die körperliche wie mentale Fitness beziehungsweise Leistungsfähigkeit in hohem Maße gefordert, was dazu führt, dass diese Voraussetzungen schon im Vorfeld geprüft werden. Die Erfahrung hat gezeigt, dass es auch Fälle gibt, in denen die Fahrt schon in der Mitte abgebrochen wird, weil man sich übernommen beziehungsweise falsch eingeschätzt hat. Daher hat ein professionelles Newplacement-Programm immer auch etwas von einem geistig-mentalen Training, das genau überwacht, gut vorbereitet und aufgebaut sein soll.

Newplacement, eine effektive Hilfe

Gerade in einer Zeit permanenter und radikaler Veränderungen vermag eine Newplacement-Begleitung eine effektive Hilfe zu sein, um im beruflichen Bereich wieder festen Boden unter den Füßen zu bekommen – was heißt, für sich eine Standortbestimmung vorzunehmen und danach eine sinnvolle Aufgabe zu definieren, die einer Neubewertung aller Lebensbereiche entspricht. Wenn man überraschend aus dem Berufsalltag herausgerissen wird, und manchmal ist hier die Bezeichnung „brutal" durchaus angebracht, ist diese Art der beruflichen Neuorientierung ein heilsames Mittel, aus der Eigenverantwortung für sich und andere einen neuen Weg zu beschreiten. Die mit dieser Veränderung verbundenen Ängste sollen ebenso beseitigt beziehungsweise reduziert werden. Zuversicht, richtiges Handeln und die Stärkung des Selbstwertgefühls sind wichtige Ergebnisse. Das Hamsterrad sollte damit der Vergangenheit angehören.

Literaturliste zu Newplacement in der Praxis

ANDRZEJEWSKI, Laurenz (2008): Trennungskultur und Mitarbeiterbindung, 3. aktualisierte Auflage, Luchterhand Verlag München

DOBIEY, Dirk / WARGIN, John (2001): Management of Change, Galileo Press Bonn

KERN, Uwe / STÖRRE, Patricia (2004): Kündigung: Karrierekick statt Karriereknick. Linde Verlag Wien

WORLICZEK, Hubert / ZECHMEISTER, Elisabeth (2009): Berufsprinzip Mensch sein. Goldegg Verlag Wien

GARDNER, Howard / CSÍKSZENTMIHÁLYI, Mihály / DAMON, William (2005): Good Work, Klett-Cotta Stuttgart

GLADWELL, Malcom (2002): Tipping Point. Goldmann Taschenbuch München

Als Internetseite:
www. newplacement.at

Kapitel 14

AMS-Projekt Selbst&Wert

Harald Hutterer

Es handelt sich bei Selbst&Wert um einen Kurs des AMS Niederösterreich für Menschen, die schon länger ohne Beschäftigung sind und über deren weiteren Weg eine gewisse Ratlosigkeit herrscht. Selbst&Wert ist eine Methode zur **Steigerung des eigenen Selbstwertgefühls** und der Selbstbestimmtheit und damit der eigenen Leistungsfähigkeit, um dem zunehmenden sozialen und wirtschaftlichen Druck, der auf dem Einzelnen lastet, entgegenzuwirken. Durch Erarbeiten persönlicher Ziele, Persönlichkeitstrainings und umfassende Bewusstseinsbildung im Sinne von „weiträumig Denken" sollen bei allen Beteiligten Aufbruchsstimmung, neuer Mut und neue Aktivitäten erreicht werden.

Der Abschnitt „Die Selbstwertpflege" von Eugen Prehsler beschäftigt sich direkt mit dem Thema Selbstwertgefühl. Die intensive Begleitung und die konzentrierte Arbeit an einer persönlichen Vision beziehungsweise Zukunftsplanung kennzeichnen diesen Kurs. Im Herbst 2006 wurde die Maßnahme Selbst&Wert als AMS-Pilotprojekt für das AMS Baden durchgeführt. Im Frühjahr 2008 fand der Kurs Selbst&Wert zum zweiten Mal in einer weiterentwickelten Form, dieses Mal für das AMS Schwechat, statt.

Beschreibung des Kurses

Der Kurs umfasst vier Module:
- Berufungscoaching
- PCM® (Prozesskommunikation®)
- Ganzheitlichkeit
- Sport und Kunst

Alle Teilnehmer durften in vier Modulen ihre ganz persönlichen Mosaike aus Fähigkeiten, Talenten, Sehnsüchten, Neigungen und Lebenserfahrungen und die daraus resultierenden Möglichkeiten erarbeiten und kennenlernen. Das Ziel war, das eigene Selbstwertgefühl zu heben, Verantwortung für sich und die Gesellschaft zu übernehmen und die eigene Berufung in einem konkreten Beruf umzusetzen.

Aufbauend auf einer professionellen Beurteilung der einzelnen Person auf Basis des Prozesskommunikationsmodells (PCM) wurde in der Folge sehr intensiv an persönlichen Stärken und Ressourcen gearbeitet. Diese stellen die individuelle Basis für eine Vision/die Zukunft dar. Das Auseinandersetzen mit diesem visionären Blick bedeutete für die einzelnen Teilnehmer eine große Herausforderung, weil dies eine aktive Gestaltung der eigenen Zukunft voraussetzte. Eine Zurückhaltung bei der Beschäftigung mit eigenen inneren, belastenden (und damit hinderlichen) Anteilen (Kindheit/Erziehung/Lebenserfahrung) repräsentierte die größte Herausforderung. Die eigene Aktivität und der Mut dazu (Empowerment) – „Ich kann für mich etwas bewirken!" – stellte für manche Personen einen unglaublich großen Schritt dar, der intensive Unterstützung benötigte.

Es kann davon ausgegangen werden, dass die Teilnehmer mittels dieser Methode besser wissen, was sie – in Bezug auf ihre Erwerbstätigkeit – wollen, können und umzusetzen in der Lage sind. Es hat sich gezeigt, dass Selbst&Wert ein sehr starkes Motivationstool ist und eine schrittweise Umsetzung der erarbeiteten Pläne klar zu erwarten ist.

Ziele sind:

- persönlich gecoacht zu werden und dabei die eigene Berufung zu finden,
- intensiv an sich selbst zu arbeiten und dabei laufend betreut zu werden,
- Ideen zu erarbeiten und Erfahrungen auszutauschen – einzeln und in der Gruppe.

Berufungscoaching

Die Themen Berufung und Berufungscoaching werden im Abschnitt „Der eigenen Berufung folgen“ von Alexander Kaiser ausführlich behandelt.

PCM® (Prozesskommunikation®)

In beiden Kursen wurde von den Teilnehmern zusammenfassend betont, dass speziell die Persönlichkeitstrainings äußerst wertvoll waren. Das Wissen und die Kenntnis um unterschiedliche Persönlichkeiten (einschließlich der eigenen) erleichtern und verbessern nachweislich den Umgang und die Kooperation miteinander. Zusätzliche Motivations- und Stressmanagementmethoden führen zu belastungsfreier Zusammenarbeit. Der Einsatz des international bewährten Kommunikationsmodells Prozesskommunikation® (Process Communication Model® - PCM®) hat sich in beiden Fällen sehr bewährt. Im Abschnitt „Kommunikation, Motivation und Stress“ beschäftigt sich Robert Pražak ausführlich mit PCM.

Ganzheitlichkeit

Hier geht es um die Entwicklung einer ganzheitlichen Lebenssicht, worin die Erwerbsarbeit eingebettet ist. Der heutige Mensch ist überwiegend Spezialist und zerstört seine Vielfalt durch Selektion und Reduktion seiner eigenen Komplexität. Er vernachlässigt die übergreifenden Zusammenhänge in seinem Leben und wird „blind" dafür. Ganzheitlichkeit ist das Mittel, um diesem entgegenzuwirken. Eine ganzheitliche Betrachtung des eigenen Lebens und der Umwelt öffnet den Weg zu gesteigertem Selbstwertgefühl, zum Übergang von Fremd- auf Selbstbestimmtheit, zur Fähigkeit, Verantwortung für sich selbst und andere zu übernehmen. Eine dabei eingesetzte ausgezeichnete Möglichkeit, zu ganzheitlichem Denken, Fühlen und Handeln zu gelangen, liegt auch in der Beschäftigung mit Spiral Dynamics. Dieses Modell wird von Robert Pražak im Abschnitt „Eine Orientierung im Dschungel der Tatsachen und Möglichkeiten: Spiral Dynamics integral (SDi)" vorgestellt.

Dieses Modul ist mit den anderen (inhaltlichen) Modulen des Programms verwoben.

Sport und Kunst

Ein weiterer Aspekt der Ganzheitlichkeit in diesem Projekt ist die Einbeziehung körperlicher wie kultureller Betätigung, die einen wesentlichen Beitrag zur Identitäts-, Motivations- und Selbstwertfindung leisten kann. Sie ergänzt die intellektuelle Auseinandersetzung um Dimensionen körperlichen und sinnlichen Erfahrens. Künstlerische und kulturelle Betätigungen erlauben darüber hinaus eine Auseinandersetzung mit der eigenen Vergangenheit, etwa der Familiensituation oder – vor allem bei Migranten - mit der eigenen Herkunft.

Ablauf, Ergebnisse

Kurzbericht Werte

Werte weisen die besondere Eigenart auf, dass sie den betroffenen Menschen nahegehen, Emotionen auslösen. Die Beschäftigung mit diesen Werten und deren Umsetzung bewirken für die Menschen eine Veränderung, sie nähren und bestimmen das Handeln. Ganz wichtig ist dabei die Beziehungsfähigkeit: Ohne Beziehung gibt es keine Wertberührung. Beziehungen und die Arbeit an gemeinsamen Werten erzeugen Lebenskraft und Lebensfreude. Werte werden sozial erlebt. Sie werden immer von Gruppen gebilligt und geteilt. Gleichzeitig individualisieren Werte aber auch, da sie immer vom Einzelnen verinnerlicht werden. Dadurch erklärt sich ihre tiefe Verbindung mit Gefühlen. Werte sind viel mehr als eine Norm; sie geben Sinn und tragen somit zum Glück der Menschen bei. Schließlich steuern sie – zumindest tendenziell – unser Verhalten.

In einer Seminareinheit erarbeiteten die Teilnehmer in Gruppen Wertesets, die den Anspruch auf Umfassendheit erfüllen sollten. Die Teilnehmer hatten damit große Mühe. Die folgende Tabelle zeigt die Ergebnisse.

Gruppe	Werte
1	Berufliche Neuorientierung Finanzielle Absicherung Glücklich zu sein Selbstbewusstsein Mutiger zu werden

2	Unabhängigkeit (von den Männern – vom Männlichen) Berufsziele verfolgen Familie Gesundheit Selbstwertgefühl Zuneigung zu Tieren Partnerschaft Freundschaft

3	Familie Geld, finanzielle Sicherheit Ganzheitlichkeit (Gesundheit von Körper und Seele) Berufliche Zukunft Menschlichkeit Lebensfreude

Aus langjähriger Erfahrung mit Seminaren zum Thema Werte kann gesagt werden, dass sich diese Ergebnisse deutlich von jenen unterscheiden, die Menschen erarbeiten, denen es insgesamt deutlich besser geht. Klarheit über die eigenen Werte wäre jedenfalls für Arbeitssuchende eine äußerst wichtige Angelegenheit.

Kurzbericht Sozialkapital

Das Sozialkapital eines Menschen besteht in der Qualität seines Systems an Beziehungen zu anderen. Man unterscheidet dabei drei Ebenen: die Mikroebene der echten Nahebeziehungen (Familie, sehr gute Freunde), die Mesoebene der guten Beziehungen zu Gruppen, Vereinen und Freunden und die Makroebene (Region, Staat, Menschheit, Engagement für etwas Höheres). Ein klares Ergebnis dieser Forschungen besagt nun, dass zur Errechnung des Sozialkapitals die Ergebnisse in den drei Ebenen miteinander zu multiplizieren sind. Das bedeutet, dass ein Mensch, der in auch nur einer Ebene keine Beziehungen pflegt, insgesamt ein Sozialkapital von NULL hat.

In einer Seminareinheit wurde das Thema Sozialkapital bearbeitet. Dabei zeigte sich, dass fast alle Teilnehmer in dieser Hinsicht schwere Mangelerscheinungen aufweisen. Engagement für etwas Höheres konnte nur eine Teilnehmerin für sich feststellen. Selbst in der Mesoebene (Freunde, Vereine etc.) berichteten fast alle von schweren Defiziten. So gut wie alle hatten keine Ahnung, wie das Vereinsleben in ihrer Gemeinde aussieht. Pflege von Beziehungen in der Mesoebene bietet vielfältige Chancen der Unterstützung auf der Suche nach Erwerbsarbeit. Es wäre sehr hilfreich, wenn man Arbeitssuchende insgesamt auf solche Defizite aufmerksam machen und sie zu diesbezüglichem Engagement animieren würde beziehungsweise die Hilfestellung dazu anbietet.

Einzelbericht Atmung, Körpersprache, Stimme

Atem und Bewegung sind die Grundlagen zur Entwicklung der natürlichen, authentischen Stimme. Die Grundlagen meiner Arbeit liegen im ganzheitlichen Erfassen von Stimme, Atmung und Körper. Es geht im Wesentlichen um bewusstes Einsetzen von Körper und Atmung zur Unterstützung der Stimme und letztendlich um die Entfaltung des persönlichen Klanges. In der Seminareinheit wurden die Wahrnehmung und Aufmerksamkeit für unbewusste Gewohnheiten des Körpers gestärkt und deren Auswirkung auf die Stimme entdeckt.

Ablauf:

- Gehen, Körper wahrnehmen, Atem spüren, Spannungen spüren und bewegen
- Aufmerksamkeit, das Gefühl, verliebt zu sein, Wahrnehmung verstärkend
- Groß fühlen, Raum nehmen, weit sein, was verändert sich im Körper?
- Körpersprache: Körperhaltung, Alltagshaltung, Sprechhaltung, stabile, den Atem unterstützende Position und deren Wirkung
- Stimme mit einem Testsatz
- Augenkontakt , unbewusste Gesten
- Inneres Bild und äußeres Bild von sich selbst – Feedbackrunde
- Sitzend, Körpersprache, Imagination eines Vorstellungsgesprächs und was verändert meine innere Einstellung an meinem Körperausdruck
- Testsatz, Stimmklang, Artikulation, Daumen zwischen die Zähne, sprechen, Deutlichkeit, Ruhe

Einzelbericht Kunst – Malen

Durch prozessorientiertes freies Malen wurde den Teilnehmern die Möglichkeit geboten, ihr kreatives Potenzial neu und wieder zu entdecken, den lustvollen Umgang mit Farben und Formen zu erleben. Als Materialien standen den Teilnehmern großformatiger Zeichenkarton und hochwertige, vielseitig verwendbare Gouache-Farben zur Verfügung. Aufgrund ihrer Konsistenz können diese Farben beliebig verdünnt oder dick aufgetragen werden. Unterschiedliche Pinsel, Spachteln und Malmesser boten viele Möglichkeiten zum Experimentieren. Nach einer kurzen Einführung zu den Farben und ihren technischen Möglichkeiten, zum Farbkreis und Mischen der Farben bekamen die Teilnehmer Zeit zum selbständigen Testen. Zu Walzerklängen wurde schwungvoll ausprobiert und experimentiert.

Aufgrund der Heterogenität der Gruppe entschied sich die Trainerin, den individuellen Wünschen und Bedürfnissen der einzelnen Teilnehmer Raum zu geben und diese individuell zu fördern und in ihrer Ausdrucksfähigkeit zu unterstützen. Dies geschah in Form von Hilfestellung bei maltechnischen Problemen, Unterstützung bei der Umsetzung eigener Ideen, Anregungen und Impulsen. Die Teilnehmer nutzten die Möglichkeit, lustvoll auszuprobieren – sei es abstrakt oder gegenständlich – und ihren Ideen bildnerisch Ausdruck zu verleihen.

Die Teilnehmer waren sehr konzentriert und eifrig bei der Sache. Es herrschte eine offene, kreative Atmosphäre. Das Angebot des kreativen Arbeitens wurde gerne angenommen und ausdrücklich begrüßt.

Einzelbericht Markt und Bedarf

Umbruch am Arbeitsmarkt:

- Das Angebot am Arbeitsmarkt, welche Qualifikationen sind gefragt
- Umbruch am Arbeitsmarkt unter dem Aspekt der EU-Erweiterung
- Flexibilität und Mobilität der Dienstnehmer
- Sprachliche Kompetenz als Vorteil für Arbeitsuchende
- Was bedeuten Soft Skills, wie setze ich diese vorteilhaft ein?

Welche Wirtschaftsbranchen stehen aktuell in Konjunktur?

- Erarbeitung der Top 10
- Fachkräftemangel – was ist das?

- Was macht eine Fachkraft aus?
- Welche Zusatzqualifikation lässt sich individuell nutzen?

Individuelle Fallberatung der Teilnehmer
- Einzelfallbesprechung der beruflichen Karriere
- Tipps für aussichtsreiche Bewerbung in der Wirtschaft
- Wie interpretiere ich eine Stellenanzeige richtig?
- Welche Alternativen gibt es zu meinem Traumberuf, zu meiner Berufung?
- Aufzeigen der Perspektiven für die Teilnehmer

Das Bewusstmachen der eigenen Fachkenntnisse sowie die Sensibilisierung für die persönlichen Ressourcen im Bereich Soft Skills sollte bei den Teilnehmern dazu beitragen, das Selbstbewusstsein zu stärken. Die Beantwortung spezieller Fragen der Teilnehmer zu den obigen Themen und die gemeinsame Stellensuche im Internet ließen eine angeregte Gruppendiskussion entstehen. Das Ziel dieses Maßnahmentages bestand in der Aktivierung der Eigenmotivation, einen Neustart in den Arbeitsmarkt zu wagen.

Einzelbericht Sport (Schwechat)

Ankommen im Garten, Spaziergang zum Eingehen

Kurzer Input zu Bewegung:
- Wer macht welche Bewegung?
- Welche beziehungsweise wie viel Bewegung ist gesund, hält fit?
- Auf den eigenen Körper hören
- Bewegung und gesunder Körper als wichtige Ressourcen

Praktische Erfahrungen zum Gehen:
- Entspanntes Gehen, kraftvolles Gehen
- Gewichtsverlagerung beim Gehen
- Langsames Gehen – Gleichgewicht
- Drücken und Ziehen beim Schritt
- Entspanntes Bein beim Gehen bewusst wahrnehmen
- Runde Gehbewegung
- Gehen und Körpersprache

Kurzer Input zu Natur:
- Natur als Lebensquell
- Staunen über die Natur
- Natur als Erholung und Ressource

Praktische Übung zur Vision:
- Alleine durch den Garten streifen
- Plätze finden, die Stationen in der eigenen Visionsgeschichte darstellen oder als Ressourcen inspirieren

In der Reflexion nach dieser Übung kamen einige Ressourcen zum Vorschein: klares Wasser/Wasserfall; Früchte auf den Weichselbäumen (Zeit, die Früchte der Arbeit zu ernten); das Chaos der nicht gemähten Wiese als Bild für die momentane Situation (mit dem Ziel, mehr Struktur zu schaffen).

Praktische Übung – dein größter Schatz:
- Zum Abschluss galt es, eine Strecke im Wald blind zu überwinden. Ein Seil bot Führung auf dem Weg. Einmal unterbrochen, war der „Gesang“ des Waldkauzes die einzige Orientierung für den weiteren Weg.
- Am Ende des Seiles befreiten sich die Teilnehmer selbst von ihren

Augenbinden und sollten am Boden einen großen Schatz finden. Im Laub eingebettet lag ein Spiegel, in dem sie sich selbst sehen konnten.

Diese Übung fand sehr großen Anklang. Alle hatten großen Spaß beim blinden Vorwärtstasten, obwohl zu Beginn auch allen eine gewisse Überwindung ins Gesicht geschrieben stand. Die Sache mit dem Spiegel war nicht für alle gleich einsichtig, aber mit sanfter Hinführung zum genauen Hinsehen ergaben sich durchaus rührende Momente.

Evaluation

Externe Evaluation des AMS-Kurses Selbst&Wert (Schwechat)

Die Psychologiestudentin Simone Schmelzenbart führte in Interviews mit den Teilnehmern eine Evaluation des Kurses durch. Zu diesem Zweck wurden am Kursort strukturierte Einzelbefragungen der Kursteilnehmer durchgeführt.

Ziel der Befragung war eine Erhebung der allgemeinen Zufriedenheit mit dem Kurs, den äußeren Rahmenbedingungen und den Trainern sowie eine spezifische Überprüfung, ob die zugrunde liegenden Kursziele erreicht wurden. Die äußeren Rahmenbedingungen des Kurses wurden überwiegend, die Kompetenz der Trainer einstimmig positiv bewertet.

Zur Überprüfung, ob die Kursziele umgesetzt werden konnten, wurden gezielte Fragen entwickelt und Persönlichkeitsmerkmale vor und nach dem Kurs erfragt. Besonders im beruflichen Bereich haben die Teilnehmer im Rahmen des Kurses Ziele und Visionen entwickelt. Die Umsetzung dieser Ziele im Alltag ist jedoch einigen Teilnehmern (noch) nicht gelungen. Hier scheint im Rahmen weiterer Kurse Potenzial zu liegen, um die Kursteilnehmer noch alltagsnaher an eine mögliche Vorgehensweise hinsichtlich der Umsetzung ihrer Ziele heranzuführen. Im Privatleben scheinen sich viele Kursteilnehmer ihrer Ziele auch schon vor dem Kurs bewusst zu sein, es fehlt ihnen aber an Kompetenz zur Umsetzung. Hier ist zusätzlich anzumerken, dass viele Teilnehmer vor allem im Privatleben traumatische Erfahrungen hatten und eventuell eine über den Kurs hinausgehende Hilfestellung benötigen würden.

Ziele wie Identitätsfindung, Steigerung der Motivation und erhöhte Selbstbestimmtheit konnten erfolgreich umgesetzt werden. Besonders PCM fand bei den Teilnehmern großen Anklang. Jene Personen, die ihre Fähigkeiten im Umgang mit Menschen vor dem Kurs als besonders schlecht einstuften, fühlten sich danach sicherer und kompetenter. Die verbesserte Selbsteinschätzung lässt möglicherweise auf ein gesteigertes Selbstwertgefühl schließen. Insgesamt wurden die gesetzten Ziele also überwiegend erreicht.

Online-Tool Teilnahmezufriedenheit des AMS (Schwechat)

Am Abschlusstag waren neun Teilnehmer anwesend. Diese hatten im Online-Tool Teilnahmezufriedenheit des AMS den Fragebogen ausgefüllt. Die Noten bezüglich Trainer und inhaltlicher Gestaltung lagen im Bereich 1,0 – 1,1. Die Zufriedenheit mit den Rahmenbedingungen lag im Bereich 1,3 – 2,4. Die Fragen zum AMS erhielten Noten von 2,3 und 4,2. Die Gesamtnote betrug 1,5.

Messung des Sozialkapitals (Baden)

Der Kurs für die Arbeitslosen beinhaltet auch einen Sozialkapitaltest. Für die Aufnahme einer Erwerbstätigkeit spielen oftmals soziale Kontakte, aber auch die soziale Kompetenz – das heißt, die Qualität der eigenen sozialen Beziehungen – eine entscheidende Rolle. Es scheint daher wichtig, diese Aspekte auch während des Kurses zu berücksichtigen. Um diese Dimension zu eruieren, hatten die Kursteilnehmer am Beginn und Ende des Kurses einen Fragebogen ausgefüllt, in dem das „Sozialkapital" abgefragt worden war. Damit lag auch eine Evaluation des Kurses vor. Die Evaluation wurde von Dr. Sigrid Kroismayr, BOAS (geleitet von Prof. Gehmacher) durchgeführt.

Die Ergebnisse sind sehr vielversprechend. Arbeit und Beruf wurden am Ende des Kurses von den Teilnehmern als wichtig und bedeutsam empfunden. Haben zu Beginn des Kurses sieben Personen der Berufsarbeit keine Bedeutung beigemessen, sind es am Ende des Kurses nur mehr drei Personen, die dies angegeben haben. Bei mehr als der Hälfte der Personen konnte also in dieser Hinsicht ein „Sinneswandel" in die Wege geleitet werden. Dazu hat möglicherweise auch das Verhältnis der Kursteilnehmer untereinander beigetragen – die gegenseitige Bestärkung und Motivierung, gemeinsame Gespräche über die berufliche Zukunft und anderes mehr. Aus den beantworteten Fragen ist ersichtlich, dass die Gruppe während der Kurszeitraumes zusammengewachsen ist und vertrauensvolle Beziehungen aufgebaut werden konnten. Auffallend ist weiters, dass die Kursteilnehmer nach dem Ende des Kurses mit ihren Mitmenschen weniger in Konflikte und Streit verwickelt sind. Das „negative Sozialkapital" hat sich also im Laufe der Kurszeit vermindert. Interessanterweise haben während der Kurszeit der kulturelle und künstlerische Bereich stark an Bedeutung gewonnen. Hier hat sich der Anteil jener Personen, die diesem Bereich in ihrem Leben einen wichtigen Stellenwert einräumen, mehr als verdoppelt. Diese wenigen Ergebnisse verdeutlichen, dass sich während der Kurszeit wichtige persönliche Veränderungen bei den Teilnehmern vollzogen haben, die hinsichtlich ihrer Chancen der Arbeitsmarktintegration als positiv zu bewerten sind.

Rückmeldungen der Teilnehmer am Ende des Kurses (Baden)

Am Ende des Kurses wurde unter den Teilnehmern eine schriftliche Befragung durchgeführt, die zum Ziel hatte, den Unterschied zwischen dem Beginn und Ende des Kurses aus der Sicht der Teilnehmer festzuhalten. **Folgende Aussagen wurden dabei abgegeben (teilweise mehrfach genannt):**

„Horizonterweiterung"
„Positivere Einstellung"
„Bessere Menschenkenntnis"
„Mehr Selbstbewusstsein"
„Mehr Energie"
„Positivere Einstellung zur gegenwärtigen Situation"
„Mehr Selbstsicherheit"
„Mutigeres Auftreten"
„Ich bin stärker geworden"
„Mehr Lebensmut"
„Bessere Stressbewältigung"
„Ich lebe jetzt wieder bewusster"
„Mein Selbstbewusstsein ist erheblich gestiegen"
„Ich kann mich auf die jeweiligen Menschen besser einstellen"
„Ich habe neue, in ähnlichen Situationen befindliche Freunde gewonnen"
„Besserer Umgang mit negativen Dingen (z. B. Ablehnung bei Bewerbung)"

„Besseres Auftreten“
„Anheben der Wertschätzung“
„Mehr Lebensmut und Selbstvertrauen“
„Besseres Auftreten gegenüber anderen Leuten“
„Positivere Zukunftsaussichten“
„Besserer Umgang mit Stress“

Auf die Frage, „Wie fühlen Sie sich jetzt und heute?“, antworteten die Teilnehmer:

„Sehr gut, leider ist heute der letzte Tag“
„Selbstbewusster als Person und ausgeglichener“
„Aufgebaut, motiviert und selbstbewusst“
„Eindeutig besser im psychischen Bereich“
„Selbstbewusster als zu Beginn“
„Sehr gut“

Die dargestellten Aussagen zeigen, dass bei allen Teilnehmern des Kurses Selbstwert und Selbstbewusstsein signifikant größer waren als am Beginn. Dies trägt wesentlich dazu bei, dass die Teilnehmer – basierend auf ihrer Berufung und der Bearbeitung einer Umsetzungsvision – immer fähiger werden, aus eigenem Antrieb und mit eigener Kraft wieder eine passende Erwerbsarbeit zu finden.

Menschen, die ihren Arbeitsplatz verloren haben, wurden unfreiwillig aus ihrem bisherigen **Hamsterrad** geworfen. Das erbringt allerdings leider nur in den seltensten Fällen ein Gefühl der Befreiung. Im Normalfall kommt es zur Entstehung eines anderen Hamsterrads, das von den meisten Betroffenen als noch schlimmer empfunden wird. Der Kurs Selbst&Wert zielte nicht nur darauf ab, eine neue Erwerbsarbeit zu finden, sondern vielmehr Neuorientierung und Persönlichkeitsentwicklung zu stimulieren, die eine möglichst weitreichende Befreiung aus Hamsterrädern aller Art erleichtern sollten.

Kapitel 15

Strategien mit Mehrwert – Bedürfnisse als Schlüssel zu einer nachhaltigen Lebensqualität

Johannes Frühmann, Sigrid Grünberger, Ines Omann

1. Einleitung / Motivation

Ausbruch aus dem Hamsterrad – „ausbrechen“ – das hat auch immer mit „aufbrechen“ zu tun. Aber: Was oder wohin aufbrechen? Zu mehr Lebensqualität, Glück und einem erfüllten Leben? Ausbruch und Aufbruch sind auch immer mit ganz persönlichen Veränderungen verbunden. Was treibt uns zu solchen Veränderungsprozessen? Wo liegen die Kräfte, die uns dazu motivieren? Wie sieht die Vision aus, die uns zieht?

Wir – die Autoren dieses Kapitels – beschäftigen uns mit gesellschaftlichen Entwicklungsprozessen, einer nachhaltigen Entwicklung unserer Gesellschaft. Aus unserer Arbeit wissen wir, wie wichtig eine solche Entwicklung für die Zukunft von uns Menschen ist. Nachhaltigkeit ist aber noch viel mehr: Es ist eine Vision, die ein gutes Leben auf diesem Planeten skizziert – jenseits von Hunger und Ausbeutung, Kriegen und Umweltkrisen und: jenseits des Hamsterrades. Das aktive Verändern von gesellschaftlichen Rahmenbedingungen wird für den Wandel einer nachhaltigen Entwicklung jedoch nicht reichen beziehungsweise ist ohne begleitenden inneren Wandel nicht möglich. Nachhaltigkeit fängt bei jedem Menschen selbst an, bei Werten, Einstellungen und ganz persönlichen Bedürfnissen. Hier liegt die wesentliche Motivation für jede Veränderung – das werden wir uns in diesem Kapitel näher ansehen.

Veränderungen werden vor allem an unserem Verhalten sichtbar, doch damit betrachten wir nur die Spitze des Eisberges der Veränderung: Die Motivationen für unsere Handlungen liegen tiefer (siehe Abb. 1). Unsere Handlungen sind durch unser Denken, unsere Gefühle, aber auch durch unsere Werte und Einstellungen geprägt. Die tiefsten Wurzeln liegen aber in unseren Bedürfnissen.

Abbildung 1: Eisberg-Modell (nach Rauschmayer et al.)

2. Was sind Bedürfnisse?

Der Begriff „Bedürfnis" wird sehr unterschiedlich verwendet (Gasper 1996) und manchmal als eine Form von Wunsch oder Begehren verstanden. Für uns sind Bedürfnisse aber viel mehr als das: Bedürfnisse sind die grundlegendste Komponente menschlichen Erblühens (engl. human flourishing). Das heißt, die Erfüllung von Bedürfnissen ist ein wesentlicher Schlüssel zu menschlichem Glück im umfassendsten Sinn.

Somit bilden Bedürfnisse auch die Grundlage unserer Handlungen – eine Grundlage, die wir nicht weiter begründen können. Wenn wir uns fragen, warum wir uns dieses oder jenes Bedürfnis erfüllen, können wir nur auf unser subjektives Wohlbefinden verweisen. Indem wir nun Bedürfnisse als grundlegende Faktoren zu umfassendem Wohlbefinden und innerem Wachstum definieren, können wir uns fragen: Dienen bestimmte Handlungen, Güter oder Dienstleistungen tatsächlich zur Erfüllung unserer Bedürfnisse und steigern sie damit auch unser Wohlbefinden?

Es gibt viele Ansätze und Listen von Bedürfnissen, die sich allerdings im Wesentlichen sehr ähnlich sind (Alkire 2002). Wir wollen hier zwei Ansätze kurz vorstellen: (1) Bedürfnisansatz nach Manfred Max-Neef, der eine konkrete Liste an Bedürfnissen vorschlägt, und (2) Bedürfnisse nach Marshall Rosenberg, der einen offenen Zugang wählt. Der Ansatz von Max-Neef (Max-Neef et.al. 1991) wurde auf der Basis von Workshops mit (Gemeinde-)Bürgern in Lateinamerika entwickelt. Menschen haben sich über ihre individuellen Bedürfnisse verständigt und daraus Maßnahmen für ihre gesellschaftliche Entwicklung abgeleitet.

Daraus entstand eine Liste mit 10 Bedürfnissen, die Max-Neef bei allen Menschen feststellen konnte:

- Subsistenz
- Schutz
- Zugehörigkeit
- Verstehen
- Teilhabe
- Muße
- Identität
- Freiheit
- Spiritualität

Marshall Rosenberg, der Begründer der gewaltfreien Kommunikation, bezeichnet Bedürfnisse als die Wurzeln menschlicher Gefühle. Die Frage nach den eigenen Bedürfnissen führt uns schnell zu dem, was uns wirklich wichtig ist, um uns wohlzufühlen. Rosenberg lässt dabei weitgehend offen, welche Bedürfnisse es „gibt", und bringt Listen sowie Beispiele nur als Anhaltspunkte (Rosenberg 2007). Diese decken sich jedoch weitgehend mit der Liste von Max-Neef. Beide Autoren halten (wie einige weitere Autoren) diese Auswahl an Bedürfnissen für universal, das heißt: Jeder Mensch hat diese Bedürfnisse und jedem Menschen sind diese damit auch zuzugestehen. Die Liste nach Max-Neef ist aber nicht unbedingt vollständig, es könnten also in Zukunft noch weitere Bedürfnisse hinzukommen.

Bedürfnisse und Strategien

Bedürfnisse sind ziemlich abstrakte Werte, die für uns Menschen wesentlich sind. Es ist sehr wichtig, diese von den Strategien unseres Verhaltens zu unterscheiden. Strategien dienen zur Erfüllung von Bedürfnissen und sind mit konkreten Handlungen verbunden. Ein Beispiel: Ich kann mein Bedürfnis nach Teilhabe durch ein Treffen mit Freunden, gute Zusammenarbeit im Büro oder die Mitarbeit in einem Verein befriedigen. Für jedes Bedürfnis gibt es eine Vielzahl an möglichen Strategien zu seiner Erfüllung. Die Entscheidung, welche Strategien ausgewählt werden, liegt im Wesentlichen bei jedem Menschen selbst.[7]

Meist ist uns allerdings diese Freiheit in der Entscheidung nicht bewusst und wir wenden Strategien aus Gewohnheit an, weil wir sie früher einmal lernten oder von Freunden abschauten. Hier Klarheit zu schaffen, braucht ein bewusstes Nachdenken und vor allem Nachspüren über die eigenen Bedürfnisse sowie eine Reflexion der Strategien zu ihrer Erfüllung. Nachspüren ist deshalb besonders wichtig, weil unsere Gefühle die bedeutsamsten Gradmesser sind. Positive Gefühle zeigen uns, dass wichtige Bedürfnisse erfüllt sind. Negative Gefühle weisen auf nicht oder nur teilweise erfüllte Bedürfnisse hin.

Max-Neef hat auf der Basis seiner wissenschaftlichen Arbeit (Max-Neef 1991) nicht nur eine Liste an Bedürfnissen, sondern auch passende Strategien zusammengestellt. Diese ordnet er in vier Kategorien (Tabelle 1):

- SEIN: Qualitäten; persönliche oder gemeinschaftliche Attribute
- HABEN: Dinge; Institutionen, Normen, Mechanismen und Werkzeuge (nicht im materiellen Sinne)
- TUN: persönliche oder gemeinschaftliche Handlungen
- SICH BEFINDEN: Orte, Räume und Milieus

---

7 Auch wenn gewisse Strategien kollektiv durch Gesetze oder kulturelle Regeln verhindert bzw. mit unangenehmen Folgen, wie z.B. Freiheitsstrafen, versehen werden.

Tabelle 1: Matrix von Bedürfnissen und Beispiele korrespondierender Strategien, den vier Kategorien zugeordnet, eigene Zusammenstellung (nach Max-Neef et al. 1991: 32–33)

Menschliche Bedürfnisse	Strategien			
	Sein	**Haben**	**Tun**	**Sich befinden**
Subsistenz	Körperliche und mentale Gesundheit	Essen, Haus, Arbeit	Essen, anziehen, arbeiten, rasten	Naturraum, soziales Setting
Sicherheit	Fürsorge, Anpassung, Autonomie	Soziale Sicherheit, Gesundheitssysteme, Arbeitsplätze	Zusammenarbeiten, planen, aufpassen, helfen	Gesellschaft, Wohnung
Zugehörigkeit	Respekt, Humor, Großzügigkeit, Sinnlichkeit	Freunde, Familie, (Natur-) Beziehungen	Teilen, aufpassen, lieben, Gefühle ausdrücken	Private & intime Räume der Begegnung
Verstehen	Aufnahmefähigkeit, Neugier, Intuition,	Literatur, Lehrer, Politiker, Bildungssystem	Analysieren, studieren, meditieren, erforschen	Schulen, Familie, Universitäten, Gemeinden
Teilhabe	Ansprechbarkeit, Engagement, Sinn für Humor	Verantwortlichkeiten, Pflichten, Rechte, Arbeit	Kooperieren, widersprechen, Meinung äußern	Vereine, Parteien, Glaubensgemeinschaften, Nachbarschaft
Musse	Vorstellung, Ruhe, Spontaneität	Spiele, Partys, Seelenfrieden	Tagträumen, erinnern, entspannen, Spaß haben	Naturräume, intime Räume (zum alleine sein)

Kreativität	Fantasie, Kühnheit, Ideenreichtum, Neugier	Fähigkeiten, Fertigkeit, Arbeit, Techniken	Erfinden, bauen, erschaffen, arbeiten, interpretieren	Ausdrucksräume, Workshops, Publikum
Identität	Zugehörigkeitsgefühl, Selbstwertgefühl, Konsistenz	Sprache, Religion, Arbeit, Werte, Normen	Sich selbst kennenlernen, wachsen	Plätze der Verbundenheit, Alltagsräume
Freiheit	Autonomie, Leidenschaft, Selbstbewusstsein, Offenheit	Gleichberechtigung	Widersprechen, bewusst wählen, riskieren, Achtsamkeit üben	Überall
Spiritualität	Innere Ausgeglichenheit, Präsenz	Religion, Rituale	Beten, meditieren, Achtsamkeit üben	Spirituelle Orte, Gotteshäuser

Während Bedürfnisse weder durch andere ersetzt werden können noch in Konflikt zu einander stehen, sind Strategien sehr wohl verhandelbar, das heißt: Strategien können sowohl bei einem Menschen zu Wertekonflikten wie auch zwischen Menschen zu Interessenkonflikten führen. Wertekonflikte treten auf, wenn eine Strategie ein Bedürfnis erfüllt, die Erfüllung eines anderen wichtigen Bedürfnisses aber dadurch verhindert oder eingeschränkt wird. Bei Interessenkonflikten zwischen Menschen wirkt die gewählte Strategie eines Menschen (oder einer Gruppe) negativ auf die Erfüllung wichtiger Bedürfnisse bei anderen Menschen. Strategien können aber auch synergetisch wirken, das heißt: Eine Strategie kann zur Erfüllung mehrerer Bedürfnisse beitragen.

Die vorhin angeführte Tabelle kann nun Anregungen geben, über eigene Strategien nachzudenken. Über Bedürfnisse und Strategien nachzudenken „(...) erlaubt, unerwartete Facetten eines Problems zu entdecken und damit eine erhöhte Bewusstheit über das, was wesentlich ist" (Max-Neef et al. 1991: 43). Die Unterscheidung von Bedürfnissen und Strategien kann also einen neuen Denkraum eröffnen – sowohl beim Hinterfragen von Arbeits- und Lebensmustern als auch in Entscheidungssituationen. Warum ist mir das wichtig? Welche Bedürfnisse werden durch Strategie XY erfüllt? Welche Bedürfnisse werden nicht erfüllt? Gibt es eine andere Strategie, die mehr meiner Bedürfnisse erfüllt? Die Auseinandersetzung mit diesen Fragen hilft uns, Entscheidungen bewusster zu treffen – geht jedoch weit darüber hinaus: Wir beleuchten damit die Frage, was eigentlich ein „gutes, glückliches und sinnvolles Leben" für uns bedeutet.

3. Das Konzept der Lebensqualität

Das Leben in einer erfüllenden, nachhaltigen Lebensqualität ist ein Prozess. Bevor wir darauf genauer eingehen, wollen wir uns den Begriff der „Lebensqualität" näher ansehen, wobei wir auch die Leitlinien einer nachhaltigen Entwicklung im Blick behalten werden.

Lebensqualität: ein kurzer Überblick

Das Konzept von Lebensqualität (kurz: LQ) erlangte nach einem ersten Aufkommen in der Wohlfahrtsökonomie der Zwischenkriegszeit (z. B. Arthur C. Pigou: „Economics of Welfare", 1920) in den 1960er- und 1970er-Jahren in den USA und Europa Bekanntheit. Das Wiederaufleben des Konzepts in den USA und Europa in der zweiten Hälfte des vergangenen Jahrhunderts basiert vermutlich auf folgender Erkenntnis: Materieller Wohlstand garantiert nicht gleichzeitig eine hohe Lebensqualität – und hat sehr wenig mit persönlich empfundenem Lebensglück zu tun.

Die politische Debatte bezüglich Lebensqualität wurde in den 1970er-Jahren durch die Öl- und Wachstumskrise jedoch abermals unterbrochen. Danach entwickelten sich zwei wichtige Traditionen empirischer Beobachtung und Analyse von Wohlbefinden und Lebensqualität: die skandinavische Tradition der Wohlstandsforschung und die amerikanische Lebensqualitätsforschung. Die skandinavische Schule betrachtet den Bürger als ein aktives und kreatives Wesen und den unabhängigen Bestimmer seiner eigenen Ziele. Ressourcen sind lediglich Mittel, um diese Ziele zu erreichen (Thålin 1990). Lebensqualität wird ausschließlich durch objektive Indikatoren gemessen – hier existieren Ähnlichkeiten zum Konzept der Verwirklichungschancen (engl. capabilities) von Amartya Sen. Verwirklichungschancen beschreiben die Möglichkeiten und Fähigkeiten von Menschen, Ressourcen zu nutzen und in ihr Wohlergehen umzusetzen. Sen wurde 1998 mit dem Nobelpreis ausgezeichnet.

Die amerikanische Schule ist stark von der Sozialpsychologie und der Beforschung psychischer Gesundheit, welche die subjektiven Erfahrungen betont, beeinflusst. Hedonistisches Well-being (siehe nachfolgend) ist der prinzipielle Maßstab, woran Aktionen und gesellschaftliche Entwicklung gemessen werden. Da Lebensqualität direkt von Menschen erfahren wird (Campbell 1972), sind diese die besten Experten für die Beurteilung ihrer individuellen Lebensqualität. Die amerikanische Schule verwendet subjektive Indikatoren für die Messung von Lebensqualität, wie zum Beispiel Glück oder Wellbeing.

Exkurs: Well-being[8]

Von den zahlreichen Definitionen des Begriffs Well-being (z. B. Dodds 1997), verwenden wir jene hinsichtlich einer dauerhaften und generellen Zufriedenheit mit dem eigenen Leben. Die psychologische Literatur (Westerhoff und Keyes 2008) unterscheidet zwischen hedonistischem und eudaimonischem Wohlbefinden (Samman 2007). Hedonistisches Wohlbefinden ist ein mehrdimensionales Konzept, das sich sowohl auf die kognitiven Bewertungen des eigenen Lebens im Allgemeinen (z. B. Lebenszufriedenheit) als auch auf dessen positive und negative Gefühle (Diener 1984; Diener et al. 1999) bezieht. Die meisten ökonomischen Theorien nehmen bei der Messung von Glück und Wohlbefinden auf ebendieses hedonistische Wohlbefinden Bezug.

Das zweite Konzept von Well-being geht auf Aristoteles zurück, für den die Verwirklichung von Tugenden für ein gutes und sinnstiftendes Leben essenziell war. Gegenwärtige Literatur unterteilt eudaimonisches Well-being in psychologisches und soziales Well-being. Die Psychologin Ryff definierte sechs Elemente positiver Funktionen, aus denen sich psychologisches Well-being zusammensetzt: Selbstakzeptanz, persönliche Entwicklung, Lebensinhalt, ökologische Sensitivität, Autonomie und positive Beziehungen zu anderen (Ryff 1989; Ryff und Keyes 1995). Die fünf Dimensionen sozialen Well-beings nach Keyes (1998) lauten: soziale Akzeptanz, soziale Verwirklichung, sozialer Beitrag, soziale Kohärenz und soziale Integration.

---

8 Anm.: Der englische Begriff „Well-being“ kann im Deutschen mit „Wohlbefinden“ oder „Wohlergehen“ übersetzt werden. Wohlbefinden deutet eher auf einen subjektiven, emotionalen Sinngehalt von Well-being. Wohlergehen ist eher objektiv zu verstehen. Wir verwenden in weiterer Folge jedoch den englischen Begriff Well-being und das deutsche „Wohlbefinden“ synonym.

Psychische Gesundheit wird von der WHO (2004, S. 12) als „ein Zustand von Wohlbefinden, in dem das Individuum seine oder ihre eigenen Fähigkeiten erkennt, die alltäglichen Stressfaktoren des Lebens bewältigt, produktiv und nutzbringend arbeitet und fähig ist, einen Beitrag für die Gemeinschaft zu leisten“ definiert. Die drei Schlüsselelemente in dieser Definition sind (1) Well-being, (2) effektives Funktionieren für das Individuum und (3) effektives Funktionieren für die Gemeinschaft (WHO 2004). Keyes (2005) versucht einen integrativen Ansatz in seiner Definition. Er versteht „menschliches Erblühen“ (engl. human flourishing) als einen Zustand, in dem Individuen ein hohes Niveau an emotionalem Wohlbefinden erreichen – gekoppelt mit einem optimalen Level an psychologischem und sozialem Funktionieren. In der Forschung wurden die Verbindungen zwischen hedonistischem und eudaimonischem Well-being bis jetzt jedoch nicht ausreichend untersucht, um genaue Erklärungen der Beziehung zu liefern (Westerhofen und Keyes 2008).

Bedürfnisse werden zumeist als wesentliche Elemente hedonistischen Well-beings verstanden – die momentane Erfüllung von Bedürfnissen und die daraus entstehenden positiven Gefühle. Bedürfnisse besitzen jedoch ebenfalls eine wichtige Funktion für eudaimonisches Well-being. Ihre Erfüllung wirkt positiv auf die physiologische, psychologische und soziale Gesundheit. Weiters kann die Erfüllung von Bedürfnissen als Prozess verstanden werden, in dem Menschen ihre Potenziale entfalten. In der nachfolgenden Box sind die relevanten Definitionen des Lebensqualitätskonzepts noch einmal zusammengefasst.

Definitionen

- **Bedürfnisse** bezeichnen die grundlegendste Komponente menschlichen Erblühens. Bedürfnisse sind diejenigen Aktionsanlässe, die keine weitere Erklärung oder Rechtfertigung benötigen.
- **Strategien** sind Mittel, um Bedürfnisse zu erfüllen. Sie beziehen sich in positiver oder negativer Weise meist auf mehrere Bedürfnisse.
- **Werte:** Jedem Bedürfnis, jeder Strategie beziehungsweise Kombination aus Bedürfnis und Strategie wird eine bestimmte Bedeutung / Wichtigkeit zugeschrieben.
- **Verwirklichungschancen (Capabilities)** bestimmen die objektiven Bedingungen (z. B. die Ressourcen an Humankapital, Sozialkapital oder materiellem Kapital) und die Freiheit zu entscheiden, welche Bedürfnisse wie erfüllt werden.
- **Well-being (Wohlbefinden)** bezieht sich auf die emotionalen Zustände und Reflektionen über die Bedeutung und den Sinn des Lebens, basierend auf der subjektiven Erfahrung der persönlichen Erfüllung der Bedürfnisse. Hedonistisches Well-being bezieht sich auf die erlebte Freude und das Vergnügen und ist mit emotionalem Wohlbefinden verbunden. Eudaimonisches Well-being bezieht sich auf das individuelle Streben, sein eigenes persönliches und soziales Potenzial vollständig zu entfalten.

Lebensqualität als Prozess

In den letzten Jahren haben Versuche, die beiden (skandinavischen und amerikanischen) Ansätze von Lebensqualität zu kombinieren, zu Konzepten geführt, die Lebensqualität einerseits durch objektive

Komponenten (z. B. verfügbare Ressourcen; Einkommen; die Fähigkeiten, die Bedürfnisse mit diesen Ressourcen zu erfüllen) und andererseits durch subjektive Komponenten (bezogen auf das subjektive Wohlbefinden einer Person) zu definieren (Zapf 1984). Die objektiven Bedingungen werden im Allgemeinen als konstituierend für die subjektive Wahrnehmung betrachtet. Dieses integrierte Lebensqualitätskonzept bietet einen ganzheitlichen und umfassenden Ansatz für die Beobachtung materieller und nicht-materieller Werte.

Wir verwenden in diesem Kapitel diesen ganzheitlichen Ansatz, in dem Lebensqualität sowohl aus objektiven als auch subjektiven Komponenten besteht. Die folgende Grafik bildet unser Verständnis von Lebensqualität in Zusammenhang mit nachhaltiger Entwicklung ab.

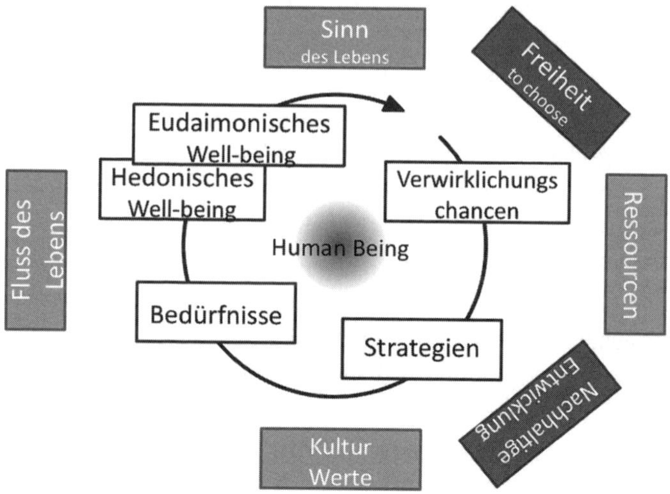

Abbildung 2: Lebensqualität als Prozess

Diese Grafik detailliert zu beschreiben, würde die Grenzen dieses Kapitels bei Weitem sprengen – deshalb werden nur die in diesem Kontext relevantesten Merkmale aufgelistet:

- Lebensqualität wird in einem zirkulären, dynamischen Prozess generiert, der die objektiven Fähigkeiten für Wohlergehen durch Strategien und Bedürfnisse mit dem subjektiven Wohlbefinden verbindet.
- Verwirklichungschancen erfordern Ressourcen im weitesten Sinn und die Freiheit, auf diese zuzugreifen. Strategien werden innerhalb der zur Verfügung stehenden Verwirklichungschancen ausgewählt und basieren auf Werten, die mit dem kulturellen Hintergrund eines Individuums in Verbindung stehen.
- Erfüllte Bedürfnisse an sich resultierten nicht notwendigerweise in einer hohen Lebensqualität – es geht vielmehr um die subjektiv wahrgenommene Erfüllung, die Menschen individuell in Wohlbefinden übersetzen.
- Eudaimonisches Wohlbefinden bedeutet, dass Menschen ihre Potenziale entwickeln und sich so ihren Raum an Verwirklichungschancen vergrößern (ein Prozess, der meist als sinnvolle Entwicklung bezeichnet wird). Durch diese Verbindung schließt sich der Kreis zu den Verwirklichungschancen. Hedonistisches Wohlbefinden (positive Gedanken und Gefühle) unterstützt diesen Prozess, kann für sich diese Verbindung aber kaum herstellen. Eine alleinige Fixierung auf hedonistisches Wohlbefinden kann leicht zum Symptom der „hedonistischen Tretmühle“ (Binswanger 2006) führen.
- Nachhaltige Entwicklung ist ein Wert, der sich auf den Lebensinhalt bezieht und (abhängig von der Kultur) eine Priorisierung von Bedürfnissen bewirkt beziehungsweise die Auswahl von Strategien lenkt.

4. Eine gesellschaftliche Vision

Aus Abbildung 2 kann man erkennen, dass – wie bereits erwähnt – nachhaltige Entwicklung ein Wert ist, der den Lebensstil eines Menschen und damit die Auswahl an Strategien beeinflusst. Strategien selbst können mehr (z. B. weniger Ressourcen verbrauchend) oder weniger (mehr Ressourcen verbrauchend) nachhaltig sein. Durch die Wahl der Strategien werden Bedürfnisse erfüllt, was das Wohlbefinden und damit die LQ eines Menschen erhöht.

Basiert die Wahl auf dem Wert der nachhaltigen Entwicklung, kann daraus nachhaltige Lebensqualität entstehen – und zwar aus folgenden Gründen:

1) Nachhaltige Strategien behandeln die Natur schonend, verbrauchen weniger Ressourcen und erhalten die Ökosysteme – dies alles sind Voraussetzungen für die LQ von zukünftigen Generationen
2) Der Wert der nachhaltigen Entwicklung impliziert auch das Bedürfnis der Sorge für andere, jetzt lebende Menschen. Viele von ihnen haben aus verschiedenen Gründen – weniger Verwirklichungschancen, Ressourcen oder Freiheit – geringere Möglichkeiten, eine hohe LQ zu erzielen, als wir Menschen, die in reichen Ländern leben. Die Sorge um diese führt zu einer Strategienwahl, die diese Möglichkeiten erhöht und damit die intragenerationelle Gerechtigkeit positiv beeinflusst.
3) Durch nachhaltige Strategien wird das eudaimonische Wohlbefinden erhöht, das in enger Verbindung mit einem sinnvollen Leben steht. Hohes eudaimonisches Wohlbefinden erlaubt ein lang anhaltendes Glücksgefühl – also einen Flow oder Fluss des Lebens (vgl. Csíkszentmihályi 2004).
4) Menschen, die im Flow sind, haben gute Voraussetzungen, aus

dem Hamsterrad unseres gegenwärtigen, nicht nachhaltigen Lebens auszubrechen.

Literatur

Alkire, S., 2002. Dimensions of Human Development. World Development 30(2), 181–205.

Binswanger M., 2006. Die Tretmühlen des Glücks: Wir haben immer mehr und werden nicht glücklicher. Was können wir tun? Herder, Freiburg.

Campbell, A., 1972. Aspiration, Satisfaction and Fulfillment. In: A. Campbell, Ph. Converse (eds): 441–446.

Csikszentmihalyi, M., 2004. Flow. Klett-Cotta.

Diener, E., 1984. Subjective well-being. Psychological Bulletin 95, 542–575, cited in Westerhof and Keyes 2008.

Diener, E., Suh, E.M., Lucas, R., Smith, H.L., 1999. Subjective well-being: Three decades of progress. Psychological Bulletin 125, 276–302, cited in Westerhof and Keyes 2008.

Dodds, S, 1997. Towards a 'science of sustainability': Improving the way ecological economics understands human well-being´, *Ecological Economics* 23, pp. 95–111.

Gasper, D., 1996. Needs and Basic needs: A clarification of meanings, levels and different streams of work. Working Papers of the Institute of Social Studies: 40.

Keyes, C.L.M., 1998. Social well being. Social Psychology Quarterly 61, 121–140, cited in Westerhof and Keyes 2008.

Keyes, C.L.M., 2005. Mental illness and/or mental health? Investigating axioms of the complete state model of health. Journal of Consulting and Clinical Psychology 73, 539–548, cited in Westerhof and Keyes 2008.

Max-Neef, M. A., A. Elizald, et al., 1991. Development and Human Needs. Human Scale Development: conception, application and further reflections. New York, The Apex Press: 13–54.

Rauschmayer, F., Muenzig, T., Frühmann, J., 2010: A plea for the self-aware sustainability researcher. Learning from business transformation processes for transitions to sustainable development. In: Rauschmayer, F., Omann, I., Frühmann, J., 2010: Sustainable Development: Capabilities, Needs and Wellbeing. Routledge.

Rosenberg, M., 2007: Gewaltfreie Kommunikation. Jungfermann Verlag.

Ryff, C.D., 1989. Happiness is everything, or is it? Explorations on the meaning of psychological well-being. Journal of Personality and Social Psychology 57, 1069–1081, cited in Westerhof & Keyes 2008.

Ryff, C.D., Keyes, C.L.M., 1995. The structure of psychological well-being revisited. Journal of Personality and Social Psychology 69, 719–727, cited in Westerhof and Keyes 2008.

Samman, E., 2007. Psychological and Subjective Wellbeing: A Proposal for Internationally Comparable Indicators. OPHI Working Papers: Oxford, Queen Elizabeth House, University of Oxford, pp 1–54, http://ideas.repec.org/p/qeh/ophiwp/ophiwp006.html [13 April 2010].

Thalin, M., 1990. Politics, Dynamics and Individualism – The Swedish Approach to Level of Living Research. In: Social Indicators Research, 22: 155–180.

Westerhoff, G.J., Keyes, C.L.M., 2008. Positive mental health: From happiness to fulfillment of potentials. Presentation given at 'Happiness and Capability: Measurement, Theory and Policy' in Radboud University Nijmegen / Ravenstein, 22.–23.08.08.

World Health Organization, 2004. Promoting mental health: Concepts, emerging evidence, practice (Summary report). Geneva: WHO.

Zapf W., 1984. Individuelle Wohlfahrt. Lebensbedingungen und wahrgenommene Lebensqualität. In: Glatzer W. und Zapf W. (Hrsg.): Lebensqualität in der Bundesrepublik. S. 13–26. Campus – Frankfurt am Main

Die Zukunft ohne Hamsterrad – eine Vision

Ein modernes Märchen

Anneliese Fuchs

Es war einmal ein *Steingarten* mit einer schönen Struktur, einem Muster, das täglich mehrmals nachgerecht wurde. Es gab kleine Steine, Kiesel in verschiedensten Farben, von denen die meisten grau waren. Es gab aber auch große Steine. Dieser Garten musste ständig in Ordnung gehalten werden. Dazu gab es eine große Anzahl von Arbeitern, die den Garten bei einem Gongschlag mit ihren Rechen betraten und fleißig arbeiteten. Sie mussten tagaus, tagein in diesem Garten tätig sein.

Sie wurden von einem Mann beobachtet und kontrolliert, der in einem *Schloss* auf einem Berg wohnte und von den Zinnen aus den direkten Blick auf den Steingarten hatte. Von dort steuerte er die Arbeiter, gab ihnen Anweisungen und koordinierte ihr Tun, damit der Garten immer schön war.

Ein *Mensch,* der in diesem Steingarten arbeitete, dachte eines Tages: „Es muss doch noch andere Gärten geben, die anders aussehen. Ich mache mich auf und suche einen solchen Garten." Als die anderen merkten, dass er den Steingarten verlassen wollte, machten sie ihm Vorhaltungen, dass er ein Träumer sei, es keine anderen Gärten gäbe und dies die einzige Wirklichkeit wäre. Der Mensch ließ sich jedoch nicht beirren und machte sich auf den Weg.

Er ging aus dem Steingarten und kam in eine steinige Berglandschaft. Plötzlich sah er zwischen den Steinen etwas, das er nicht kannte. Ein *Reh* kam des Weges und er fragte das Reh: „Liebes Reh, kannst du mir sagen, was das da zwischen den Steinen ist?" Das Reh meinte. „Das ist Gras, es ist grün und riecht gut. Versuche es einmal!" Da roch der Mensch am Gras und wunderte sich, dass etwas riechen und eine solche Farbe haben konnte. Da fragte der Mensch das Reh: „Ich bin auf dem Weg zu einem Garten, der anders ist als unser Steingarten. Kannst du mir sagen, ob es so etwas gibt und wo dieser liegt?" Das Reh erwiderte: „Ich habe auch schon von einem solchen Garten gehört, doch ich weiß nicht, wo er ist. Ich kenne aber einen Frosch, der in einem Teich wohnt, und dir vielleicht weiterhelfen kann. Der Weg, den du hier siehst, führt zum Teich." Der Mensch bedankte sich und ging den Weg entlang, den ihm das Reh gezeigt hatte.

Nach einiger Zeit kam er wirklich zu dem *Teich* und sah auch gleich den Frosch, der ihn begrüßte. Der Mensch fragte sofort: „Ich habe gehört, dass es einen Garten gibt, der ganz anders als der Steingarten ist. Kannst du mir sagen, wo er liegt?" Der *Frosch* antwortete: „Natürlich weiß ich, wo er ist, doch du bist noch nicht auf diesen Garten vorbereitet. Zuerst musst du eine Zeit lang bei mir bleiben und den Teich beobachten."

Da fiel dem Menschen erst auf, dass der Teich wunderschöne Blumen hatte: Seerosen, Iris, Butterblumen und noch viele andere, die ihm der Frosch noch gar nicht genannt hatte. Je länger er am Teich weilte, desto intensiver roch er den Duft der Blüten, desto intensiver erlebte er die herrlichen Farben, während er die Libellen im Flug beobachtete. Nach einiger Zeit merkte er, dass er ganz ruhig und glücklich wurde. Da sagte der Frosch: „Dein steinernes Herz beginnt zu schmelzen und ein lebendiges Herz zu werden. Jetzt kannst du weitergehen, doch bevor du zu dem Garten kommst, musst du noch durch einen großen, dunklen Wald. Dort werden dir wilde und zahme Tiere begegnen. Diese musst du dir vertraut machen. Dann kommst du nach dem Wald auf eine Wiese mit einer großen Mauer und einer Pforte. Hinter der Mauer liegt der Garten, den du suchst. Viel Glück!"

Der Mensch bedankte sich und ging den schmalen Weg, den ihm der Frosch gezeigt hatte, und kam bald zum *Wald.* Dieser war sehr dunkel und groß. Als der Mensch ihn betrat, wurde ihm ganz unbehaglich und bald fühlte er, dass hinter ihm etwas ging. Als er sich umwandte, sah er einen Tiger, der ihm folgte. Er hatte große Angst, bedachte jedoch die Worte des Frosches. Er wusste aber nicht, wie man sich ein Wesen vertraut machte. So fragte er den Tiger: „Gehörst du zu mir? Was muss ich tun, damit du mir vertraut wirst?" Der Tiger meinte: „Ja, ich gehöre zu dir, ich bin ein Teil von dir. Du musst mich ansehen und mit der Zeit mit mir vertraut werden und mich zum Schluss lieben, dann kannst du über meine Kraft verfügen." So ging der Mensch neben dem Tiger ein langes Stück des Weges und sah ihn immer wieder an, bis er langsam das Gefühl der Vertrautheit hatte und das Fell des Tigers berührte. Er blieb stehen, ging in die Knie, sah dem Tiger in die Augen und wurde von einer Welle der Zuneigung erfasst. Er spürte auch, wie die Kraft des Tigers auf ihn überging. So ging es ihm auch mit einem Wolf, einem Bären, aber auch mit einem Hasen. Nachdem er einige Zeit in diesem finsteren Wald zugebracht hatte, kam er zu einer riesengroßen Wiese.

Auf dieser Wiese sah er auch gleich eine *große Mauer*, die aus rohen Steinquadern zusammengefügt war und eine kleine Pforte hatte. Er ging mit seinen Tieren zu dieser Pforte, öffnete sie und konnte vor Überraschung gar nicht atmen. Er sah einen *Garten,* wie er ihn sich in seinen kühnsten Träumen nicht vorgestellt hatte. Es gab Blumen, Bäume, Büsche, aber auch Tiere und Menschen, die eifrig im Garten arbeiteten. Alles wirkte lebendig, fröhlich, heiter, bunt. Er ging mit seinen Tieren hinein und wurde von allen freudig empfangen – als hätten schon alle auf ihn gewartet und er wäre jetzt endlich angekommen.

Das alles sah jener Mann in dem Schloss auf dem Berg. Einerseits fürchtete er, er könnte seine Arbeiter im Steingarten verlieren, wenn sie Kunde vom Schicksal des Menschen bekämen. Andererseits rührte sich in seinem Inneren eine Sehnsucht nach dem Garten. Der Frosch, der den Mann vom Berg kannte und auch wusste, wie ihm jetzt zumute war, sandte ihm einen Vogel als Boten, der ihm eine Lotosblüte brachte. Der Mann im Schloss war total überwältigt von der Schönheit und dem Duft der Blüte. Er fragte den Vogel, wer ihm diese Blüte schicke. Der Vogel berichtete vom Frosch. Nun fragte der Mann vom Berg den Vogel, ob er ihn zum Frosch bringen könne. Dieser ließ ihn aufsitzen und flog mit ihm zum Teich. Der Mann vom Berg war ob der Schönheit des Teiches ganz benommen, doch der Frosch unterzog ihn der gleichen Kur wie den Menschen vorher. Dann gab er ihm die gleichen Anweisungen. Als der Mann vom Berg den Wald verließ, kam er mit einem Löwenpärchen, einem Geparden, einem Adler – den er schon kannte – und einem Schwan zur Pforte, die sich sogleich öffnete. Auch er wurde freudig begrüßt, doch ihm wurde ein Platz in einem Baum angeboten, wo er den Überblick hatte und das, was er so gut konnte, zur Verfügung stellte. Er koordinierte die Arbeit der einzelnen Gruppen, behielt immer den Überblick und wenn er seinen Beobachtungsplatz wechseln musste, nahm ihn der Adler auf den Rücken. Er war sehr glücklich, in einem so lebendigen, schönen Garten zu sein und vergaß ganz, dass er einmal in einem Schloss gelebt hatte.

INTERPRETATION

Steingarten:
Ist ein Symbol für unsere heutige Gesellschaft und Wirtschaft. Sie ist nach rein funktionalen, sachorientierten Kriterien organisiert. Wichtig sind dabei Ordnung, Struktur und Macht. Es fehlen alle lebendig-warmen Aspekte, wie die personale und soziale Dimension, aber auch bunte, „duftende" Kriterien, die sich im Kreativen finden. Dazu gehört auch die spirituelle Sicht der Welt.

Gras zwischen den Steinen:
Dem Sehnsüchtigen, der dieser kalten, unlebendigen Welt entfliehen will, begegnet als erstes „Gras" als Grundlage des Lebens und des Lebendigen und ein Reh als Symbol für Tiere, die davon leben.

Tiere:
Die Tiere, die ihm begegnen, sind sowohl seine Schatten als auch seine „Krafttiere" im schamanischen Sinn. Nur wer seinen Schatten integriert, hat seine Kräfte zur Verfügung.

Schloss, Berg:
Zeigen die Position der Wirtschaft beziehungsweise Unternehmer, welche die Entwicklung und Aktivität der Gesellschaft aus einer entfernteren Perspektive beobachten, ohne Kontakt zu Menschen ihre Strategien verfolgen und die entsprechenden Anweisungen geben. Das Schloss steht für die aristokratisch-abgehobene Position und der Berg ist ein Symbol für den Überblick, aber auch die Beziehungslosigkeit vieler Manager, vor allen in internationalen Konzernen, die keinen persönlichen Kontakt mit jenen haben, die sie steuern.

Wald:

Ist in der Tiefenpsychologie ein Symbol für das „Unbewusste", den Weg nach innen. Die Tiere, die dem Menschen begegnen, stehen für seine Schatten, die er integrieren muss, wenn er wirklich ein „ganzer Mensch" werden will, der in einer paradiesischen Welt leben und arbeiten kann. Ohne diese Entwicklungsstufe ist ein Betreten des Gartens nicht möglich.

Große Mauer, Pforte:

Um in eine „neue Welt" zu gelangen, die nach anderen Kriterien als bisher ausgerichtet ist, gibt es noch viele Hindernisse zu überwinden. Diese werden von der hohen Mauer symbolisiert. Es gibt jedoch eine Pforte: Diese ist der gemeinsame Wille all jener, welche die neue Welt formen wollen.

Garten:

Ist eine visionäre Welt von morgen, entsprechend den Prophetien der Geheimen Offenbarung vom „tausendjährigen Reich des Friedens". Es ist nach ganz anderen Kriterien wie die jetzige Gesellschaft gestaltet. Wichtige Aspekte sind:

- Natur- und umweltbezogen
- Achtung vor allem Lebendigen
- Menschgerecht
- Die Entwicklung und Entfaltung des Individuums fördernd
- Eigenverantwortung und Initiative des Einzelnen sind wichtig
- Begabung des Einzelnen wird berücksichtigt und gefördert
- Teamarbeit geht bevor
- Man arbeitet nicht nur für Geld, sondern zur eigenen Befriedigung
- Die Arbeit, die gemacht wird, ist für die Gesellschaft sinnvoll und überlebensnotwendig

- Tugenden wie Bescheidenheit und Selbstbeschränkung sind gefragt
- Das Spirituelle wird nirgends ausgeklammert

Lotosblüte:
Symbol für Erleuchtung und Spiritualität. Berührt das Innerste und Tiefste des menschlichen Herzens.

Löwen, Geparden, Adler:
Schamanische Symboltiere stehen zum Teil für herrschaftliches Handeln im positiven Sinn. Gepard: schnell und wendig, aber auch sehr kräftig und ein Einzelgänger. Im Hinblick auf Führungsqualitäten sind dies äußerst wichtige Eigenschaften. Die beiden Vögel haben etwas mit Überblick zu tun, vor allem der Adler. Der Schwan ist ein Tier, das in drei Elementen zu Hause ist: am Land, im Wasser und in der Luft. Dieser symbolisiert die Bereitschaft für einen spirituellen Weg.

Baum, Adler:
Die Führungsqualitäten, die der Manager beziehungsweise Unternehmer hatte, werden hier sinnvoll für die Gruppe eingesetzt. Er muss die Einzelgruppen koordinieren, den Überblick behalten und die bereits erworbenen Fähigkeiten zum Wohle aller einsetzen. Erst durch den engen persönlichen Kontakt mit denen, die für das Ganze arbeiten, bekommt der Manager die entsprechende Befriedigung. Er ist zwar noch immer einer, der den Überblick hat, doch er ist nicht mehr aus der Gemeinschaft ausgeschlossen. Sein Herz friert nicht mehr im Schloss.

Vision 2020: Leben und Arbeit

Judith Brunner

Im Jahr 2020 sind Leben und Arbeit harmonisch miteinander verbunden. Die Menschen leben und arbeiten voll Freude: Sie können ihre individuellen Talente und Stärken entfalten und umsetzen und erleben ihre Arbeit in der Ausführung und im Ergebnis als sinnvoll. Respekt und Wertschätzung sind tragende Werte in der Lebens- und Arbeitswelt.

Auf diese Weise entsteht ein zukunftsfähiges System, das wirtschaftlich höchst erfolgreich ist, sich durch hohen sozialen Zusammenhalt und ökologische Verantwortung auszeichnet und den Menschen in seiner Ganzheitlichkeit erfasst.

- ↗ Nachhaltigkeit in ihren drei Dimensionen – ökonomisch, ökologisch und sozial – wird in allen Lebensbereichen umgesetzt, in Unternehmen und Institutionen ebenso wie im Privatleben, auf gesellschaftlicher Ebene wie im politischen Bereich. Es ist selbstverständlich geworden, Maßnahmen in einem Sektor auf mögliche Wirkungen in allen anderen Bereichen zu prüfen und entsprechende Vorkehrungen zu einer Optimierung zu treffen.
- ↗ Das Bildungssystem bietet Kindern und Erwachsenen gerechte Chancen und fördert die jeweiligen Talente, wobei auf die kreativen Potenziale besonders geachtet wird. Alle Bildungswege sind transparent und durchlässig. Lebensbegleitendes Lernen ist eine Selbstverständlichkeit geworden, sodass Beschäftigungsfähigkeit

in einem umfassenden Sinn in den unterschiedlichsten Situationen gesichert ist. Positive Wirkungen sind überdies eine bessere und längere Gesundheit sowie eine breite Vielfalt von Beschäftigung im Alter.

↗ Kreativität und Bildung haben als Schlüsselfaktoren für Innovation und, in weiterer Folge, für wirtschaftlichen Erfolg hohe Stellenwerte. Neue Erkenntnisse im Hinblick auf technologische Entwicklungen und sozialen Wandel werden aktiv vorangetrieben, verantwortungsvoll und nutzbringend für Wirtschaft und Gesellschaft eingesetzt und stärken die Wettbewerbsfähigkeit des Landes.

↗ Die Menschen können sich ihren Stärken und Interessen entsprechend betätigen, frei entfalten und auch verändern. Gruppen werden nach Alter, Geschlecht, Kultur, Ausbildung und anderen Diversitäten bewusst gemischt. Die Erkenntnisse moderner Arbeitsplatzgestaltung, physischer und psychischer Gesundheit sowie eine inspirierende Umgebung werden zu einem wirkungsvollen Ganzen integriert.

↗ Das gesamte Leben ist dynamischer geworden und spiegelt sich auch in den Unternehmen und Institutionen wider: An die Stelle einer Normarbeitszeit und eines Normarbeitsplatzes sind flexible Arbeitsmodelle getreten. Stabilisierend wirken Wahlmöglichkeit, Entscheidungsfreiheit, Planbarkeit, Vertrauen, Verlässlichkeit und Kommunikation.

↗ In Mischarbeitsmodellen werden das Neben- und Nacheinander von Phasen der Erwerbstätigkeit, Weiterbildung und persönlicher Entwicklung, der Betreuung von Kindern und älteren Menschen und des zivilgesellschaftlichen Engagements gezielt unterstützt, um den Anforderungen der unterschiedlichen Lebensphasen gerecht zu werden. Dabei können sich Frauen und Männer gleichermaßen verwirklichen. In Lebensarbeitszeitmodellen realisiert sich die Mischarbeit, die transparent bewertet und honoriert wird und soziale Sicherheit gewährleistet.

Die Menschen werden von ihrer Spiritualität getragen, aus der eine starke Werteorientierung resultiert: Sie handeln in Verantwortung für das eigene Leben, das sie umgebende Beziehungsgeflecht, das gesellschaftliche Miteinander sowie Natur und Umwelt und achten auf ein harmonisches Zusammenspiel von Erwerbs-, Privat- und Familienleben, persönlicher Entwicklung und sozialem Engagement.

Buchempfehlungen und Weblinks

Glück:

PETERSON, Christopher / SELIGMANN, Martin E. P (2004).: Character Strengths and Virtues: A Handbook and Classification. Oxford University Press. ISBN: 0195167015

SELIGMANN, Martin E. P. (2005): Der Glücks-Faktor – Warum Optimisten länger leben. Lübbe. ISBN: 3404605489

LAYARD, Richard (2005): Die glückliche Gesellschaft – Kurswechsel für Politik und Wirtschaft. Campus Verlag. ISBN: 3593376636

Links:

- Authentic Happiness: www.authentichappiness.sas.upenn.edu (bietet auch Fragebögen zur Selbstevaluierung)
- VIA Institute on Character: www.viacharacter.org (ebenso)
- Martin Seligman über Positive Psychology: www.ted.com/index.php/talks/martin_seligman_on_the_state_of_psychology.html
- Glücksarchiv: www.gluecksarchiv.de
- Karuna Consult: www.heartsopen.com

Ganzheitlichkeit:

WILBER, Ken (2001): Ganzheitlich handeln: Eine integrale Vision für Wirtschaft, Politik, Wissenschaft und Spiritualität. Arbor-Verlag. ISBN: 392419579X

WILBER, Ken (2004): Eine kurze Geschichte des Kosmos. Fischer (Tb.). ISBN: 3596133971

Links:

- Ken Wilber: www.kenwilber.com
- Integral Institute: www.integralinstitute.org
- EnlightenNext Magazin (deutsch): www.wie.org/de

Entwicklung des Menschen und der Menschheit:

BECK, Don Edward / COWAN, Christopher C. (2007): Spiral Dynamics – Leadership, Werte und Wandel: Eine Landkarte für das Business, Politik und Gesellschaft im 21. Jahrhundert. Kamphausen. ISBN: 3899011074

MCINTOSH, Steve (2009): Integrales Bewusstsein: Wie die integrale Weltsicht Politik, Kultur und Spiritualität transformiert. Hamburg: Phänomen. ISBN: 3933321751

Links:

- Don Beck: www.spiraldynamics.net,
  www. wie.org/ DE/j8/beck.asp?page= 1 (Interview deutsch)
- Steve McIntosh: www.stevemcintosh.com

PRECHT, Richard David (2007): Wer bin ich – und wenn ja, wie viele? Eine philosophische Reise. Goldmann HC. ISBN: 3442311438

STRELECKY, John (2009): The Big Five For Live – Was wirklich zählt im Leben. München: Deutscher Taschenbuchverlag. ISBN 978-3-423-34528-6

Process Communication Model:

Link:

- http://www.taibikahlerassociates.com

Newplacement:

ANDRZEJEWSKI, Laurenz (2008): Trennungskultur und Mitarbeiterbindung. Luchterhand. ISBN: 3472072911

DOBIEY, Dirk / WARGIN, John J. (2001): Management of Change. Galileo Press. ISBN: 3898421228

KERN, Uwe / STÖRRE, Patricia (2004): Kündigung: Karrierekick statt Karriereknick. Linde Verlag. ISBN: 3709300282

WORLICZEK, Hubert / ZECHMEISTER, Elisabeth (2009): Berufsprinzip Mensch sein: Wie Wertschätzung zum Erfolg führt. Goldegg Verlag. ISBN: 3901880607

GARDNER, Howard / CSÍKSZENTMIHÁLYI, Mihály / DAMON, William (2005): Good Work (Für eine neue Ethik im Beruf). Klett-Cotta. ASIN: B001PR75MI

GLADWELL, Malcom (2002): Tipping Point: Wie kleine Dinge Großes bewirken können. Goldmann TB. ISBN: 3442127807

Link:

- www.newplacement.at

Selbstsorge:

HÜTHER, Gerald Hüther (2006): Die Macht der inneren Bilder. Vandenhoeck & Ruprecht. ISBN: 3525462131

HÜTHER, Gerald (2009): Bedienungsanleitung für ein menschliches Gehirn. Vandenhoeck & Ruprecht. ISBN: 3525014643

HARGENS, Jürgen (2005): Systemische Therapie … und gut – Ein Lehrstück mit Hägar. Verlag Modernes Lernen. ISBN: 3808005378

DIETRICH, Reinhold (2002): Der Palast der Geschichten. Verlag Dietrich Elixhausen. ISBN: 3902172002

STORCH, Maja Storch / CANTIENI, Benita / HÜTHER, Gerald / TSCHACHER, Wolfgang (2007): Embodiment. Die Wechselwirkung von Körper und Psyche verstehen und nutzen. Bern: Verlag Huber. ISBN: 3456843232

CSÍKSZENTMIHÁLYI, Mihály (2007): Flow: Das Geheimnis des Glücks. Klett-Cotta. ISBN: 3-608-95783-9

CSÍKSZENTMIHÁLYI, Mihály (2008): Das Flow-Erlebnis: Jenseits von Angst und Langeweile im Tun aufgehen. Klett-Cotta. ISBN: 3-608-95338-8

FRANK, Gunter / STORCH, Maja (2010): Die Mañana-Kompetenz: Entspannung als Schlüssel zum Erfolg. Piper. ISBN: 3492053165

Links:

- www.zeitzuleben.de (unter Artikel und Tipps – Geschichten)
- http://www.systemisch.net/satire.htm

Lebensqualität, Bedürfnisse, Nachhaltigkeit:

JAEGER, Jill (2007): Was verträgt unsere Erde noch? Wege in die Nachhaltigkeit. Frankfurt am Main: Fischer Verlag

ROSENBERG, Marshall B. (2001): Nonviolent Communication: A Language of Life. Encinitas, CA: Puddle Dancer Press

UN WCED (United Nations World Commission on Environment and Developmemt) (1978): Our Common Future http://www.un-documents.net/wced-ocf.htm

BINSWANGER, Mathias (2006): Die Tretmühlen des Glücks: Wir haben immer mehr und werden nicht glücklicher. Was können wir tun? Freiburg: Herder

RAUSCHMAYER, Felix / OMANN, Ines / FRÜHMANN, Johannes (2010): Needs, capabilities and quality of life. Re-conceptualizing Sustainable Development. In: Rauschmayer, Felix / Omann, Ines / Frühmann, Johannes (Hrsg.) (2010): Sustainable Development: Capabilities, Needs and Well-being. Abingdon: Routledge

RAUSCHMAYER, Felix / OMANN, Ines / FRÜHMANN, Johannes / BOHUNOVKSY, Lisa (2008): What about needs? Re-conceptualizing Sustainable Development. SERI Working Paper No. 8, October 2008. http://seri.at/integrated-strategies/2009/08/19/what-about-needs---re-conceptualising-sustainable-development/

Über die Autoren

Kontakt:
Dr. Anneliese Fuchs
IDEE – Initiative für dynamische Persönlichkeitsentwicklung
A-1180 Teschnergasse 33/3-7
Tel. +43 664 231 28 34
anneliese.fuchs@idee.co.at
www.idee.co.at

Prof. Dr. Anneliese Fuchs, geboren 1938 in Wien, verheiratet seit 1961, drei Kinder. Studium der Psychologie und Pädagogik an der Universität Wien neben einem Lehrberuf und drei Kindern. Sodann Lehranalyse bei Prof. Dr. Erwin Ringel und Praxis an der Universitätsklinik in Wien. Sie arbeitete vier Jahre lang in der STUDIA-Studiengruppe als selbständige Projektleiterin für internationale Analysen und führte dort europaweite epidemiologische Studien durch, die auch international präsentiert wurden. Anschließend weitere therapeutische Ausbildung in KIB, Arbeit mit „Inneren Bildern", Dauer: 8 ½ Jahre. Gründung der Arbeitsgemeinschaft für Präventivpsychologie (APP) im Jahre 1980, unter der Schirmherrschaft der Raiffeisenlandesbank NÖ-Wien. Dort hat sie auch mehr als 1.000 Geschäftsführer und Funktionäre im Genossenschaftswesen geschult, was ihr ein großes persönliches Anliegen war. Sie war als erste Frau sieben Jahre lang Mitglied des Vorstandes der Raiffeisenlandesbank NÖ-Wien. Neben zahlreichen Publikationen

(8 Büchern und zahlreichern Skripten) sowie umfangreicher Vortrags- und Seminartätigkeit widmete sie sich in der psychologischen Prävention neuen Wegen sowie kurzfristiger und effizienter Therapiemethoden. Sie ist Psychologin, Pädagogin, Psychotherapeutin, klinische Psychologin, Coach Supervisor und Makropsychologin. 2003 übergab sie die APP an ihre Nachfolgerin. 2009 gründete sie ein neues Institut (IDEE – Initiative für dynamische Persönlichkeitsentwicklung) und baute dort ein ganz neues „Integratives Team" auf, das einerseits aus Psychologen und Psychotherapeuten, aber auch aus Bewegungstrainern, Ernährungsberatern und Energetikern besteht. Dies ist ein völlig neuer integrativer Ansatz, worin Körper, Seele und Geist gleichermaßen in den Blickpunkt der Schulung gelangen.

Kontakt:
Dr. Alexander Kaiser
WaVe – Zentrum für Wachstum und Veränderung
A-1140 Wien; Sanatoriumstraße 35
Tel. +43 676 3987663
kaiser@wave.co.at
www.wave.co.at
Wirtschaftsuniversität Wien
A-1090 Wien, Augasse 2-6
Institut für Informationswirtschaft
alexander.kaiser@wu.ac.at

Univ.-Prof. Dr. Alexander Kaiser, geboren 1965 in Wien, verheiratet, Vater von drei Kindern. Studium der Betriebsinformatik an der Universität Wien und Doktorat in Sozial- und Wirtschaftswissenschaften an der Wirtschaftsuniversität Wien. Zweijährige Tätigkeit bei der Siemens AG Österreich (Organisations- und Verfahrensentwicklung). 1999 Habilitation an der Wirtschaftsuniversität Wien für Betriebswirtschaftslehre und Wirtschaftsinformatik, seit 1. 3. 2000 ao. Univ.-Prof. an der Wirtschaftsuniversität Wien mit dem Forschungsschwerpunkt „Wissensmanagement und wissensbasiertes Management". Leiter der SBWL Wertschöpfungsmanagement an der Wirtschaftsuniversität Wien, Leiter des Projekts „Lernen aus der Zukunft" und Leiter der Forschungsgruppe „wissensbasiertes Management". Seit 2000 Ausbildung zum systemischen Coach (Basisausbildung) und systemisch-analytischen Coach (Professionalausbildung) sowie diverse Weiterbildungen, unter anderem bei Steve de Shazer, Insa Sparrer, Friedemann Schulz von Thun etc. Gründer und Leiter von WaVe – Zentrum für Wachstum und Veränderung (www.wave.co.at) sowie Entwickler der Begleitungsform Berufungscoaching$_{WaVe}$® und Vikobama® – wissensbasierte Visionsentwicklung. Zahlreiche wissenschaftliche Veröffentlichungen und Vorträge im In- und Ausland, umfangreiche Lehrtätigkeit an der Wirtschaftsuniversität Wien und Leitung zahlreicher Seminare, Workshops und Weiterbildungsreihen außerhalb der Universität. Auszeichnung mit dem Senator-Wilhelm-Wilfling-Förderungspreis 2000 und dem Kardinal-Innitzer-Förderungspreis 2000.

Kontakt:
Dr. Harald Hutterer
Karuna Consult
Praterstraße 50, 1020 Wien
Tel. +43 664 300 1775
Fax +43 1 958 2257
info@heartsopen.com
www.heartsopen.com

Dipl.-Ing. Dr. Harald Hutterer, geboren 1952, hat sein Studium der chemischen Verfahrenstechnik 1978 mit dem Doktorat abgeschlossen. Er war seither immer selbständig als Berater tätig: nach Chemie und Energiewirtschaft in der Tonstudioakustik und ab 1982 für etwa zwanzig Jahre in der Abfallwirtschaft. Über die Beschäftigung mit Wohlfahrtsökonomie im Bereich der Umweltpolitik wurde das Thema „nachhaltige Entwicklung" zu einem zentralen Anliegen. Etwa ab dem Jahr 2000 kam es zu einem großen Umbruch in der Orientierung. Heute sind Ganzheitlichkeit, nachhaltige Entwicklung, Sozialkapital, Spiritualität und Glück (Beratung, Training, Coaching sowie Forschungs- und Umsetzungsprojekte) die Kernbereiche. Hutterer bietet Beratung, Training und Coaching an. Er ist ausgebildeter, systemisch-konstruktivistischer Coach. Er ist auch mit Forschungs- und Umsetzungsprojekten beschäftigt – derzeit vor allem für Arbeitssuchende, in der Regionalentwicklung, Nachhaltigkeitspolitik und im Bildungsbereich. Er ist Mitautor von „Sozialkapital. Neue Zugänge zu gesellschaftlichen Kräften" (ISBN-10: 3854762003) sowie Mitautor und Mitherausgeber von „Welches Wachstum ist nachhaltig? Ein Argumentarium." (2009, ISBN-10: 3854762968).

Kontakt:
5C! Concept KG Austria
1190 Wien, Bockkellerstraße 8
+43 664 394 52 91
robert.prazak@5cconcept.com
www.5cconcept.com

Dipl.-Ing. Dr. Robert Pražak ist Geschäftsführer der 5C! Concept in Österreich. Seit 2001 ist er selbständig. Davor war er 15 Jahre in den Bereichen Marketing, Vertrieb und Produktentwicklung in internationalen Konzernen tätig. Länderverantwortung für West-, Mittel- und Osteuropa sowie Zentralasien brachten multikulturelle Erfahrungen und Aufgaben in der strategischen Planung und Kommunikation sowie bei der Entwicklung von Unternehmen, Märkten und Produkten. Darüber hinaus hat er in internationalen Teams praktische Erfahrung im Qualitätsmanagement, bei Szenario-Planung und Produktsteuerung gesammelt. Er ist zertifizierter und autorisierter PCM Trainer, zertifizierter Coach nach dem „Kieler Beratungsmodell" und Berufungscoach, hat eine zertifizierte Spiral-Dynamics-Ausbildung bis zum Master-Class-Level und absolvierte zahlreiche Fortbildungen: unter anderem in den Bereichen PR, Projektmanagement, Performance-Management und Persönlichkeitsentwicklung. Neben diesen beruflichen Themen interessiert er sich für persönliche und gesellschaftliche Fragen insbesondere im Zusammenhang mit Themen der Energetik, Arbeitswelt und neuen Denkmustern.

Kontakt:
RaumRegionMensch
DI Michael Fleischmann
Obersulz 109
2224 Sulz im Weinviertel
+43 2534 4790 0
office@raumregionmensch.at
www.raumregionmensch.at

Dipl.-Ing. Michael Fleischmann, geboren 1960 in Wien, verheiratet und Vater von drei Kindern. Studierte Raumplanung und Raumordnung an der Technischen Universität Wien. Danach Mitarbeit in einem Architekturbüro und Aufbau einer eigenen Raumplanungsabteilung. Seit 1990 ist er als Ziviltechniker gleichzeitig Geschäftsführer von RaumRegionMensch, einem Planungs- und Beratungsunternehmen in Niederösterreich. Schwerpunkt der Bearbeitung sind Entwicklungsprojekte auf kommunaler und regionaler Ebene, die Unterstützung von Menschen, Teams und Organisationen. Seit 1997 absolvierte er verschiedene systemische Ausbildungen, unter anderem zum Wirtschafts- und Kommunikationstrainer, systemischen Coach, systemischen Unternehmensberater und Mediator. Er machte Weiterbildungen in systemischen Strukturaufstellungen (SySt München, Matthias Varga von Kibéd und Insa Sparrer), Prozessberatung (Ed Schein, Massachusetts) Arbeit mit großen Gruppen (Harrison Owen und Matthias zur Bonsen), lösungsorientierter Kurzzeittherapie (Steve de Shazer) und hypnosystemischer Arbeit (Gunther Schmidt und Bernhard Trenkle, Heidelberg).

Ich freue mich auf Sie!
danke@prehsler.at
+43 676 733 97 86
www.prehsler.at

Mag. Eugen Prehsler
Was ich besonders gerne mache: Energie freisetzen und nichts tun
Worte, die mir wichtig sind: Würde – danke – Respekt – Liebe – Schmerz
Menschen, die mich besonders beeinflusst haben: Alexis Sorbas – Andreas Wolfsbauer – Augustinverkäufer - B. Traven – Bob Dylan – Borromini – Brüder – Charles Chaplin – David – Die 3 Engel aus „Wir sind keine Engel" – Die Erbauer der Kathedralen – Fam. Seitner – Franz von Assisi – Cary Grant – Großeltern – Jesus – Josef Hader – Hannah – Hans Tomaschek – Jürgen Hargens – Kardinal König – Marko Gasser - Mohammad – Mr. Won – Mutter – Prof. Alexander Kaiser - Prof. Joe Sekler – Prof. Viktor Schwarz – Peter O'Toole – Rafael – Reinhard K. Sprenger – Sarah – Stan Laurel – Ulli – Van Gogh – Vater – Winnicot
Einige meiner unvergesslichen Orte: Cabo de São Vicente – Kap Sankt Vinzenz (Portugal) mit seinem endlosen Blick auf den Atlantik – Die Bucht von Hongkong um 7.00 Uhr früh – Bryce Canyon (Utah / USA) – Die romanische Klosterkirche von Poblet (Spanien) während einer Vesper – Das Théâtre Elysée Montmartre (Paris) während eines Konzertes der Chemical Brothers Das Hanusch-Krankenhaus in Wien – DANK an euch alle dort! – Die Augen meiner Frau, wenn ihr Lächeln mir sagt, was das Leben meint.
Monetäre Anerkennung bekomme ich für: Workshops, Coachings, Unternehmensberatung, Bücher, Bühnenauftritte, Reiseleitungen, Geschichten erzählen, Energiearbeit.

Dr. Alexander Norman, lebt in Oberösterreich, verheiratet, 4 Kinder. Wirtschaftsjurist, Personalmanager in nationalen und internationalen Industrieunternehmen, seit über 20 Jahren auf das Thema Out- und Newplacement spezialisiert (Aufbau DBM Linz), Mitglied und Arbeitskreisleiter im Föhrenbergkreis, mehrere Publikationen zu den Themen Newplacement und Personalentwicklung, Karriereberatung. Vortragender, Trainer und Coach in personalspezifischen Themen.

Jörg-Dieter Zeisel: „Laufen, laufen, laufen – dem Hamsterrad bin ich schon vor langer Zeit entkommen. Mein jahrelanger Job als Servicemanager eines multinationalen Konzerns forderte mich sehr: Motivation und Verantwortung für Mitarbeiter, perfektes Kundenservice, Dienstreisen sowie immer, überall und für alle erreichbar zu sein. Mit bewusstem Ausgleich zum Job begann mein Ausstieg aus dem Hamsterrad. ‚Mäßig – aber regelmäßig' und das Laufen jenseits von Metern und Sekunden wurden zu meinen Mottos. So gelang es mir, meine Lebensqualität langsam wieder zurückzugewinnen. Heute als Energetiker, Entspannungstrainer sowie Lauf- und Nordic Walking-Trainer ist mir bewusst, dass ein Ausstieg aus dem Hamsterrad für alle möglich ist."

Mag. Andrea Stocker, geboren 1972, studierte Umweltsystemwissenschaften mit Fachschwerpunkt Volkswirtschaftslehre. Von 2000 bis 2001 Projektassistentin an der Karl-Franzens-Universität Graz. Danach freie Forscherin im Bereich Nachhaltigkeit an der Wirtschaftsuniversität Wien. Seit 2003 wissenschaftliche Mitarbeiterin am Sustainable Europe Research Institute (SERI). Forschungsschwerpunkte: integrierte ökologisch-ökonomische Modellierung, Szenarienentwicklung, Politikintegration sowie Energie und Klima.

Mag. Johannes Frühmann, geboren 1979, Studium der Umweltsystemwissenschaften und Geographie an der Karl-Franzens-Universität Graz. Tutor am Institut für Geographie und Raumforschung in Graz und Mitarbeit an mehreren Projekten im Bereich „nachhaltige Entwicklung". Ausbildung als Trainer und Coach bei Trinergy International. Seit Mai 2007 Mitarbeiter am Sustainable Europe Research Institute mit den Arbeitsschwerpunkten Lebensqualität, nachhaltige Lebensstile und Kommunikation.

Mag. DI Sigrid Grünberger, geboren 1983, studierte Soziologie an der Universität Wien sowie Raumplanung und Raumordnung an der Technischen Universität Wien. Im Zuge ihrer Studien arbeitete sie als wissenschaftliche Mitarbeiterin am Design Centre for Sustainability der University of British Columbia in Vancouver. Seit 2008 ist sie Mitarbeiterin und Projektleiterin am Sustainable Europe Research Institute. Ihre Arbeitsschwerpunkte sind: integrierte Nachhaltigkeitsbewertung, partizipative Verfahren und Lebensqualität.

Dr. Ines Omann, geboren 1972, studierte Umweltsystemwissenschaften und Volkswirtschaftslehre an der Karl-Franzens-Universität in Graz und in Lund (Schweden). Ihr Doktorat in Ökologischer Ökonomie machte sie ebenso in Graz und an der Universität von Leeds. Von 1997–98 arbeitete sie als wissenschaftliche Mitarbeiterin am Institut für Technologie und Regionalpolitik der Joanneum Research sowie 1999 am Wuppertal Institut für Klima, Umwelt und Energie. Seit 1998 unterrichtet sie an der Universität in Graz „Nachhaltige Entwicklung" und „Ökologische Ökonomie" / seit 2006 „Nachhaltige Entwicklung" auch an der Universität für Bodenkultur. Seit 2004 ist sie Mitarbeiterin, Projektleiterin und seit 2008 Gruppenleiterin am Sustainable Europe Research Institute. Ihre Arbeitsschwerpunkte sind: Sustainability Science, integrierte Nachhaltigkeitsbewertung, Szenarienentwicklung, partizipative Verfahren, Lebensqualität.

Dr. Friedrich Hinterberger, geboren 1959, seit 1985 Lehrbeauftragter an Universitäten im In- und Ausland. 1985–1991 Wissenschaftlicher Mitarbeiter an der Justus-Liebig-Universität Gießen. 1993–2000 am Wuppertal Institut für Klima, Umwelt, Energie, Leiter der Arbeitsgruppen „Ökologische Ökonomie" und „Ökologische Wirtschaftspolitik", seit 1999 Gründungspräsident des Sustainable Europe Research Institute. Mitbegründer der österreichischen Glücksforschungsinitiative und Vorstandsmitglied im Austrian Chapter des Club of Rome. Arbeitsschwerpunkte: Ecological Economics, Governance for a Sustainable Europe, Scenarios for sustainable economies and societies, Lebensqualitätsforschung.

Prof. DI Ernst Gehmacher, geboren 1926 in Salzburg, Studium der Landwirtschaft, Soziologie und Psychologie in Wien, ab 1965 tätig am Institut für empirische Sozialforschung (IFES), von 1976 bis 1995 dessen Geschäftsführer. Berater von Regierung, Sozialpartnern und Unternehmen. 1996 Gründung des Büros für die Organisation angewandter Sozialforschung (BOAS). Beschäftigt sich mit Fragen der Lebensqualität, Glücksforschung, Modellierung sozialer Systeme. Angeregt durch das OECD-Programm „Measuring Social Capital" liegt der Schwerpunkt seiner Arbeit in den letzten Jahren auf Studien zum Sozialkapital in verschiedenen sozialen Kontexten wie Gemeinden, Unternehmen, Spitälern, Pfarren, Vereinen und Schulen.